活动与社区

王春雷 著

——将活动作为一种治理工具

中国旅游出版社

CONTENTS

目 录

引言：在更大的社会，我们需要更好的社区活动　　/　1

上篇　活动与社区工作

第1章　社区工作的底层逻辑　/　11

第1节　社区工作目标　　/　12

第2节　社区工作主体　　/　16

第3节　社区工作模式　　/　21

第2章　活动与社区工作的互动关系　/　27

第1节　活动的定义与目标　　/　28

第2节　将活动作为一种社区治理工具　　/　34

第3节　活动与社区工作互动关系的分析框架　　/　39

第3章　活动与社区治理　/　45

第1节　活动与社区文化营造　　/　46

第2节　活动与社区人际关系构筑　　/　50

第3节 活动与居民自主管理 / 54

第4章 活动与社区发展 / 59

第1节 活动与社区发展的基本目标 / 60

第2节 活动与社区凝聚力提升 / 65

第3节 活动与15分钟社区生活圈建设 / 70

第5章 活动与社区服务 / 77

第1节 活动与社区服务对象 / 78

第2节 活动与社区服务内容 / 82

第3节 活动与社区服务模式 / 86

第6章 社区文化活动中心运营管理 / 93

第1节 社区文化活动中心概述 / 94

第2节 国外社区文化活动中心运营管理 / 97

第3节 社区文化活动中心运营管理的主要困境与对策 / 101

第4节 我国社区文化活动中心的常见运营模式 / 107

中篇 社区活动策划与组织

第7章 走进社区活动 / 113

第1节 社区活动的定义 / 114

第2节 社区活动的类型 / 117

第3节 社区活动组织者 / 122

第8章 社区活动策划 / 127

第1节 社区问题分析与活动目标 / 128

第2节 社区活动主题 / 134

第3节 社区活动策划方案 / 138

第9章 社区活动筹备 / 149

第1节 管理团队组建 / 150

第2节 资金筹措 / 156

第3节 宣传推广与居民组织 / 160

第4节 场地选择 / 165

第5节 物料准备 / 171

第6节 风险管理计划 / 174

第10章 社区活动现场管理 / 181

第1节 现场管理的主要内容和基本方法 / 182

第2节 场地布置与撤除 / 189

第3节 人流与物流管理 / 193

第4节 媒体接待与服务 / 200

第5节 餐饮服务 / 202

第6节 物料与设施设备管理 / 205

第7节 风险处理 / 208

第11章 社区活动总结与评估 / 213

第1节 活动结束后的主要工作 / 214

第2节 活动总结的内容与方法 / 216

第3节 活动评估的内容、流程与方法 / 220

下篇 活动与社区建设典型案例

第12章 活动与社区治理案例 / 229

案例1 新西兰达尼丁：社区能源活动有助于促进节能文化
建设 / 230

案例2 布里斯班中国节：打造展示中华文化、促进社区融合的
专属活动 / 234

案例 3　Hackney Wick 好奇商店：将地方活动作为社区参与的
工具　/ 239

案例 4　志愿 V 积分：激发社区治理"大能量"　/ 244

第 13 章　活动与社区发展案例　/ 249

案例 5　Art Normal 公共艺术活动：让艺术、文化和创意活动成为社区
发展的驱动力　/ 250

案例 6　引导居民走上街头和迈向未来：卡特里娜飓风后新奥尔良的社区
活动　/ 254

案例 7　马来西亚季风杯帆船赛（The Monsoon Cup in Malaysia）：追求
经济利益和社区发展平衡　/ 260

案例 8　纽约赫斯特街头集市：丰富居民生活，增强社区活力　/ 265

第 14 章　活动与社区服务案例　/ 271

案例 9　一种"装置式"的移动阅读活动——StoryWalk®　/ 272

案例 10　陆家嘴街道社区党群服务中心：有高度、有深度、
有温度　/ 278

案例 11　斯瓦尔自治市议会：与社区网络成员协作共创　/ 286

案例 12　社区志愿者服务活动：让常态化和主题性交相辉映　/ 290

参考文献　/ 294

后　记　/ 303

引言：在更大的社会，我们需要更好的社区活动

————— ❦❦ —————

尽管国际学术界经常避开社区活动而更加青睐有影响力的大型活动，特别是奥运会、世界杯等顶级体育赛事，但自 20 世纪 70 年代特别是 90 年代以来，社区活动（community events）引起了人们的广泛兴趣（Brewster，2020）。作为一种社会动力，各式各样的社区活动为我们与家人和朋友之间的社交和互动提供了空间，这对于那些处在离散状态中的大城市社区而言特别重要。换句话说，社区活动与美好生活建设息息相关。

《活动与社区》是我的活动三部曲的最后一本。在《活动与生活》中，我构建了活动观作为一种世界观的理论框架，并从生命健康、家庭生活、职业发展等个人成长的 9 个维度，分析了活动对个人全面发展的影响。在《第四空间》中，我从打造微目的地的视角，构建了第四空间的基本框架，提出文化、社群和活动等是第四空间区别于第三空间的关键要素。《活动与社区》则将目光瞄向了社区生活中人与人之间的互动以及活动在社区治理、发展与服务中的特殊功能。本来计划用更多的时间来做准备，但 2022 年上半年上海遭遇的这波疫情以及政府部门和一些社区管理者的应对表现让我加快了脚步。

当决定正式推进撰写工作时，我重新阅读了《街头的狂欢》（Dancing in the Streets：A History of Collective Joy）、《互动仪式链》（Mutual Ritual Chains）、《村落效应》（The Village Effect）等书籍，对涂尔干的"集体欢腾"（collective effervescence）、柯林斯的"情感能量"（emotional energy）以及面对面活动在营造集体欢腾和激发情感能量中的作用有不少新的理解。几乎在同期，在2022 年上海疫情最严峻的那段日子里，在两个多月的社区志愿者服务中，我对社区活动的功能也有了更多直接的体悟。

1. 作为社交接触工具，活动为个体提供了强大的社会支持

在互联网高度发达、人人都是自媒体的今天，社会甚至整个世界都变得更大。在今天这样的时代，有效的社交接触对于我们的生活和幸福至关重要。苏珊·平克（Susan Pinker）在《村落效应》中提出，社交接触（face-to-face contact）能为我们提供三种社会支持，即可以及时获取重要信息的途径，物质上的援助，改善我们的情绪、促进我们的健康。

作为最常见的社交接触方式之一，丰富多彩的活动同样能发挥上述作用。因为人类是社会性动物，而仪式、庆典或其他活动作为增长情谊、联系社群的重要方式，可以用来表达这种社会性（Ehrenreich, 2006）。但需要注意的是，并不是所有社交接触都能产生同样的效果，只有实时的、面对面的社交接触才有效。正如微信创始人张小龙反复强调的，微信只是一个工具，他希望微信让人们的工作、生活和交流变得更加高效，而不是被人们作为情感依赖和社交归属。

此外，每个人对社交接触的数量和类型的要求都不同，而活动可以覆盖一个人成长的方方面面。换句话说，活动能为我们提供的社会支持远远不止于平克所讲的信息途径、物质援助和情绪改善三个方面。作为生活中的特殊时刻，活动超越了平庸无奇的日常生活（Goldblatt, 2005），让我们的个人发展、家庭和社会生活更加充实和丰富多彩（王春雷，2010）。丰富多彩的活动总是在人们的生活中熠熠生辉，它们不仅能有助于个人定义生活的意义，而且推动社会文化、社区、宗教和国家的发展（Bowdin & McPherson, 2006）。

2. 在 VUKA 时代，更需要凝聚力建设

社群主义（communitarianism）是 20 世纪 80 年代后产生的当代最有影响的西方政治思潮之一，它以新集体主义作为哲学基础，是在批评新自由主义的过程中产生和发展起来的。社群主义者强调国家、家庭和社区的价值，倡导社群参与者之间的互动，这些人为共同的目标而聚在一起，并同意那些支配着社群秩序的共同规则。引用帕特南的话，就是"知识分子们纷纷站出来提倡社群主义，目的在于恢复小型、团结社会中才有的那种凝聚力"（Putnam, 2000）。我们提倡"社群主义"，倡导和践行活动观，重要目的之一就是恢复团结社会中普遍存在的那种凝聚力。

自 2019 年年底武汉出现新冠感染疫情后，中国人民同疫情进行了艰苦卓

绝的斗争。在这个艰难的过程中，活动一直以不同的形式在促成行动、凝聚人心、鼓舞士气等方面发挥着重要作用。很多人都还记得 2020 年 1 月 27 日晚发生在武汉的故事，当晚，武汉有无数小区的居民自发组织，一起高唱国歌和《我和我的祖国》，用歌声为武汉和自己加油。钟南山院士后来回忆说，疫情期间武汉居民齐唱国歌、高喊"武汉加油"的一幕让他十分难忘，"在最困难的时候，我们的中国人民从来都没有丧失信心！"

历史总是惊人的相似，2022 年 4 月 6 日晚，一场灯光秀在位于上海市青浦区的某小区成功上演。随着一束束激光打在其中一栋居住楼的外墙上，墙上先后闪现"上海加油""青浦加油""致敬一线工作者"等文字，接着迎来了小区业主们的一片欢呼声，大家不由自主地唱起了《歌唱祖国》。自制这场灯光秀的业主姓吴，是一位从事活动行业的舞台灯光师。因为被封控在家而且正好有灯光设备在手，所以他想通过制作一场激光灯光秀来向日夜辛劳的大白们致敬，没想到这个想法受到了业主们的积极响应，甚至小区居委会还愿意配合组织第二场。

这样的故事不计其数，从中我们看到了活动对于重建社区和增强社群凝聚力的特殊作用。

在这个易变性（Volatile）、不确定性（Uncertainty）、复杂性（Complexity）和模糊性（Ambiguity）并存的乌卡（VUCA）时代，我们每个人都深感未来唯一不变的东西就是变化本身，最好的应对办法就是寻找和增强确定性。在这样的背景下，讨论构建共同体和恢复凝聚力建设，具有重要的现实意义。

根据人类学家维克多·特纳（Victor Turner）的观点，所谓共同体（communitias），简单地讲，就是在一个社群中，人们自然而然产生的爱与团结。而主题丰富、形式多样的活动为产生爱和团结提供了无数种可能。

3. 美好生活建设，需要更多、更好的社区活动

国际活动管理教育的先行者——乔·哥德布莱特（Joe Goldblatt，2010）认为，"在美国，随着 20 世纪 50 年代传统家庭的崩溃，以及美国人的迁居习惯，为了与家人和朋友重新建立联系，婚礼、葬礼和团聚活动正成为我们生活的中心，这种观点并非无稽之谈"。我在乔·哥德布莱特教授的观点基础上提出，庆祝、教育、营销、团聚和休闲娱乐是特殊活动的五个基本目标之一。

社区是人最基本的生活场所，也为不同活动目标的实现提供了广阔的实

践舞台。2011 年，我和妻子曾经在美国威斯康星州麦迪逊市暂住一段时间，当时居住的地方是一个主要由国际学生学者构成的社区，叫 Eagle Heights（老鹰高地）。除了图书馆，我们去得最多的地方就是社区中心（community center）。社区中心会不定期策划和组织涂鸦比赛、趣味运动会、跳蚤市场、社区管理意见征集等各种活动，特别是主题各异并蕴含了些许众筹思维的夸富宴（potlach）[①]，让人印象深刻。不同文化在各种活动中得到宣传、理解和交流，促进了社区多元文化的融合。

2021 年 8—9 月，由上海市长宁区北新泾街道办事处主办，由我所在的学院和长宁诺宝文化艺术服务中心联合承办了"北新泾街道社区美好生活创想节"，我们团队为本次活动提供了全程智力支持（见图 1）。整个活动分为家庭亲子、健康养生、社区文明和智慧生活 4 个板块，旨在通过新创活动 IP 将 AI 融入居民生活，并与居民及周边商户共创美好社区，促进社区自治，探索社区 15 分钟生活圈建设的新路径。在和居民的交流中，我们发现，主题鲜明、参与性强的活动深受居民喜爱，但也有不少社区活动在活动目标、参与对象、内容安排和形式创新等方面存在诸多不足，很多时候是为了办而办。

图 1　为亲子朗读活动的优胜选手颁发证书

---

① 夸富宴流行于北美洲西北海岸的各印第安人部落，在当地印第安人中是一种重要的大型仪式活动，它关系到个人、家族、部落的声誉地位或世袭特权。举办这种宴会的原因多样，如生老病死、婚丧嫁娶、成人仪式、惩罚过失等。"夸富宴"最早由美国人类学家博厄斯（Franz Boas）给以细致的描述，后来被人类学家视为一种再分配的经济制度和调节社会关系的重要手段。

王雅林教授（2017）提出，创造美好生活有两个基本途径：一是从生活的逻辑出发，实施广义的"社会供给侧"结构改革；二是发挥生活方式效应，包括提升人们营造和感受幸福生活氛围的能力，这样才能将美好生活的社会建构和每个人的自我建构有机统一起来。在社会生活中，经过精心策划的特殊活动往往能给参与者一种使命感，并将人们聚集在一起去实现共同的积极目标。Goldblatt（2010）将这个过程描述为"通过活动学（eventology）来取得的文化进步"。

通过举办上文提到的这些活动，可以让参与者意识到彼此在做同样的事，也在想同样的事，进而获得一种特殊的能量——情感能量（Durkheim，1861）。同样的道理，社区策划和组织活动就能让社区居民形成关于社区的共同关注焦点。例如，早在1936年，Fortes就研究了澳大利亚黄金海岸腹地的节庆仪式与社会凝聚力之间的关系。

4. 社区建设，呼唤更多专业活动管理人才加盟

从个体的角度看，各类特殊活动（special events）在社会生活中无处不在，除了关乎生老病死等人生的不同发展阶段，日常生活中的很多活动特别是仪式都可以帮我们准备好走入另一种空间、时间和角色，这便是活动的转化功能（王春雷，2018）。从群体的角度看，一旦人们聚集在一起，就会有共有的体验强化的过程，涂尔干称之为"集体欢腾"，柯林斯给出的解释是激发了"情感能量"。

2022年3—7月，一波突如其来的疫情给上海造成了巨大冲击。其中有近两个月，除了完成教学、科研等学校的正常工作，我一直在社区参加志愿者服务，也因此有机会接触更多的社区公共事务，其间我对城市综合治理、基层管理与社区自治等有了更多直接感悟。我发现，很多时候，一项出发点很好的公共政策或决策得不到有效执行，是因为沟通不畅、无人率先参与或者居民之间互动不够等原因造成的。通过精心设计的活动（包括线上），社区管理者可以更好地推进公共政策的执行。

另外，在这一波疫情防控中，尽管行业受疫情影响巨大，但很多会展和活动领域的朋友积极参与了社区志愿者服务，有些还参加了方舱医院建设的相关工作。大家不约而同地表达了一个观点：会展人在疫情防控和社区治理中能发

挥特殊的作用。

　　我甚至在想，如果能推动街道和居委会的社区工作者掌握更多专业的活动管理知识、方法与工具，不管是对于疫情防控工作组织，还是调整居民情绪，这都将是大有裨益的。这种想法与我们团队在策划"北新泾街道社区美好生活创想节"时的感受有着异曲同工之妙。即便做个团购买菜的团长，会展和活动管理专家也能把事情梳理得清清楚楚，做出一股浓厚的专业感。图2是2022年上海疫情最严峻时一位做展览的朋友在微信朋友圈的一个分享：

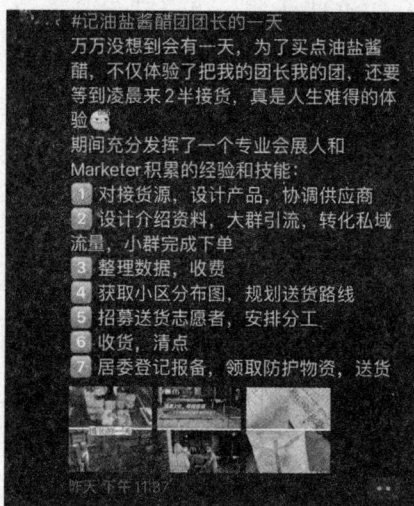

图2　一位会展人的"团长"心得

　　有学者基于社区调查结果，分析了目前许多社区的居民参与社区活动的积极性不高的主要原因。例如，所策划和组织的活动没有与社区居民最关心的问题对接，社区活动的内容或形式对中青年居民吸引力不够，所选择的活动形式需要占用在职居民的上班时间，或者活动宣传不到位等（赵玉娟，2012）。此外，行政事务性工作挤占了本就不足的社区人力资源，而且社区开展活动的经费普遍不足。

　　这些问题的解决，一方面，需要政府在人力、经费等方面加大对社区建设的支持力度；另一方面，要积极采取市场化的手段，整合内、外部资源，推进社区工作的创新。此时，专业的活动管理人才是具有优势的。

　　总之，围绕"为什么""是什么""怎么做"等问题，深入研究活动与社区工作之间的互动关系以及社区活动管理的基本原理和常用方法，具有重要理论价值和现实意义，这也是《活动与社区》的主要内容。全书分为"活动与社区工作""社区活动策划与组织""活动与社区建设典型案例"3篇，其中：第一篇构建了活动与社区工作的互动关系框架，阐释活动作为一种社区治理工具的内涵，并分析活动在社区治理、社区发展和社区服务中的主要功能。同时，借鉴国内外成功经验，对社区文化活动中心的运营管理做了比较详细的介绍。第二篇从社区活动的定义与分类入手，介绍策划和组织社区活动的一般流程和主要工作内容，而且在每节都配套了3个案例。第三篇分社区治理、社区发展和社区服务3个板块，每个板块安排了4个专题案例，每个案例不仅详细介绍了活动或项目的具体情况，而且提出了相应管理启示。

　　芭芭拉·艾伦瑞克（Barbara Ehrenreich）在《街头的狂欢》一书最后有一句话很经典，我微调了一下，作为本书引言的结束：在这个拥挤而广袤的星球，我们需要更多有意义甚至无意义的活动，去体会我们存在于当下的奇迹，并且好好庆祝一番。

上篇　活动与社区工作

第 1 章

社区工作的
底层逻辑

亲密的接触是人类最基本的需求之一。虽然我们大多数人没有出生在（意大利）撒丁岛的山地村落里，但我们仍然对村落生活带来的归属感怀有强烈渴望。虽然很少有人愿意放弃现有的（医疗卫生）教育和工作机会，回到过去不平等的岁月，忍受旧式农村生活的贫瘠和匮乏，但是我们仍然期盼得到一丝来自村落的关怀（Pinker，2014）。

早在 1887 年，德国社会学家费迪南德·滕尼斯（Ferdinand Tonnies）就在《社区与社会》[①] 一书中提出，社区是指由具有共同的习俗和价值观念的同质人口组成的，关系密切、守望相助、疾病相抚、富有人情味的社会群体（谢芳，2004）。尽管随着城市化的发展，社区的内涵和作用在不断发生变化，未来的社区可以轻松跨越地域边界，而且随着互联网特别是各类社交媒体和新兴通信技术的普及，建立社群将变得更加容易，但社区工作的核心目标不会改变，仍是通过服务、发展和治理，构建紧密、温暖、合作与自治的社会关系，为居民打造有社区感的幸福家园。

第 1 节　社区工作目标

一、不同社区的比较

"社区"一词来源于拉丁语，原意是团体、共同，在中古英语中还有公民的意思。20 世纪 30 年代初，费孝通先生在翻译 Community and Society 时将英文单词"Community"翻译为"社区"，后来被许多学者引用，并沿用至今。根据汉语大辞典的解释，所谓"社区"，就是在一定地域内由相互关联的人们所组成的社会生活共同体。2000 年，《民政部关于在全国推进城市社区建设的意见》明确提出，"社区是指聚居在一定地域范围内的人们所组成的社会生活共同体。目前城市社区的范围，一般是指经过社区体制改革后做了规模调整的居民委员会辖区"。此后，我国民政部就一直采用这个概念。

虽然学术界对"社区"的解释观点不一，但学者们普遍认同构成社区的基本要素，即一定数量的人口、一定范围的地区、一定规模的设施、一定特色的文化和一定类型的组织（王成蹊，2016）。

根据中国城市居民居住地带特征，王凯珍（2005）将我国城市居住社区分

---

①　原作名 Gemeinschaft und Gesellschaft: Grundbegriffe der reinen Soziologie，英文译为 Community and Society，中文又译作《共同体与社会》。

成 4 类：旧居住地带传统社区，混合居住地带单位社区，新居住地带综合社区，城乡接合部边缘社区。如表 1-1 所示：

表 1-1 不同城市居住地的社区比较

维度\ 类型	旧居住地带 传统社区	混合居住地带 单位社区	新居住地带 综合社区	城乡接合部 边缘社区
社区居民	异质性较强	同质性强	异质性强	异质性较强
社区环境和条件	较差	好、较好	好	差
社区互动	社区互动频率高	单位互动频率高	社区互动增强	社区互动频率低
社区氛围	很强	弱	较强	较差
认同感	强	单位认同强于社区认同	强	较差

资料来源：王凯珍.中国城市不同类型社区居民体育活动现状的调查研究［J］.北京体育大学学报，2005（8）：1009-1013.

按照城市社区治理模式的不同，魏娜（2002）将社区归纳为三种类型或阶段（见表 1-2）：

表 1-2 不同治理模式下的社区比较

维度\ 类型	行政型社区	合作型社区	自治型社区
基本特点	政府占主导	政府与社区自治相结合	社区主导、政府提供支持
治理主体	政府部门	扩大至社区自治组织和非政府组织	社区自治及社会组织
资源投入	通过行政手段	以政府投入为主，社会组织为辅	政府和社区共同投入，并积极吸收社会资源
社区组织	发展受限	社区委员会（居委会）在政府与社区之间起到桥梁作用	形成社区内各种资源互补、信息沟通的组织系统
居民参与	居民对政府和机构的依赖性强	居民参与社区活动的积极性普遍提高，参加社区活动的范围更广	居民自觉参与社区公共事务及相关活动

资料来源：魏娜.公民参与下的民主行政［J］.国家行政学院学报，2002（3）：19-22.

二、社区工作的主要目标

根据社区工作者考试网的梳理，社区工作目标可以分为任务目标和过程目标，前者是指解决特定的社会问题，包括完成某项具体工作，满足社区需要，达到一定的社会福利目标，后者指提高社区居民的一般能力。具体来讲，主要包括4个方面：（1）推动社区居民参与公共事务；（2）增强社区居民的社会意识；（3）整合利用社区资源，并达成共识，解决社区问题，满足社区居民需求；（4）培养互帮互助的美德。

综合参考《民政部关于在全国推进城市社区建设的意见》等文件，社区工作的主要目标包括以下3个方面：

1. 提供并不断拓展社区服务

社区服务在改善社区居民生活、扩大就业机会、建立社会保障社会化服务体系、推进服务业发展等方面具有重要作用。根据服务对象的不同，社区服务主要包括开展面向老年人、儿童、残疾人、社会贫困户、优抚对象的社会救助和福利服务，面向社区居民的便民利民服务，面向社区单位的社会化服务，面向下岗职工的再就业服务和社会保障社会化服务。在大中城市，要重点抓好城区、街道办事处社区服务中心和社区居委会、社区服务站的建设与管理。

2. 持续推进社区综合建设

根据《民政部关于在全国推进城市社区建设的意见》，社区综合建设的主要工作包括改善和发展社区卫生、打造和弘扬社区文化、美化社区环境、加强社区治安等。其中，关于社区文化建设，要充分利用街道文化站、社区文化活动中心等现有设施，组织开展丰富多彩、健康有益的文化、体育、科普、教育及娱乐等活动；利用社区内的各种报刊栏、显示屏等设施，宣传社会主义精神文明，倡导科学文明健康的生活方式；加强对社区成员的社会主义教育、政治思想教育和科学文化教育，形成健康向上、文明和谐的社区文化氛围。

各社区可以根据本地经济和社会发展水平与现有工作基础，从实际出发，因地制宜地确定城市社区建设发展的内容。

3. 加强城市社区组织和队伍建设

主要工作内容包括加强社区党组织建设、加强社区居民自治组织建设和逐步建立社区工作者队伍。

其中，社区党组织是社区组织的领导核心，主要职责包括发挥党员在社区建设中的先锋模范作用，支持和保证社区居民委员会依法自治，团结、组织党员和居民完成本社区所担负的各项任务等；作为一种群众性自治组织，社区居民委员会的成员必须经过民主选举产生，并负责社区日常事务的管理；社区工作者队伍，除了社区居委会干部，还包括各类社会组织和志愿者队伍，以广泛动员社会力量参与社区建设。

———《典型实例 1-1》————————————————

日本町内会的防灾训练活动（一）

由于地处亚欧板块与太平洋板块交界地带，地质环境特殊，日本是一个地震、台风、海啸等自然灾害频发的国家。在日本的三级灾害管理机制中，多元主体的广泛参与至关重要。其中包括通过社区、学校、町内会等途径，让国民学习灾害知识、参与灾害演练，进而增强危机意识和掌握更多的灾害应急处理能力。在日本的灾害预防和实际应对中，町内会发挥了重要作用。

町内会是在市町村内同一地区的居民为创建宜居环境而成立的组织，主要职责包括举办节日庆典、焰火晚会、清扫活动、敬老活动、运动会，组织防止犯罪的活动、针对地震的防灾训练以及治安巡逻活动等，以增进邻里关系，促进社区建设。例如，在《东京防灾》手册中明确提出居民平时要同附近的人打招呼，并参加町内会等主办的防火防灾演练。据不完全统计，日本现有 30 多万个町内会，运行机制是以社会组织、居民组织、志愿者为主，政府基层组织为辅，活动开展主要是依靠居民支付的会费运营的。

例如，2015 年 10 月 31 日，日本仙台市青叶区国见地区联合町内会在仙台市三条中学举行了大地震防灾训练。包括中国留学生在内，在东北大学国际交流会馆生活的约 40 名外国留学生和三条中学的学生、当地居民约 550 人参加，学习了防灾和急救方法。具体内容是设想发生震度为 6 级的地震时，大家怎样在中学避难。参加者首先在烟雾弥漫的帐篷中进行训练，然后学习用保鲜膜止血、心脏按压等急救方法。

资料来源：中国留学生与日仙台居民共同参加防震训练［EB/OL］.中国侨网，http://www.chinaqw.com/hqhr/2015/11-03/69108.shtml，2015-11-03.

第2节 社区工作主体

《国务院关于加强和改进社区服务工作的意见》提出了3个基本原则，其中包括"坚持社会化"，即发挥政府、社区居委会、民间组织、驻社区单位、企业及个人在社区服务中的作用，政府提供公共服务，同时鼓励、支持社区居民和社会力量参与社区服务。传统的社区工作主体主要包括街道办事处/乡镇和居民委员会/村委会，但从服务对象的角度来讲，除居民外，其他利益相关者都可以作为社区工作的主体。针对其他居民而言，居民个体也是社区工作的主体。

一、街道办事处

根据《中华人民共和国地方各级人民代表大会和地方各级人民政府组织法》，街道办事处就是市辖区政府或不设区的市政府经上一级人民政府批准设立的派出机关。街道办事处在本辖区内办理派出它的人民政府交办的公共服务、公共管理、公共安全等工作，依法履行综合管理、统筹协调、应急处置和行政执法等职责，反映居民的意见和要求。

二、居委会

根据《中华人民共和国城市居民委员会组织法》（该法适用于乡、民族乡或镇人民政府所在地设立的居民委员会），居民委员会是居民自我管理、自我教育、自我服务的基层群众性自治组织，其性质是"基层群众性自治组织"，任务是组织居民"自我教育、自我管理和自我服务"，并协助政府做一些群众工作。居委会应当开展便民利民的社区服务活动，可以兴办有关服务事业，常见服务内容如下：

（1）宣传宪法、法律、法规和国家的政策，维护居民的合法权益，教育居民履行依法应尽的义务，爱护公共财产，开展多种形式的社会主义精神文明建设活动。

（2）办理本居住地区居民的公共事务和公益事业。

（3）调解民间纠纷。

（4）协助维护社会治安。

（5）协助人民政府或者它的派出机关做好与居民利益有关的公共卫生、计划生育、优抚救济、青少年教育等项工作。

（6）向人民政府或者它的派出机关反映居民的意见、要求和提出建议。

三、社会组织

社会组织又称民间组织、非营利组织，对应国外一般称为非政府组织，是指由一定数量的社会成员按照一定的规范并围绕一定目标聚合而成的社会群体。作为社区工作的一支新生力量，各类社会组织成为社区服务的新主体。

《国务院关于加强和改进社区服务工作的意见》提出，要培育社区服务民间组织，积极组织开展各类社区志愿服务活动。其中，明确提出要"支持和鼓励社区居民成立形式多样的慈善组织、群众性文体组织、科普组织和为老年人、残疾人、困难群众提供生活服务的组织，使社区居民在参与各种活动中实现自我服务、自我完善和自我提高"，并"积极支持民间组织开展社区服务活动，加强引导和管理，使其在政府和社区居委会的指导、监督下有序开展服务"。

上述文件还提出，要积极落实各项优惠政策，鼓励下岗失业人员自办或合伙兴办社区服务组织；充分利用社区内的学校、培训机构、幼儿园、文物古迹等开展社区教育活动。有关单位开展社区服务，既可以单独经营，也可以与社区组织联营共建。

四、社工

社区建设与管理的根本问题是调动人的积极性和创造性，其中，建设一支专业化、高素质的社区工作者队伍对推进社区建设具有十分重要的意义。社工是对社会工作者的简称，即指在社会福利、社会救助、社会慈善、残障康复、

优抚安置、医疗卫生、青少年服务、司法矫治等社会服务机构中从事专门性社会服务工作的专业技术人员。在我国，社会工作者于 2006 年首次被纳入国家专业技术人员范畴，并有相应的职业水平考试。

《国务院关于加强和改进社区服务工作的意见》提出，要加强社区服务工作队伍建设。包括切实解决居委会成员及其聘用人员的生活补贴、工资、保险等福利待遇问题，并使待遇水平随经济发展而适当增长；经常开展对社区服务人员的思想教育和业务培训，不断提高他们服务居民、管理社区的能力；加强对社区服务的理论研究，鼓励有条件的大专院校和培训机构开设社会工作专业、社区服务课程，培养专业人才。

此外，还鼓励下岗失业人员通过小时工、非全日制工和阶段性就业等灵活方式参与社区服务。

五、志愿者

《国务院关于加强和改进社区服务工作的意见》还明确提出，要积极组织开展社区志愿服务活动。主要工作包括：（1）培育社区志愿服务意识，弘扬社区志愿服务精神。（2）推行志愿者注册制度，积极动员共产党员、共青团员、公务员、专业技术人员、教师、青少年学生以及身体健康的离退休人员等加入志愿服务队伍，优化志愿人员结构，壮大志愿人员力量。（3）指导建立志愿服务激励机制，使志愿者本人需要帮助时，能够及时得到志愿者组织和其他志愿者的服务。（4）指导志愿组织和志愿人员开展社会救助、优抚、助残、老年服务、再就业服务、维护社区安全、科普和精神文明建设活动，不断创新服务形式，提高服务水平。

六、协同工作

正如《社区规划活动指南》（The Community Planning Event Manual）中所指出的，一个经过合理设计的活动能够创造出一种独特的活动和能量的化学反应，让所有潜在的参与者（potential players）以更有效的方式朝着一个共同的目标努力，而不是仅仅使用传统的专业方法（Wates，2008）。

要成功举办一次社区活动，至少要具备 4 个基本条件：以解决社区问题为导向，目标清晰；各利益相关者精诚合作；充分利用相关资源；居民积极参与。其基本逻辑如图 1-1 所示。其中，活动组织者可能是街道办事处、居委会、社会组织、社工、志愿者团体或居民自身，具体组织机构设计及各自的分工等要取决于社区活动的性质、规模、资金来源等情况。

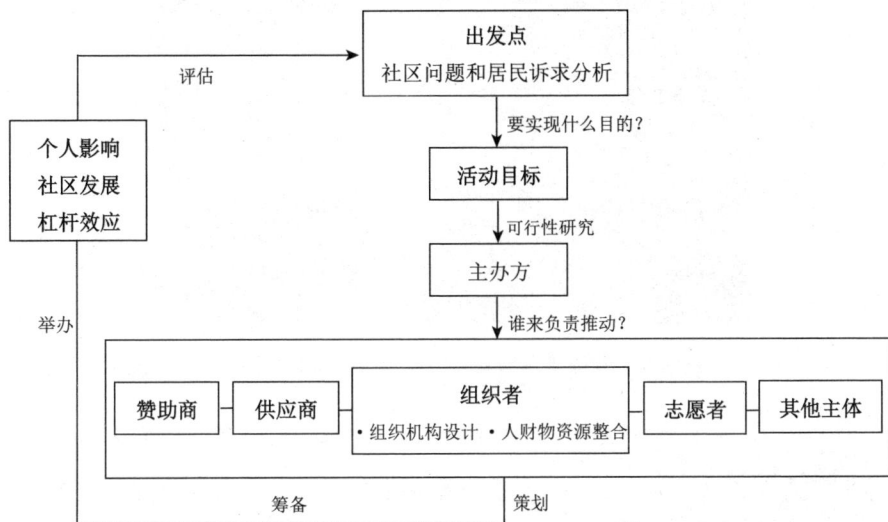

图 1-1 举办一次社区活动的基本逻辑

---≪典型实例 1-2≫---

创 Π 星球：服务社区生活，搭建实践平台

创 Π 星球是长沙商贸旅游职业技术学院文化创意学院打造的一个公益实践平台，也是该院会展策划与管理专业的一个学生社团组织，旨在用无限创意去创造无限活动。近几年，该社团在利用活动服务社区建设和丰富教学实践方面不断创新，取得了较好的成绩。

2022 年 6 月 11 日，"圭塘河文化节之创 π 集市"在湖南省长沙市雨花区圭塘河公园成功举办。从组织结构上看，此次公益活动由和＋共享图书馆和爱尔眼科主办，由长沙商贸旅游职业技术学院承办，具体由创 Π 星球策划和执行，道格户外品牌提供支持。集市形式多样、内容丰富，除了设有 15 个摊位，还策划了趣味游戏、拍照打卡、帐篷露营体验、草坪音乐会等配套活动，爱尔眼科还在现场设立了护眼体验区。此次活动不仅为学生们提供了宝贵的实践机会，还促进了校企合作，增强了社区凝聚力，为社区居民带来了美好的体验。

图 1-2　首届圭塘河文化节之创 π 集市现场一角

图 1-3　第二届圭塘河文化节之创 π·e 课堂海报

同年 11 月 4 日，部分 π 星人在指导老师麦子的带领下来到和＋共享图书馆，进行第二届圭塘河文化节活动的路演汇报。这次文化节，π 星人不仅带回了创 π 集市，还带着商务英语班同学打造的创 π·e 课堂与居民首次见面。创 π·e 课堂是创 π 星球全新打造的 IP，是一次跨界的融合。在这期创 π·e 课堂中，项目团队策划了三个风格迥异的部落（恰恰部落、快乐部落、防疫部落），希望在音乐和英语的融合中，并采取线上直播方式，帮助人们减少疫情带来的不安和喧嚣。此次活动同样得到了爱尔眼科、鑫华社区服务中心、和＋共享图书馆的大力支持。

资料来源：李真真.长沙商贸旅游职业技术学院：学会展，办集市，这个公益集市不一样［N］.华声教育，2022-06-23.

第 3 节　社区工作模式

传统的社区管理和工作模式存在明显弊端，例如，街道和居委会的关系不是隶属关系，而应该是指导和被指导关系。但在现实工作中，许多街道办事处利用自身所掌握的行政和经济资源，控制了居委会人事任免、预算分配和工作任务安排等权力，将居委会作为自己的办事机构。但随着我国民主化进程的加快和公民自治意识的觉醒，国内社区工作模式正在发生显著的变化。本节将对 3 种常见的社区工作模式进行介绍。

一、社会计划模式

社会计划模式是指借助专家、专业或权威机构对社区某些方面的问题进行科学、客观的调查研究，制订出一个最优的工作计划，并通过自上而下的安排来执行计划，以解决社区问题和满足居民需求的社区工作模式。

这是一种自上而下的社会工作方法，希望通过自上而下的安排，来解决社区问题和满足居民需求。该模式认为，社区中存在的一系列问题都是由特定原因造成的，必须而且可以逐个解决。其基本思路是首先对社区中的问题进行分析和排列，在资料收集和分析、专家调查、居民走访、斡旋等工作的基础上提出可行的解决办法。这种模式显得高度理性，但居民的参与性不强，总体处于被动甚至被操控的位置上，居民个体或各类社会组织的能动性发挥不足，对社区发展的自主性和多元性关注不够。

例如，一项社区调查结果显示，某省居民参与社区管理与服务的热情普遍不高。其中，参与社区活动的人群主要是社区党员、低保户以及热心公益事业的小部分退休人员，大部分社区居民特别是在职中青年居民很少参与，年均参加活动的人次比例不超过 10%，社区志愿者服务活动的参与程度则更低，年均只有 1% 人次左右。造成这种状况的主要原因在于活动的内容或形式得不到大多数社区居民的认同（赵玉娟，2012）。

二、社会行动模式

根据美国社会学者罗斯曼（Rothman，1968）的观点，社会行动模式是指发动社区居民自组织起来，针对社区中存在的社会问题，采取结构主义的分析视角和行动方向，通过抗争的策略来维护弱者利益，取得符合公益及民主的对待，改变社会结构和制度，从而促进社会更加公平、民主和正义。

社会行动模式一般从居民最关注、最急切需要解决的问题入手，适用于那些社会情况复杂、社会矛盾较多、政府部门官僚化、居民利益缺乏保障的社区，在贫民区、城中村等社区比较常见。该模式关注社会公平、民主和正义，把矛盾和冲突理解为社会发展的动力，并认为个人问题是社会结构和制度造成的。采取社会行动模式，应遵循一定基本原则。例如，渐进原则，基本沿着"对话—抗议—对抗—暴力"的逻辑；争取对方让步，而非破坏现有制度和环境；保持行动的连串性；争取舆论支持，避免使用暴力；等等。

例如，2007 年 3 月，在全国人大、政协"两会"上，中国科学院院士赵玉芬等 105 名全国政协委员联名签署提案，建议厦门 PX 项目迁址。此举，引起了媒体和民众的强烈关注。6 月 1 日至 2 日，为抵制 PX 项目落户厦门海沧区，部分厦门市民以"散步"的形式，集体在厦门市政府门前表达反对意见。12 月 13 日，厦门市政府开启公众参与的最重要环节——市民座谈会。驻厦中央级媒体包括新华社、《人民日报》《光明日报》等，以及厦门本地媒体，获准入内旁听。整场座谈会持续四个小时。12 月 14 日，第二场市民座谈会继续举行。第二场座谈会有市民代表、人大代表和政协委员等 97 人参加，62 人发言。在座谈中，除了约 10 名发言者表示支持 PX 项目建设之外，其他发言者都表示反对。同年 12 月 16 日，福建省政府针对厦门 PX 项目问题召开专项会议，决定迁建 PX 项目。最终，该项目落户漳州漳浦的古雷港开发区。

三、社区发展模式

社区发展模式是指通过合适的手段，鼓励和促进居民参与社区事务、开展互助合作，再加上上级政府和相关组织的协助和支持，整合社区内外资源，解决社区问题和满足居民需求的一种工作模式。

　　该模式的工作思路就是引导居民广泛参与，并和各级相关部门沟通协调，通过协作来解决社区问题，因而注重居民在参与社区事务中个人能力、公共意识和社区归属感的培养，而不仅仅是社区物质环境的建设。《中共中央办公厅国务院办公厅关于转发〈民政部关于在全国推进城市社区建设的意见〉的通知》明确提出，城市社区建设的基本原则之一是"资源共享、共驻共建"，即充分调动社区内机关、团体、部队、企业事业组织等一切力量广泛参与社区建设，最大限度地实现社区资源的共有、共享，营造共驻社区、共建社区的良好氛围。《国务院关于加强和改进社区服务工作的意见》也明确提出，"发挥政府、社区居委会、民间组织、驻社区单位、企业及个人在社区服务中的作用，政府提供公共服务，鼓励、支持社区居民和社会力量参与社区服务"是加强和改进社区服务工作的基本原则之一。

　　当然，采取这种工作模式也存在许多困难和挑战。例如，某社区社交网络有着松散的传统、居民因为对社区不认同等各种原因参与不积极、社区流动人口较多、沟通渠道缺乏甚至存在不同利益诉求的群体，等等。

───《 **典型实例 1-3** 》────────────────────

美国社区规划活动的组织框架

　　好的社区活动，势必综合权衡各利益相关主体的关系。正如规划决策应该面向社区需要、适应社区情况一样，实现这些决策的过程也应该如此。在美国，各类社区规划活动起到了至关重要的作用，因为这一过程结合了多种独特的因素，特别是能综合考虑不同利益相关者的诉求。Wates（2008）提出了一个社区规划活动的组织框架（见图 1-4）。

　　从图 1-4 中可以看出，社区规划活动的举办需要社区、咨询机构、居民、企业、志愿者组织和各类支持机构（support bodies）的共同努力。包括在现有参与机制的基础上，为活动建立一个新的、专注的组织机制；主办方聘请一家有经验的承办机构来推进；邀请独立专家作为顾问而不是团队成员参与；寻找大学等相关机构的支持等。

当地利益团体

公共机构　　专业人士　　开发商

企业　　　　　　　　　　　志愿者组织

居民

指导小组

协调主要爱好者、主要参与者（如
土地所有者、规划者）以及一系列
地方利益代表之间的伙伴关系

教育、宗教等团体

咨询顾问

（多个学科的专家）

主办方

承担正式责任的组织（通常与其他
组织联合）

支持机构

（全国或地方性的）

团队主席

有经验的主持人

团队	承办方或主办方
独立专家通常来自该领域之外，具有广泛的技能和经验	与建筑或规划相关的咨询机构或非政府组织等
顾问	**学生支持**
当地社区和商业领袖、规划者等	建筑学或相关专业的大学生

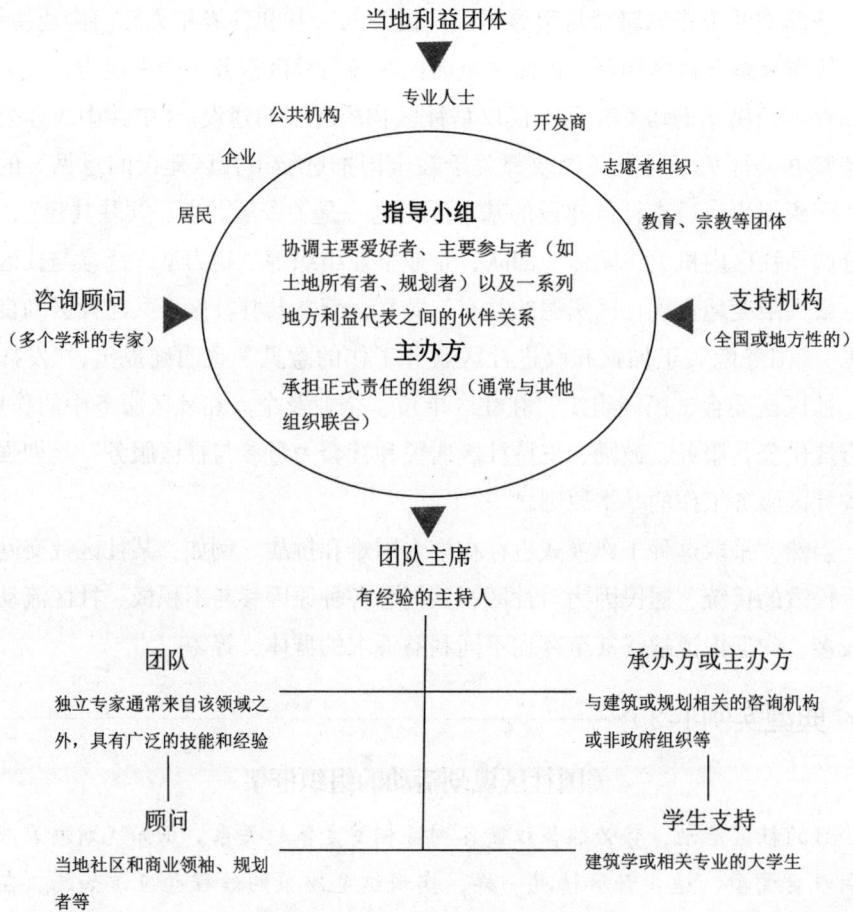

图1-4　一个社区规划活动的组织框架

　　以支持机构为例，社区规划活动通常受益于国家或地区组织的支持，主要
支持机构包括专业团体和协会、大学、当地政府、开发机构、咨询公司、机构
合伙人等。特别是在美国，一些组织已经将他们的支持制度化。概括而言，支
持机构可以提供的常见服务如下：

· 根据经验，就最合适的活动类型提供建议。

· 通过提供简要的材料和演讲者来激发兴趣。

· 对活动效果进行验证，这对于克服地方层面的怀疑是非常宝贵的。

· 协助开展实际工作，如团队甄选（通过维护人才数据库）、团队简报等。

· 从初始会议到整个活动的组织工作。

· 确保后续行动的跟进。

资料来源：Wates N. The Community Planning Event Manual ［M］. London：Earthscan，2008.

第 2 章

活动与社区工作的
互动关系

  丰富多彩的活动总是在人们的生活中熠熠
生辉，它们不仅有助于个人定义生活的意义，
而且能推动社会文化、社区、宗教和国家的发
展（Bowdin et al.，2006）。社区活动被认为是
一种通过文化叙事来团结和联合居民的活动，
其基本途径是在管理和支持社区活动的广泛利
益相关者中创造社会资本和促进参与，因而具
有重要的社会地位（Brewster，2020）。

社区活动（community events）具有多维社会价值，譬如促进居民互动、激励社区参与、创造集体社区记忆、增强社区凝聚力、弘扬社区价值观、为社区带来社会文化和经济利益等（Jamieson，2014；Brewster，2020）。尽管社区活动的组织者在传统上可能不会被视为一个国家、城市或地区文化的保护者，但毋庸置疑，许多社区活动在推广地方传统和传承本土文化的独特元素方面发挥了重要作用（Brewster，2020）；反之，拥有无限生命力的社区生活又为活动组织者提供了取之不尽的情景和题材。因此，活动与社区工作之间具有与生俱来的互动关系。事实也证明，各种节日和活动的确为创建人们所渴望的充满活力的社区提供了一种综合的方法（Hall，1992；Dunstan，1994；Getz，1997）。

第1节　活动的定义与目标 [①]

一、什么是特殊活动？

人们一般所说的"活动"是指那些经过精心策划、目标明确的特殊活动（special events 或 planned events）。活动的范围极为广泛，很难给出一个能囊括所有活动类型的定义。国际著名节事研究专家唐纳德·盖茨（Donald Getz）同时从活动组织者和参与者两个方面对特殊活动进行了界定：对管理者而言，特殊活动是一种在发起人或组织者的常规计划或活动以外的一种一次性或不经常发生的活动（A special event is a one-time or infrequently occurring event outside the normal program or activities of the sponsoring or organizing body）；对客户和客人而言，特殊活动是指在常规选择范围之外或日常经历之外的一次休闲、社交或文化体验的机会（To the customer or guest, a special event is an opportunity for a leisure, social, or cultural experience outside the normal range of

---

① 本节主要参考了王春雷.活动与生活：当我们在谈论活动时我们在谈论什么 [M].北京：中国旅游出版社，2018.有改动。

choices or beyond everyday experience）（Getz，1997）。上述两个定义的出发点很好，但对"特殊活动"的"特殊性"刻画得还不够深刻。

有"现代活动管理教育之父"之美誉的乔·戈德布莱特（Joe J. Goldblatt）教授认为，"特殊活动"（Special Event）总是经过精心策划，总是能激发期望，总是能通过提供一个值得庆祝的理由而让人激动不已（Goldblatt，1990）。因此，特殊活动是那些"发生在特定时刻的，以典礼或仪式的形式来庆祝的，能满足特定需要的活动"（a unique moment in time celebrated with ceremony and ritual to satisfy specific needs）（Goldblatt，1997）。他认为，为了创造或强化这种"特殊性"（Uniqueness /Specialness），需要在许多主观因素上去努力。

王春雷（2018）提出，所谓特殊活动，即在发起人或组织者的常规计划以外，在参与者的日常工作和生活之外，能满足组织者的特殊目的并带给参与者特殊体验的聚集。

社区活动是特殊活动的一种，也适用于上述定义，但其"社区特性"更加鲜明，且表现在活动管理的方方面面。例如，Wates（2008）提出社区规划活动具有以下基本特点：

· 充分准备（thorough preparation）

· 集中工作（intensive work）

· 社区参与，而不仅仅是咨询（community participation，not just consultation）

· 整体思维 / 广泛的任务（broad mission）

· 跨学科团队（multidisciplinary teamwork）

· 专家主持（expert facilitation）

· 高调的沟通（high-profile communication）

· 及时、持续的反馈（rapid and ongoing feedback）

· 灵活性（flexibility）

二、活动的基本目标

在日常生活中，每天都在发生各种各样的活动，但很多并不是有序的、高效的或经过精心设计的。然而，专业的活动管理要从"为什么"（why/purpose，即活动的目标）开始，它能指导之后为实现该目标的所有行动。这也是特殊活动的基本含义之一，首先是确定"特定的目的／目标"。

Goldblatt（2010）认为，特殊活动的目标有 4 种基本类型，即庆祝（celebration），教育（education），营销（marketing）和团聚（reunion）。王春雷（2018）提出，活动还有一项重要功能是娱乐（entertainment）。

1. 庆祝

根据汉语大辞典的解释，所谓"庆祝"就是为共同的喜事而进行一些活动，以表示欢庆或纪念。谈起"庆祝"，一般人首先想到的是烟花、表演甚至锣鼓喧天。其实，"庆祝"的英文 celebration 来源于拉丁语"celebro"，是"给……以荣誉"（to honor）的意思。另一个被普遍接受的定义是仪式中的"表演"（to perform）。这样，庆祝就是指那些比较正式的、节日的场合，包括游行、市民活动、节庆、宗教仪式、政治活动、成人仪式、婚礼及周年纪念日等，这些活动往往与个人或组织的生命周期阶段（life - cycle）有关，并具有重要价值甚至是里程碑意义。

由于其主题性和独特性，社区活动可能会以一种集体庆祝的名义吸引不同类型的观众。在法国著名作家、诺贝尔文学奖获得者阿尔贝·加缪（Albert Camus）的代表作《鼠疫》（The Plague）中有这样一段精彩的描述：

山冈顶上的炮台在宁静的天空中不断轰鸣。全城的人都跑到大街上来庆祝这一激动人心的时刻，它标志着痛苦的时间已经结束，遗忘的时间还没有开始。各处广场上，人们都在跳舞。一夜之间，路上交通变得分外拥挤，汽车越来越多，街道水泄不通。整个下午，城里钟声齐鸣，铿锵之音在蔚蓝的天空中、金色的阳光下回荡。教堂里充满了欢乐的谢恩声。但与此同时，娱乐场所也挤得透不过气来，咖啡馆的老板也不顾以后如何营业，把最后剩下的酒全部卖给了顾客。柜台前挤满了一群群情绪同样激动的人，其中还可以看到许多对男女在众目睽睽之下毫无顾忌地搂抱在一起。人人都在叫着，笑着。这些月来，他们把生活的热情都积聚了起来，人人都不轻易流露这种热情。然而在这一天，在他们得以幸存的日子里，他们把它全部倾注了出来。明天才是小心翼翼地开始生活的日子，而现在各种完全不同阶层的人都像兄弟一般汇聚在一起。

2. 教育

"教育"一词来源于拉丁语 educare，意思是"引出"（lead out），即通过一定的手段，把某种本来潜在于人们身体和心灵内部的东西引发出来。对教育的定义，各国学者认识不同。美国著名哲学家、教育家约翰·杜威（John Dewey）认为，"教育即生活"，主张学校应该成为一种生动的社会生活的真正形式，而不是学习功课的场所。英国著名哲学家、教育家赫伯特·斯宾塞（Herbert Spencer）认为，"教育是未来生活之准备"。我国著名教育家陶行知认为，"生活即教育，社会即学校，教学做合一"。由此可见，教育是贯穿一个人的全生命周期的，特别是从终身教育的角度来讲，活动在教育与生活之间有着天然的纽带作用。

从在幼儿园参加第一次集体学习活动，到成年后通过参加各种会议来获得新的知识和技能，各类教育类活动记录、测试或支持着一个人的成长。这种成长可能是社会性的，如高中毕业典礼，也可能是有关职业发展的，如通过了某种行业认证。通过教育类活动，活动组织者"引出"新的思想或行动。

常见的教育类活动有专题学术研讨会（symposium）、工作坊（workshop）、毕业典礼（commencement）、评议会（convocation）、校友活动、公司培训、有特定教育内容的会议以及寓教于乐型活动（edutainment event）等。其中，寓教于乐的活动要依托对歌手、舞蹈演员等娱乐元素的使用，以展示教育的理念和主题。具体形式多样，常见的有寓教于文艺演练、寓教于体育活动、寓教于文化生活、寓教于游艺交际、寓教于旅游观光等。

—《典型实例2-1》——————————————————————

日本町内会的防灾训练活动（二）

日本是一个地震频发的国家，因此，不仅注重防灾教育，还经常进行灾害应急演练，几乎所有日本家庭都备有地震应急包。每年的9月1日是日本的"防灾日"，在当天或之后的几天里，日本全国各地都会开展疏散演习和救护训练活动。例如，2021年，早在8月初，名古屋市热田区就向居民发放了全区将统一实施防灾训练的通知和相关宣传资料，资料中还夹着一张训练时需要使用的"安全确认牌"。演习当天，社区居民会把事先预备好的"安全确认牌"

挂在自家门口。在名古屋市，热田区是第一个尝试全区统一使用"安全确认牌"演习的行政区。热田区正是想通过这次活动，加强区内居民的防灾意识，并让全体居民体验邻里确认安危的过程，以便灾难发生后尽快掌握居民受灾情况。同时，进行避难训练也是为了促进邻里间的来往，以便在灾害发生时邻居们因打过交道而可以自然相互帮助。

早在明治时代（1868—1912）以前，日本各地就有以村落为单位的自治组织，进入明治时代以后，"自治联合会和町内会"成为法定的、起到上传下达作用的组织；"二战"后成为"依据居民的自由意志结成的团体"，政府进行规划指导并提供经费支持。据不完全统计，日本现有30多万个町内会，运行机制以社会组织、居民组织、志愿者为主，政府基层组织为辅。

每年八九月，日本的电视上就会充斥着各地开展防灾训练的新闻。有些町内会将与区役所、消防署等机构合作，以漫画等形式向孩子讲授地震、火灾时的应对之策。町内会还印制巨幅防灾地图，里面往往标示邻近街区的避难场所、临时集合场所、消防署、医院及防灾仓库等。

资料来源：欧阳蔚怡.日本的防灾训练：让每个人知道该怎样做，注重邻里互助［EB/OL］. https://www.keguanjp.com/kgjp_shehui/kgjp_sh_yishi/pt20210910000002.html，2021-09-10；团子日本.走进日本"居委会"，独特的服务内容与形式给我们带来不少启示！［EB/OL］. https://www.sohu.com/a/383553194_99894508，2020-03-27.

3. 营销

从个人到企业和组织，从城市到国家，都需要开展营销工作。概括而言，营销活动的主要目的是提升商品或服务的知名度，并把买家和卖家聚在一起，因而具有典型的商业导向。作为一种整合营销工具，活动营销几乎已成为所有公司或组织营销计划中不可分割的一部分。和广告、公共关系、促销等一起，特殊活动有助于提高产品和服务的知名度，并促进潜在消费者购买。很久以来，零售商早已习惯利用各种活动来促进销售，如今，许多其他行业的企业也意识到面对面活动（face-to-face events）在实现销售目标方面是一种有效的途径。

Behrer，Larsson 和 Sandgren（1998）从营销的角度，将活动营销分为 4 种基本类型，其中，现场活动营销（action marketing）是一种富有创意的促销形式，而且必须发生在产品销售的地方；以建立关系为导向的活动（relation building events）是富有情感的，并以一种特别的方式让观众参与进来，其主要内容是活动本身，而不是活动举办的场地，如图 2-1 所示：

<table>
<tr><td colspan="3" align="center">塑造品牌和形象</td></tr>
<tr>
<td align="right">发生
（Happening）</td>
<td align="center">三维广告
（Three-dimensional
Advertisement）

现场活动营销
（Action Marketing）</td>
<td align="center">以建立关系为导向的活动
（Relation Building Events）

以吸引人流为导向的活动
（Traffic Building Events）</td>
</tr>
<tr><td colspan="3" align="right">活动
（Event）</td></tr>
<tr><td colspan="3" align="center">刺激销售</td></tr>
</table>

图 2-1　活动营销（Event Marketing）的基本类型

4. 团聚

团聚特别是重聚在日常生活中和活动管理领域几乎都随处可见。当人们为了纪念的目的而重新团聚，重新点燃友谊，或者仅仅是作为一个群体重新团结起来时，他们就是在进行一次团聚活动。"团聚 / 重聚"经常和家庭、学校、协会等团体放在一起，例如，家庭团聚（family reunion）、校友聚会活动（school reunion event）、协会年度聚会（association annual reunion）等。

社区活动可以将过去的居民、家人和朋友聚集在一起。他们利用节日和活动空间进行社交团聚，创造共享的经验、价值观和信念；通过社会互动，提高社区内部的参与度和集体效能。

例如，在美国，"重聚"具有如此丰富的象征意义，以至于比尔·克林顿（Bill Clinton）将其作为总统宣誓就职活动的主题。Goldblatt（2010）提出，"在美国，随着 20 世纪 50 年代传统家庭的崩溃，以及美国人的迁居习惯，为了与家人和朋友重新建立联系，婚礼、葬礼和团聚活动正成为我们生活的中

心，这种观点并不是无稽之谈"。有不少学者还专门出版了著作来介绍如何成功地组织家庭团聚、军人聚会等团聚活动（Masciangelio & Ninkovich，1991；Crichton，1998；Morgan，2001；Fall，2003）。

5. 休闲娱乐

各种特殊活动的"娱乐"功能可谓与生俱来，其直接表现是人们习惯于在"娱乐"后面加上"活动"二字。《北史·齐纪中·文宣帝》中记载，"或聚棘为马，纽草为索，逼遣乘骑，牵引来去，流血洒地，以为娱乐"。这里的"娱乐"就是快乐有趣的活动。湖南卫视主持人汪涵在 2012 年 2 月 27 日播出的《天天向上》节目中对"娱乐"二字做了颇具生活意义的诠释。他的原话为："娱"在古代又通"悟"，"娱"就是在领悟过后的一种情绪，"乐"在甲骨文中是"成熟的麦子"的意思。所以，娱乐是人们在"领悟之后的感受和成熟之后的喜悦"。

由于现代生活特别是大城市里居民的生活节奏太快，大多数人终日奔忙于工作和基本的生活需求之间，生活越来越程式化，许多对于"品质生活"来讲哪怕是极简单的非常规活动（activities outside the normal life）对大多数人来说都成为一种奢侈品。其实，具有休闲娱乐功能的活动形式十分多样，而且很容易开展，如体育运动、游戏、文艺表演等。

社区活动主要是为了当地居民的利益而举办的，所以，创造一种愉快的社会体验（social experience）往往是最佳目标。当一项普通的运动或活动演变成一种真正的休闲娱乐活动时，其活动方式和规则都会发生变化，总体原则是趋于降低难度和强度，使其更具随意性和普适性，我们可以称之为娱乐活动的享乐性。有新闻报道，德国人最新潮的娱乐和度假方式是到乡村去参加各种体力劳动，或去农场充当义务的工人，过上几天真正的农家生活，在原始的劳作中忘记城市的喧嚣，然后再身心放松地回到工作中去。据统计，早在 1994 年便有 400 万德国人这样度过了他们难忘的假期。

第 2 节　将活动作为一种社区治理工具

活动和适当的公共政策之间的牢固关系，有助于促进居民在社区活动中的参与（Mair & Whitford，2013）。要解决居民主动参与社区活动特别是志愿活动的内生动力问题，就需要在社区的日常管理中，通过举办相应的居民活动或搭建相应的参与平台，从激活邻里关系入手，培养居民的社区责任感（周楠，2022）。另外，有研究发现，在制定有加强社区意识和减少社会隔离的政策的地方，社区节日的数量也有所增长（Mair & Duffy，2015）。

一、社区治理工具

对于政府部门，治理工具（governing tools）就是政府用来达成政策目标的各种方法、手段和制度安排，其核心任务是"将政策意图转变为管理行为，将政策理想转变为政策现实"。与治理工具相近的概念有政府工具（governmental tools）和政策工具（policy instruments）等。中国共产党第十九次全国代表大会报告明确提出，要实现政府治理和社会调节、居民自治良性互动。

关于治理工具的分类，学术界众说纷纭。在我国，许多学者将治理工具划分为行政手段、经济手段、法律手段及思想教育手段等类型（周超、毛胜根，2020）。例如，唐庆鹏和钱再见（2013）基于治理逻辑，以政府、市场和社会的互动为基础，将治理工具分为规制（管制）性工具、经济性工具、信息性工具和社会性工具 4 种。

综合分析国内外相关文献，常见的政府治理工具如表 2-1 所示：

表 2-1　常见的政府治理工具

工具类型	主要特点	常见形式列举	适用情景
规制型工具	直接快速，强制性，强调对权力资源的运用，但缺乏灵活性	规则，标准，禁止与许可，征用，直接提供，行政强制执行	需要政府迅速应对以及民众无条件遵从的情景，如市场失灵、灾难事故、恐怖袭击等
组织性工具	直接性，独立性，强调对资源的充分利用	国家计划，政府机构，公共事业，公共企业，政府间协议与合作	需要政府完全依靠自身力量来解决公共问题（注：与规制型工具很相似，但强制性相对弱）

续表

工具类型	主要特点	常见形式列举	适用情景
经济型工具	间接性，一定程度的弹性，强调对市场机制和经济资源的运用，但财政压力大，且容易出现搭便车、负外部性等问题	产权，税收，收费，补贴，转移支付，特许，担保，贷款，合同，使用者付费	需要通过发挥市场机制来引导目标群体的思想、观点、态度和行为
参与型工具	自愿性，平等协商性，但制度性不强，对目标群体的约束性弱	志愿者服务计划，慈善组织，公私合作（PPP），公众参与，听证会，社区治理	需要社会公众参与、配合的情景
信息型工具	间接性，弹性，强调知识和信息的作用，但容易带来信息不对称、易误解等问题	公开宣传教育，信息披露，社会动员与劝诫，项目评估与公示，座谈与听证会	需要通过对信息的供给和控制来影响目标群体的思想、观点、态度和行为

资料来源：作者根据相关文献整理。

区别于传统的自上而下的政府行政管理，社区治理（community governance）不是通过发号施令、制定执行政策等来实现管理目标，而是通过协商合作、协同互动、协作共建等来建立对共同目标的认同，进而依靠居民内心的认可和自发的行为来采取共同行动，进而实现对社区公共事务进行良好的治理。所以，很多学者将其归入参与型治理工具中（周超、毛胜根，2020）。在实际工作中，社区管理者可根据具体情况，合理使用表 2-1 中的治理工具。

二、社区活动的治理工具属性

社区活动具有显著的治理工具属性。一方面，很多时候，社区活动本身就是理想的治理手段，如志愿服务活动、居民座谈会、听证会等；另一方面，各种社区活动为社区管理者综合使用多种治理工具提供了平台，最终目的都是希望通过活动"将政策意图转变为管理行为，将政策理想转变为政策现实"。

大多数社区活动是为了某个主要目的而举办的，比如，通过增加旅游业和游客数量来创造收入，或者实现特定的社会目标。社区活动的中心主题是创造社会资本，在社区活动中，形成网络的需要会引发组织内部的联系，从而增强参与者对社区的归属感（Darcy 等，2014）。与此同时，个体在一起协同工作，有助于建立社区价值和增加社区福祉。此外，许多本土特色突出的文化庆典是当地重要的庆祝活动，它们通过共同的价值观来帮助当地居民重新确立认同感，此时居民处于中心位置。

社区活动的成功举办，需要活动组织者、社区管理者、合作伙伴、居民、志愿者团体等主要利益相关者的精诚合作。活动组织者和当地社区之间的关系对于促进活动和社区之间的互利互惠至关重要。基于对苏格兰高地运动会（Highland Games）的研究，Brewster（2020）发现，人们普遍认为，高地运动会的精髓在于由当地居民、社区以及所有个体共同组成了一个完整的扩展社区。不过需要注意的是，虽然游客受欢迎，但举办活动首先是为了满足举办地居民的需求；尽管风味美食、体育、音乐和舞蹈等内容的本土特点对外地游客具有很大吸引力，从而为当地带来可观的经济收入，但社区活动的个性和独特性仍主要来自社区活动为当地居民带来了娱乐。

在实际工作中，社区活动的组织往往由志愿者负责，属于典型的社区志愿组织，这就容易导致活动的执行依赖一小部分人。尽管组织者可能并没有承诺义务问题，但招募新成员会有困难（Bendle & Patterson，2008）。一些组织难以吸引年轻成员或新成员，这对社区活动的未来可能会产生决定性的影响，因为这些活动往往依赖于相对较少的组织者。如果无法招募到新成员，对现有委员会成员的要求就会越来越高。对一些年长的成员来说，知识和经验没问题，但一直拥有活动所需的体力肯定是一个挑战。其他障碍，还可能来自管理水平、技能、知识以及委员会的认知等方面。

—《 典型实例 2-2 》————————————————

依托不同志愿者队伍，开展不同类型的志愿活动

全国"最美志愿服务社区"——一师阿拉尔市金银川路街道胡杨社区通过不断培养社区志愿者，培育志愿服务组织，开展各类志愿服务活动，将志愿服务作为推动社区共建共治的有效载体，提高了居民的幸福感和获得感。该社区先后成立了社区志愿者服务队、法律宣传志愿者服务队、小区联户长服务队、青年志愿者服务队等不同类别的志愿者队伍。

截至 2021 年 8 月，胡杨社区已成立志愿服务队 14 个，注册志愿者 3035

人，累计服务时长超过 54 万小时。在实际工作中，结合社区管理的具体问题，引导这些队伍充分发挥专业优势，开展不同类型的志愿活动，并做到每月有主题、每周有活动（李桃，2021）。

资料来源：李桃.一师阿拉尔市胡杨社区：从"无名"到被国家"点名"的华丽蜕变［EB/OL］.胡杨网，http://www.huyangnet.cn/content/2021-08/09/content_884557.html，2021-08-09.

三、社区活动的有效运用

本节主要讨论宏观政策和总体设计，关于活动管理的具体方法和工具，将在第二篇进行详细介绍。

1. 实行活动立项管理

有学者提出，政府部门可以采取"立项式管理"与"活动式服务"措施，鼓励社区在常规性工作之外策划和组织各种专项活动，以进一步提高城市社区管理与服务水平。所谓立项式管理，即各区级政府从本年度社区建设经费中划拨一定资金，成立活动项目基金，然后根据资金投入状况，限定每个社区每年可以申报的活动项目数量及每个立项的资助金额。所谓活动式服务，即申请立项的社区服务内容以活动的形式开展，且活动的动议往往是社区居民关心、亟须解决的社区问题（赵玉娟，2012）。

这样就能形成良性循环：一方面，如果社区工作者积极主动，并充分调动社区居民的才智和资源，多完成项目，多开展活动，就能为本社区建设争取更多资金和奖励。另一方面，随着更多活动的举办，居民参与社区公共事务决策、监督评价社区活动效果、积极参与社区服务与管理的意识也会不断增强。

2. 构建社区活动网络

社区活动的组织取决于主要利益相关者之间的关系，包括组织实体、支持公共部门机构、企业、志愿者团体和社区联盟等，它们交织在一个复杂的组织间网络中（Getz 等，2007）。因而利益相关者之间的合作对于调动社区资源和在不同组织之间创造协同效应至关重要。相应地，希望通过活动来获得有益结果的社区管理者需要理解和利用促进合作的关系模式。

概括而言，组织间网络（inter-organizational networks）可以分为两大类：一是制度化的网络，具有正式的结构、层次和目标；二是非制度化的非正式网络，具有不可见的结构和不具体的目标。不管是正式还是非正式的网络，一个联系良好的社区活动网络可以通过更有效地利用知识和资源来提高主办社区的能力，而主办社区的活动要素组合（event portfolio）本身就是一个复杂的组织系统。

因此，对于参与合作的社区管理者和活动策划人来说，认识到网络关系在举办活动时是如何运作和发展的非常重要。这样的理解可以增强主办社区在活动管理中结合各种知识、技能和综合资源的能力。此外，它还可以帮助活动组织者更好地响应社区需求，并在各部门之间达成共识，以便执行集体任务和高效协调服务。

活动要素组合、组织间协作与社区能力之间的关系，如图 2-2 所示（Ziakas & Costa，2010）：

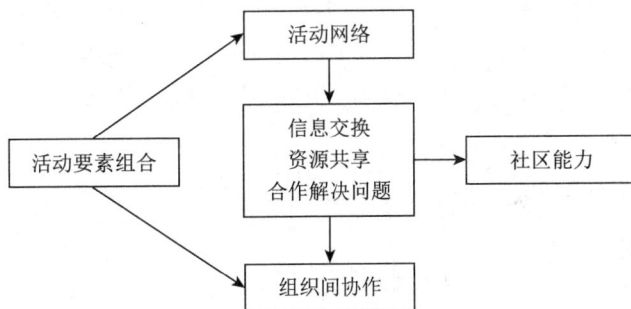

图 2-2　活动要素组合、组织的协作与社区能力的关系

第 3 节　活动与社区工作互动关系的分析框架

人是社会性动物，无法离开他人而独立生存。当我们的个体倾向十分积极时，群体交流能使我们变得更好。但群体可以是非常好，也可以是非常坏的，我们最好能明智而且有目的地选择群体影响（迈尔斯，2006）。通过参与和组织社区活动，个人能够重塑与社区其他成员之间的关系，社区其他成员也通过

活动对个体带来影响。

一、活动的本质

虽然特殊活动的核心现象是体验及其附加的意义，但学术界关于活动的经验维度、存在维度和本体论维度的研究十分有限。现象学为研究体验的多维度和活动的相关意义提供了一个很好的哲学框架，然而，令人惊讶的是，现象学尚未被系统地应用于活动管理领域。

Ziakas 和 Boukas（2014）从现象学角度提出了活动研究的主要问题领域框架，其核心是从活动中获得的体验（event experience）及附加意义（attached meanings），主要问题领域包括策划和组织活动的过程（process），参加活动的经历对人们生活的个人影响（personal impacts），对原真性（authenticity）的感知，活动策划（event design）以及杠杆策略（leveraging strategies）。其中，杠杆策略在很大程度上就是站在活动举办社区的角度来讲的，过程包括环境因素的互动和活动的运作过程（见图 2-3）。需要强调的是，根据个人参与活动的性质不同（譬如参与者、观众、工作人员、志愿者等），体验的范围和所赋予的意义有很大差异。

图 2-3　基于现象学的活动研究框架

资料来源：Ziakas V，Boukas N. Contextualizing phenomenology in event management research：Deciphering the meaning of event experiences［J］. International Journal of Event & Festival Management，2014，5（1）：56-73.

二、活动管理模型

Watt 在 1998 年提出了活动管理过程（The Event Planning Process）模型，该模型把活动管理流程分为 7 个基本步骤，即概念建议（idea proposal）、可行性研究（feasibility study）、活动目标（aims and objectives）、执行要求（implementation requirements）、执行计划（implementation plan）、监控评估（monitoring and evaluation）与未来方案（future practice），这 7 个步骤构成了一个循环，如图 2-4 所示：

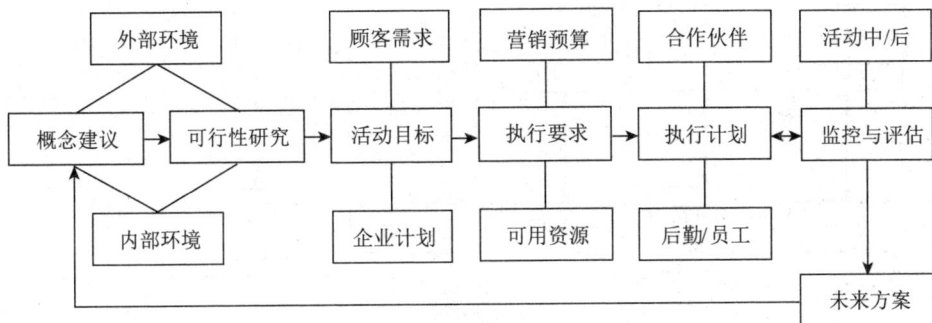

图 2-4　Watt 活动管理模型（1998）

资料来源：Watt, D.C.（1998）. *Event Management in Leisure & Tourism.* New York：Addison Wesley Longman.

特别值得一提的是，Watt 同时从内部资源与外部关系两个方面对活动管理的每个步骤进行了描述。例如，他认为，活动的目标一方面由客户需求决定，另一方面取决于活动组织者的发展计划；活动执行效果既取决于员工水平，也取决于所有合作伙伴的服务质量。

三、活动与社区工作的互动关系

综上所述，社区管理者可以利用精心设计的活动来提升社区服务、促进社区发展和改进社区治理。综合分析活动的本质和 Watt 活动管理模型，可以得出如下核心启示：

社区活动应该进行全过程管理，从社区问题和居民需求分析出发，明确活动的目标；分析内、外部条件，整合各种资源，保证活动计划切实可行，同时减少社区的人力、物力和财务负担；在活动中积极宣传相应政策或促进社区居民达成一致行动，并吸引居民积极参与；努力做好现场服务，为参与者营造良好的体验环境，同时保证活动安全、有序举办。这样，社区活动才能为个人、群体和社区创造最大价值。如图 2-5 所示：

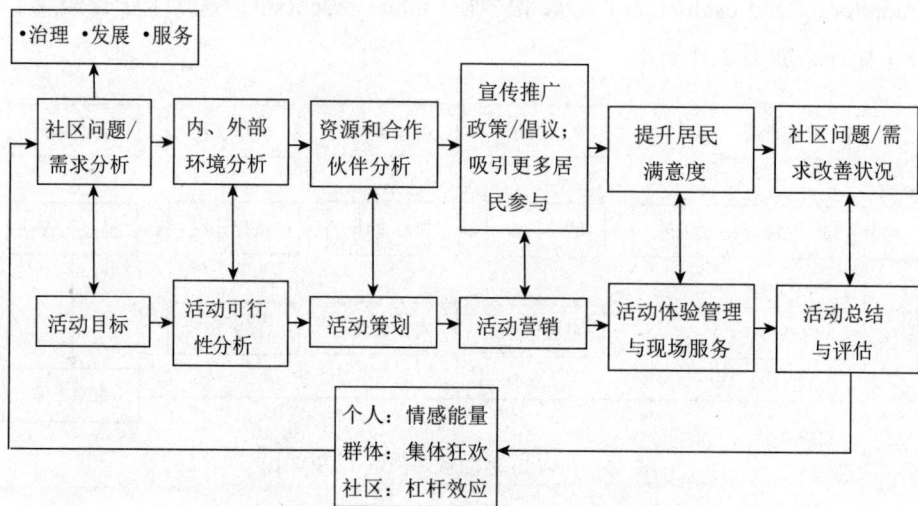

图 2-5 社区活动与社区工作的对接关系

1. 社区问题和居民需求分析

社区问题和居民需求分析结果与社区活动的目标直接相关，反之，活动目标又会决定活动的定位、风格以及对相关资源的配置。总的来说，社区问题和居民需求主要涉及治理、发展和服务三类，但每类问题都能找到相应的活动形式。例如，茶话会的形式轻松活泼，更容易被民众接受，所以有时在讨论比较棘手的社区问题时反倒很适用。每期茶话会都可以设定一个主题，居民围绕主题交流经验和想法，以期培养居民素养、促进社区关系、进行社区教育、形成社区共识（张曼，2021）。

2. 环境分析

顾名思义，社区环境是指社区主体赖以生存及社区活动得以开展的自然、经济、社会和文化等各种条件的总和。一旦活动目标确定，社区管理者需要根据社区所处的内、外部环境条件，分析举办该活动的可行性，在此基础上形成具体的活动方案。

3. 资源和合作伙伴分析

资源包括为举办活动所需要的人、财、物、信息、技术及社会资本等各类有形和无形资源，对于缺少的资源，社区可以通过合作的方式来获得。站在社区管理者的角度，社区活动常见的合作伙伴包括政府下设研究机构、非营利组织、志愿者团体、赞助商、媒体等。

基于目标和可行性分析，社区管理者、非营利组织或委托机构就可以开始具体策划了，主要包括活动的主题、举办时间、地点、内容、形式、宣传推广、现场管理与服务、风险管理、总结与评估等内容。

4. 宣传推广

开展社区活动营销的主要目的是吸引更多居民参加，当然，很多时候也会同时面向上级政府部门、志愿者团体、媒体等主体开展营销。活动营销的手段多样，具体要根据对象和活动自身的特点而定。另外，社区活动的宣传推广过程，也是教育居民和传达相关政策、信息的机会。

——《 典型实例 2-3 》————————————————————

用游戏方式，引导居民养成垃圾分类的好习惯

为了增强居民的环保意识，引导居民养成垃圾分类的良好习惯，2022年5月19日，兰家沟社区携手锦乐汇社会工作服务中心为辖区居民开展了"生活垃圾变废为宝，垃圾分类少不了"主题活动。

首先，社工带领居民认识了生活中常见的垃圾及其危害。接着，工作人员为居民们分发印有垃圾名称的乒乓球，请大家努力投掷到相应的垃圾桶内。最后以小组形式，让大家抽取纸张，并在上面写出相应类别对应的垃圾。

5月20日，兰家沟社区再次携手锦乐汇社工，为辖区居民开展了主题为"趣学垃圾分类·游戏活动乐翻天"的垃圾分类小游戏活动。活动开始前，社工向参与者简要介绍了本次活动的内容、目的及注意事项，接着带领大家回顾了之前学习到的垃圾分类小知识，随后便是有趣的游戏环节。

组织者设计了垃圾小分队、趣味分类画一画、垃圾蹲一蹲等游戏，吸引了众多居民参加。例如，"垃圾蹲一蹲"游戏的规则为：每位居民穿着不同颜色的围裙，代表不同类型的垃圾，当社工随机叫到某种垃圾的名称时，穿着相应颜色围裙的居民就要蹲下，没有蹲下或者判断错误的居民就需要向大家介绍此种物品属于什么垃圾，并举出更多的例子。

这次活动寓教于乐，让社区居民在游戏中加深了对垃圾分类相关知识的理解，进一步营造了"垃圾分类，人人参与"的良好氛围。

资料来源：晓得四川.兰家沟社区开展"生活垃圾变废为宝，垃圾分类少不了"主题活动［EB/OL］.https://xw.qq.com/cmsid/20220520A0AVDJ00，2022-05-23.

---

5. 现场服务与管理

现场服务与管理水平决定了社区活动参与者的体验质量，进而也会影响居民对活动的满意度评价及推荐意愿。社区活动现场服务与管理的工作内容比较庞杂，主要可能包括人流引导与安全管理、物料管理、食品饮料服务、设施设备管理、节目和表演管理、服务项目安排等。

例如，如果是面向幼儿或儿童的早教活动，组织者就要特别注意活动场地的选择与布置、活动时间的安排、活动内容的设计以及现场的引导和安全管理。比如，在地面布置爬爬垫等较软的垫子，在现场尽量不要有玩具、玩偶等容易吸引儿童注意力的东西，活动时间不宜太长，要与家长充分沟通并对家长的行为进行引导等（刘婷婷，2022）。

6. 总结与评估

对社区活动进行总结的目的是概括活动的成功经验与不足之处，评估的目的则是分析判断社区问题/需求在活动情景下的改善状况。社区活动效果评估的标准包括定性和定量标准，常见指标如参与居民人数、居民满意度、新闻报道数量等。从活动本质的角度，可以简要概括为对于个人是否激发了新的情感能量，对于群体是否形成了集体狂欢或达成了一致意见和行动，对于社区是否发挥了活动的杠杆效应。

第 3 章

活动与社区治理

　　活动作为一种集体交流与分享的互动平台，是社区文化建设的重要工具。合唱、舞蹈、朗诵、书法等活动不仅能丰富居民的文化和娱乐生活，而且有助于促进居民之间的人际交往，并在长期交往过程中，逐步营造出独特的社区文化，而高认同感的社区文化又能驱动居民自主参与社区建设，进而对社区治理产生直接且正向的影响（徐舟，2016）。

　　社区治理是一项系统性工程，需要多元主体协商合作、共建共治。在社区建设过程中，因为其类型多样、内容有趣等特点，活动作为一种社区治理工具，在吸引居民参与和发挥主人翁作用方面具有特殊优势。同时，高质量的社区活动有助于连接多方利益主体，打破社区居民之间的沟通壁垒，并构筑良好的社区关系网络，进而为社区治理提供强有力的保障。例如，南京市雨花台区检察院与基层社区合作，携手打造规范化的听证会制度，并培育了一支专业、担责的听证员队伍，在群众家门口公开进行案件听证，解决群众的"急、难、愁、盼"问题，使基层社区治理效能显著提升。

第 1 节　活动与社区文化营造

一、社区文化营造

　　社区文化（community culture）是由社区居民共同创造的对居民自身思想意识、价值观念和行为规范具有一定约束的文化类型，它依托社区而形成，是一种地域性的群众文化形态（王立华，2019）。广义的社区文化是指社区居民长期实践创造出来的物质文化、制度文化、行为文化和精神文化；狭义的社区文化是指社区居民在长期生活实践中形成的、具有鲜明个性的群体意识、价值观念、行为模式和生活方式等文化现象的总和（奚从清，1996）。

　　概括而言，为营造具有感召力、向心力和推动力的社区文化，主要有两个路径：一是从实践角度，以提升社区公共文化服务为主要任务，强调通过多元主体丰富文化内容；二是从治理角度，将治理观念与文化建设相结合，以促进社区文化理念和管理模式创新（王倩，2017）。事实上，多元化的治理主体和复杂的社区环境正在让社区治理变得更加困难，因而有学者提出要把握好社区中各主体间关系的调适，并选择合适的路径，这是社区文化营造的核心内涵（蔡斯敏，2022），如图 3-1 所示：

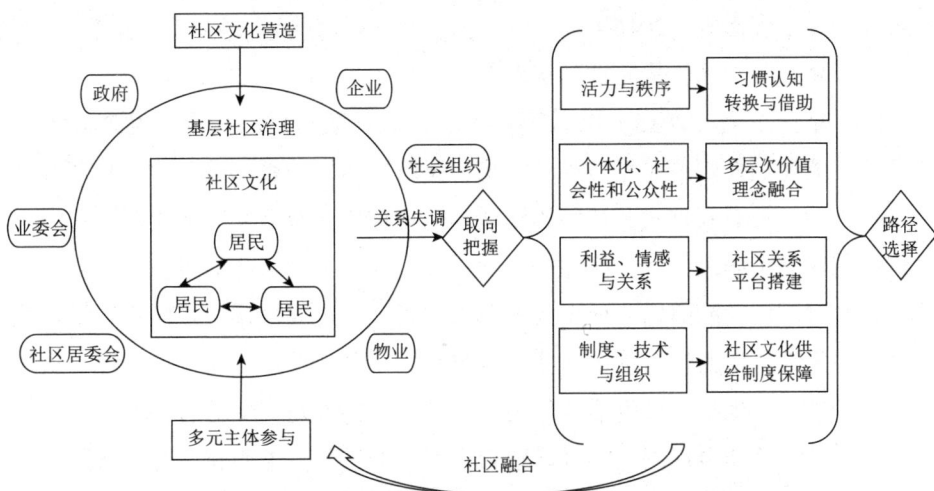

图 3-1　社区文化营造中的多元主体间调适与路径选择

社区文化所展现出来的社会沟通、心理凝聚、价值导向、行为规范、文化传承和协调发展等维度，对于居民的美好生活建设和幸福感有着不可忽视的作用（赵炳翔，2006）。因此，国内各地城市的社区都在积极通过建设社区学院、图书馆、文化活动中心和完善社区文化管理机制、组建社区文化工作者队伍等途径来营造社区文化（马海燕，2009）。其中，文化活动中心开展的各类活动作为一种非物质方式被广泛地采用。

作为推动社区工作的重要工具，各类社区活动在帮助居民了解社区、改造社区环境和强化社区意识等方面具有不可替代的作用（林昱，2013）。相关研究表明，居民更喜欢让他们有机会感受社区价值感的环境，并越来越希望为自己和他人提供更多有助于享受生活的非物质方式的机会（Ife，1961；Lynne，2002；Philipp 等，2015）。从全球范围来看，越来越多的城市管理者开始重视活动的经济和社会功能，不仅利用其促进地方经济发展，也通过各种丰富多彩的活动来推动社区治理。

二、活动在社区文化营造中的作用

特殊活动的社会功能特别是活动与社区的关系备受学者关注，而且不同类型的特殊活动能发挥其特质，并以其共有的社会交往功能对城市社区文化建设产生作用（王春雷等，2016）。

1. 激发文化活性，建立群体认同

Philipp等学者（2015）聚焦于艺术展览对社区居民的影响，发现艺术文化类活动能满足人们的非物质福利需求，是解决居民归属问题和挖掘社区社会资本潜力的一种有效方式。社区舞蹈活动也常被用于激活社区文化建设，因为它们能同时满足居民自我身体和社会互动的诉求。王列生和刘夏静（2017）认为，社区舞蹈活动能够以一种强大的介入力量，通过规模化、多样化和日常化驱动，激发社区作为社会基本文化制度单元的文化活性。赵诗凝（2016）从传播仪式的视角，提出广场舞活动作为一种仪式使得参与其中的居民能够完成群体身份确认、群体目标内化、群体凝聚力形成的过程，进而建立群体认同。

2. 构建社交网络，营造社区氛围

各种节日活动作为一种人群聚集和社会交往的重要方式，能够凝聚人心和增强群体对社区和地域的认同感，因而在社区文化建设中的作用也被广泛关注（王加华，2020）。

例如，Tracy（2017）发现处于不同社会背景下的社区居民在圣诞节活动中通过信息的交流，能缓解彼此的孤独感，使居民建立持续的社交网络，进而为社区文化的可持续建设创造有利条件。魏浩浩等（2018）以中国青岛的邻居节为案例，研究发现一系列邻里活动加强了社区居民邻里间的关系，促使邻里间养成良好的走动行为模式和社区氛围。

3. 倡导价值观念，强化社区品牌

还有部分学者从整体上对特殊活动作为一种管理工具在城市社区文化建设中的作用进行了探讨。

例如，Scott等学者（2016）将能源活动和一般性家庭审计工作对比，发现面对面的活动能够提升居民、工作人员之间的信任，从而更容易促进社区能源文化的塑造，并进一步提高居民对节能和消费观念的认识。通过对武汉百步亭社区进行研究，李世敏和吴理财（2015）发现，依托各种活动的开展，社区可以在活化社区空间、重构文化价值和强化符号认同3个层面进行社区文化治理。Walters（2017）则探索了社区活动叙事与社区品牌的关系，认为社区活动叙事有助于展示社区的价值观念和生活在社区所需的关键要素，从而吸引和筛

选具有相同价值观的居民加入社区。

此外，有学者研究了如何通过特殊活动的设计和管理来为城市社区文化建设提供有利条件。比如，Fassi 等学者（2014）提出了系统活动工具箱（system-events toolbox），他们认为可以通过模块化地组织活动内容，并在面向不同参与对象时自由组合，以更大限度地利用社会资源，从而帮助居民在内容分享和交流中逐渐形成共同的社区意识。

综上所述，特殊活动在城市社区文化建设中的作用已被广泛认可和实践，相关研究就如何更好地运用这一社区治理工具进行了多样化的探索。

── **《典型实例 3-1》** ───────────────────

节庆与社区文化建设的"双向奔赴"：济南市国际合唱节

济南市国际合唱节由济南市委宣传部、市文联等多部门联合主办，创办于 2014 年，每年举办一届。在合唱节期间，将开展大合唱比拼、专业培训、音乐展演等专题项目，每年都吸引 1000 多支地方合唱团队参与比赛和表演，同时举行近百场大师级别的专业培训班和 40 场高水准的音乐会。

主办方的大力支持与各社区居民的积极响应，促进了合唱节成功走进社区。根据活动策划方案，按济南行政区域划分，合唱节分模块将文化带到每位居民身边。例如，持续开展"合唱大咖进社区"活动，邀请高水平合唱专家到社区进行辅导，并组织市民合唱骨干长期开展公益性音乐教学项目。此外，号召具有一定文艺专长又热心文艺活动的居民加入文艺志愿者队伍，充实基层文化力量，引导社区居民自觉参与社区文化建设，让更多的社区居民了解、感受和参与到合唱节中来。

对于加入社区合唱团的居民，自身的艺术素养和歌唱水平都获得明显提升，居民在艺术的长期熏陶下获得的文化参与感和认同感，为塑造浓厚社区文化、推进美好社区建设奠定了良好的基础。许多街道办事处、居委会等基层治理单位纷纷表示，在济南市国际合唱节的带动下，许多社团的表演水平有跨越式的进步，居民被动参与的问题也得到很大改善，并逐渐形成了居民主动培育社区文化团体的良性局面。

资料来源：人民资讯.文艺为民文艺乐民！济南国际合唱节擦亮济南亮丽

文化名片［EB/OL］.https://baijiahao.baidu.com/s?id=1716641942235361116&wf
r=spider&for=pc；

杜玉梅.城市节庆品牌与社区文化建设双向良性互动模式探究——以济南
市国际合唱节为例［J］.东岳论丛，2021，42（9）：111–116.

第2节　活动与社区人际关系构筑

哈佛大学一项长达75年的研究结果发现，良好的关系能让人们更快乐、更健康。具体来说，社会连接对我们有益，而孤独却有害；起决定性作用的是亲密关系的质量，而不是拥有朋友的数量或有没有伴侣；良好的关系不仅保护我们的身体，也能保护我们的大脑。在被调查者中，发展得最好的人，是那些把精力投入关系家人、朋友和周围人群的人（Waldinger，2015）。活动对于社区社会资本创造和个体人际关系建设具有重要意义。

一、人际关系构筑

顾名思义，人际关系（interpersonal relationship）就是个体与个体之间的各种联系。社会心理学理论认为，人际关系是人们在互动交流过程中产生的、具有情感性特点的一种心理关系（李燕，2006；朱柳萍等，2009）。社区和谐是社会和谐的基础，而社区是个体生活的基本单元，因此，和谐的社区人际关系是推动社区治理、构建和谐社区、维护新时代社会环境和谐稳定的重要保障（罗志勇，2010）。

自改革开放以来，我国传统村落居民逐渐向城市流动，城乡一体化发展进程加快，现代社区特点也发生了迅速转变，在此背景下，和谐社区人际关系的构筑和维护成为国内社会学界关注的重要议题（陈建强，1996）。李国庆（2007）以北京为例，分析了在传统主义、社会主义和市场经济3大因素影响下形成的3种社区类型及邻里关系的特征（见表3-1）。

表 3-1　城市社区类型和邻里关系特征

社区类型	社区特点	邻里关系特征
街道社区	平房、住户职业杂、由街道居委会管理	传统家庭秩序氛围浓厚、近邻关系和谐但随租户异质性增强有所减弱
单位社区	同单位人员居住在一起、社区资源丰富、由单位组织和街道办事处双管理	邻里之间极其熟悉、工作与生活高度重合、人与人之间缺乏合理的距离
商品楼社区	开发商建筑、单位住房可以出售或出租、单位职员开始混居	居民在业主层面是平等的个体、对社区的依赖性降低

资料来源：李国庆.社区类型与邻里关系特质——以北京为例〔J〕.江苏行政学院学报，2007（2）：59-65.

随着我国政治、经济和文化的发展，社区的类型一直在演变，社区人际关系也不断呈现出新的特征。例如，社区的社会功能在逐渐增强，居民由"单位人"转化为"社区人"，社区管理与居民的衣食住行等方面的连接更加紧密，但与此同时，人口流动和工作节奏加快、休闲娱乐项目种类增多等因素又导致以传统的血缘、地缘关系为基础所形成的人际关系淡化，业缘、趣缘关系增强；人们对情感性关系的需求降低，而更注重关乎个人利益、职业发展等的工具性关系（邢晓明，2007；苟萍，2008；罗志勇，2010）。

因此，为建立关系平等、相处和睦、合作互助的社区人际关系，社区管理者需要从多方面做出努力，例如，加强公共空间设计与设施建设、优化社区管理制度以及注重社区文化建设等。其中，根据社区内居民的特点，举办多样化的社区活动，以打破"陌生邻居"现象，加强居民互动，从而构建社区居民的社交网络和促进社区和谐发展，被认为是行之有效的方法（穆克松，2018）。

二、活动对社区人际关系构筑的影响

开展多种多样的活动能够为居民互动提供机会，从而为建立居民情感网络提供有效的载体，消除人们因职业差异、受教育程度等因素而产生的隔阂感。特别是面向特殊群体开展有针对性的帮扶帮困、助残助学或慰问老人等志愿活动，可以有效培育社区居民的团结互助精神（龚世俊等，2007）。

1. 融洽邻里关系，增强集体意识

在各种社区活动中，兴趣类活动的魅力在于能让一群有共同爱好的陌生人迅速打成一片，并鼓励居民自愿克服一些障碍，积极参与到活动中。

朱柳萍等（2009）以桂林市秀峰区丽君社区举办的社区邻里节为例，研究发现，活动能让邻里关系更加融洽，居民归属感增强，并逐渐形成社区居民自治的良好氛围。宋绍鹏（2014）认为，社区太极拳是有助于增强社区居民体质、维系居民间关系的重要媒介，在日常练习和比赛活动中，既能够强化社区居民的集体意识，又有助于居民认识更多志同道合的朋友。曾芳桂（2018）选择43个不同地区的社区进行问卷调查，研究结果表明社区健身活动能有效提升居民的群体认同感，从而对居民人际关系培养有积极作用。

2. 关心弱势群体，营造共享文化

社区居民生活是社会生活的缩影，帮助社区中的弱势群体解决生活困难、消除社会孤立感是社区工作的一项重要任务。不少研究发现，参加休闲活动不仅是消除老年人逐渐与社会脱节而产生社会孤立心理问题的有效措施，也能够帮助患有自闭症障碍的青少年更好地融入社区生活，从而缓解他们的病症（Toepoel，2013；Carter，2013）。例如，Capalb（2014）基于对参与社区活动项目超过6个月的10位老人的访谈结果，提出"真诚的友谊""免受孤独""改善身体健康"是休闲活动吸引他们参与的关键要素。

以大自然为主题的社区活动深受老年人和儿童喜爱，如园艺种植和护理、绿色环境设计等。Vassányi等人（2022）研究发现，通过参加园艺活动和接触大自然，人们可以调节负面情绪和缓解压力，同时，为了获得更好的种植成果和推动社区环境建设，社区成员会增加与他人的交流和沟通。再如，杭州市上城区大学路社区将废弃的卫生死角改造成"共享菜园"，以家校社合作的形式，开展蔬菜种植和维护活动，成熟的蔬菜还会由社区孩子们上门送给独居老人，这一举措让亲子关系和邻里关系都变得更加亲密（张鸣，2022）。

3. 增进互帮互助，共建温馨家园

精心设计的活动能帮助社区居民更好地应对疫情、灾害等带来的生活压力和困难。例如，面对新冠感染疫情暴发后居民间的社交被阻断、孤独焦虑情绪激增的问题，武汉市龙磨社区志愿者开展了谈心会、互助会、抗疫服务、社区

花园护绿行动等系列活动，及时帮助居民消除负面情绪，维护了家庭关系和居民关系的和谐稳定（杨吟，2021）

总之，活动在构筑社区居民人际关系过程中的影响是良性循环、螺旋式上升的。在社区活动影响下，居民会被唤醒主动与他人交往的意愿，如果能形成良性循环，他们将不仅参加社区组织的活动，还会自主邀请新朋友加入。随着居民之间的接触机会增多，关系往来密切，居民的社区认同感、归属感和集体主义精神就会在无形之中萌发生长，而这些积极情感将倒过来推动居民更主动承担服务和回馈社区的职责，从而为社区治理工作提供重要保障。

——《 典型实例 3-2 》————

居民互动、守望相助：北京市举办"社区邻里节"

为团结社区居民力量，共筑美丽宜居社区，自 2019 年开始，北京市每年 10 月前后都会举办"社区邻里节"，号召全市所有社区围绕"邻里情""邻里乐""邻里学""邻里颂"等主题开展一系列社区活动。为了提高居民参与率，主办方特地将"社区邻里节"活动安排在双休日。为了提升活动影响力，北京市委社会工委、市民政局专门设计了"社区邻里节"统一标识，并印制了大量宣传海报张贴在社区办公场所、楼门院口、单元门洞、宣传栏等醒目位置。各街道、社区也利用微信公众号、微信群、横幅、展板、彩旗等形式，预告本社区的具体活动安排，确保社区居民广泛知晓。

以 2021 年第三届北京"社区邻里节"为例，此次活动由北京市委组织部、市委宣传部等 16 个部门联合主办。为迎接 2022 北京冬奥会的到来，这届社区邻里节以"同心同党，和睦邻里；喜迎冬奥，和谐社区"为主题活动，并首次将石景山冬奥文化广场设置为主会场，在 15 个区和经济技术开发区开设分会场，全市 3421 个社区同步开展活动。

据报道，这届邻里节主要包含三部分内容：（1）以宣传冬奥会为主的项目：闲置物品义卖活动、以"冬奥"为主题的轮滑、冰壶等项目体验、北京地道小吃比拼以及社区达人秀等趣味十足的休闲活动。（2）以社区兴趣社团和社区教育为主的项目：由各种社区兴趣社团组织的歌舞联欢表演、书法/绘画/摄影展、常见疾病预防科普、防疫防火防盗防骗宣传、垃圾分类等活动。（3）以社

区帮扶为主的项目：扶贫农产品走进社区，走访独居老人、关爱残障人士、开展结对活动，招募冬奥、社区志愿者，等等。

老少皆宜、形式多样的邻里活动吸引了社区居民积极参与，正如很多居民所言："没想到活动这么热闹。以前不太熟悉的邻居，通过这次活动由相识变成了相知，以后还会变成相助。我相信，社区一定会越来越好。""这个节日让我的小孙子学会好多知识，还一直想去看望孤寡老人。""对于老百姓来说，有这样一个促进邻里关系的节日很重要，也很实际。"

北京的成功经验表明，从城市建设层面整体推进社区邻里活动，比单一社区举办的效果更为显著，不仅各社区更有动力策划和开展特色活动，还为不同社区之间相互交流和学习提供了机会。

资料来源：邻里守望相助　共建美好家园——北京市举办第三届"社区邻里节"活动［EB/OL］. https://mp.weixin.qq.com/s/L1bw-0sGw-Ioo5M69JdIcw.

安娜. 邻里相伴，过一个暖意融融的节日——亲历北京市首届"社区邻里节"［EB/OL］. 中国社会报，2019-10-31.

第3节　活动与居民自主管理

一、居民自主管理

作为社区的主人，居民是社区治理与服务的最终受益者，因此，"以居民为中心"应该成为社区治理过程中的重要工作准则，而社区治理的最佳状态是实现居民自主管理（辛治杰，2021）。所谓居民自主管理，又称社区居民自治，是指社区居民在主体性认知、社区认同感、归属感或外部利益刺激等内外动力驱使下主动参与社区公共事务，并按照"自己管理自己的事情"的原则，自发进行自我管理、自我教育、自我服务等行为的社区管理方式（任路，2014；陈伟东等，2017；贺芒等，2021）。

马克思曾说，"人们奋斗所争取的一切，都同他们的利益有关"。同样，居民自主管理社区的行为也离不开相关利益的影响。徐勇（2014）认为，有效推进居民自主管理，需要从利益、地域、文化、规模等方面考量，并不断探索实现形式，以促进城市治理和居民自治间的良性互动。邓大才（2014）提出，利益关联是居民参与社区治理的重要内驱力，以利益相关度为核心的利益共同体决定了成员的自治程度，利益相关性越强，居民自治程度越高，自治实现形式越多样，其中活动是重要载体之一（见图 3-2）。

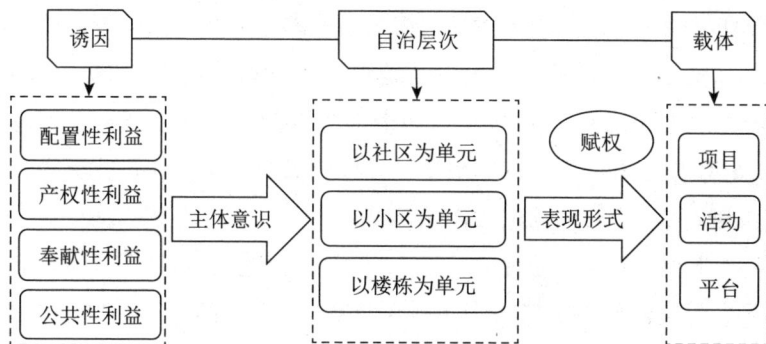

图 3-2　社区居民自主管理的形成过程（邓大才，2014）

此外，社区赋权（community empowerment）是激发居民的主体意识、推动他们投身于公共事务、实现自主管理的一种可行路径（陈伟东，2015）。张雷等（2015）研究发现，实际控制感是居民参与社区事务的最主要因素，其次是社会资本、个人特征、态度等。其中，增强居民控制感的关键在于居民被赋予的管理权是否有效，以及政府、基层组织等能否积极回应居民的问题和意见。Hayes 等人（2010）在对比分析中美洲与东非的森林管理案例后提出，当地居民被授予规则制定权的程度对森林可持续管理有直接影响，当资源使用者拥有规则制定权时，资源会获得更好的保护。Eluwole 等（2022）以维多利亚瀑布地区的居民为调研对象，研究发现，赋权增强了居民的社区依恋感和幸福感，为当地节事活动的举办提供了支持。

二、活动与居民自主管理

1. 发挥特殊活动的激发和引导作用

居民自主管理行为在很大程度上是通过参与各种社区活动来体现的（许宝

君等，2017）。丰富多样的活动总能巧妙地吸引不同年龄层次的居民参与，从而唤醒居民的社区主体意识，并让居民在互动中收获快乐和帮助。以娱乐、教育、服务等多样化的活动为媒介，能有效激发居民主动参与社区事务的兴趣，培养居民的主体意识，并引导居民逐步深入参与社区日常治理工作（陈法娟，2022）。

越来越多的基层组织开始意识到活动是推进社区治理的重要手段，是实现建设良好宜居社区、满足居民多样化需求的利器，而且，活动带来的物质和精神上的需求满足，将促使居民更主动地呼吁和期待类似活动的持续发生。例如，赵华等人（2022）选取30个城镇老旧社区改造的典型案例，阐述活动在社区"美好环境与幸福生活共同缔造"建设中具有发动居民进行决策共谋、建设共管、成果共享等行动的重要作用。

2.发挥非营利性组织的桥梁作用

各类非营利性组织是连接居民参与和社区活动的桥梁。Mapuva（2011）以哈拉里居民联合协会（CHRA）为例，研究发现，居民协会是居民参与地方治理的重要渠道之一，协会通过开展活动来动员哈拉里居民行使作为公民参与地方治理的权利。类似的，马利公园社区（Marley Park）在非营利的社区协会帮助下，通过丰富多样的活动来保护独特的社区景观，为居民营造了一个充满爱和活力的社区。韩国首尔的邻里协会、日本的町内会等也是帮助居民参与社区治理的基层组织。

在我国许多地方，为调动居民参与社区治理，会由居民、居委会、物业、社区组织等代表共同成立居民议事厅，结合社区实际问题开展讨论，包括策划和组织活动。以北京东城区六条社区为例，该社区引入社工机构的专业服务，开展垃圾分类、花友汇、老物件展、治安志愿者等活动，在活动中挖掘活跃成员成为带头人，以兴趣为牵力打造"熟人"活动圈，扩大居民参与（韩琳琳等，2021；邢宇宙，2021）。

3.发挥活跃成员的带动作用

从上面的实例可知，参加各类活动的活跃分子往往是居住在社区的退休老年人，他们拥有大量空闲时间、丰富的生活阅历和社会资本，而且大多数人不愿因工作退休而与社会脱节，这使得这个群体愿意主动承担社区治理工作，并成为化解邻里矛盾、组织互助服务的主力军（王苏童，2022）。与此同时，这也说明一个问题，我国社区管理普遍面临着一个重要挑战，就是如何通过精心设计，吸引更多年轻人参与到特定的社区活动中来，最终目的是让更多年轻人关心和支持社区公共事务。

活跃成员的带动作用，在各种致力于改善老旧社区环境、打造美丽宜居社区的活动中体现得尤为明显。李若琦等人（2021）提出，围绕社区生态种植园建设，组织开展劳动实践、种植分享、园艺疗法、丰收节等系列活动，有助于宣传"共建共治共享"理念，增强居民环境保护意识，提升居民幸福感。Stewart 等（2019）认为，以居民为主导的美化活动是芝加哥空地改用计划成功的关键，由居民自主发起和管理的清洁、种植、修剪和护理等工作能让居民更好地控制生活场所的营造，从而有助于建立统一的社区感。

─《 典型实例 3-3 》─────────────────────

打造"家门口的秘密花园"——上海东明路街道的社区花园

浦东新区东明路街道是上海首个园林街道，自 2019 年开始，街道以缤纷社区建设口袋公园为起点，引导居民关注身边的边角隙地，将政府绿化工作转变为居民共同参与和体验的社区营造项目。2019 年 5 月，为解决绿植品种分布不均、儿童娱乐设施稀少、缺乏维护管理等社区问题，东明路街道管理办成立自治队伍，决定首先在金色杉林和凌兆佳社区试点打造社区花园。

社区管理者通过在爱心暑托班上征集花园绘画稿、与住户闲谈等方式，最终提炼出花园改造应具备的要素。例如，心怡乐园打造了科普种植、儿童游玩、自然观赏、堆肥和休息五大区域，在儿童暑假期间开展花卉种植、彩绘轮胎等活动；在蔬果成熟后，组织儿童采摘并送给社区老人家，让孩子们亲近自然、爱上这方乐土。

首次闲置土地改造项目深受居民喜爱，还获得了 2019 年缤纷社区优秀小微项目和自治项目一等奖。社区花园的建造过程参与门槛低而且老少皆宜，这给自治队伍带来了巨大信心，他们决定继续推进社区花园建设。接下来，街道办引进同济大学刘悦来老师带领的四叶草堂团队，历经半年时间，在东明街道居民区打造了十个特色社区花园。在改造期间，街道先后举行社区花园营造和

种子接力活动，招募种植爱好者参加园艺培训，组织居民一同动手改善公共空间。社区儿童主动认养花园植物并捐赠玩具给花园做装饰，居民自发成立护绿志愿者队伍，负责花园日常维护和管理。

主动参与家门口的花园建设，逐渐成为东明路街道居民生活的一部分，2021年10月，街道依托社区花园建设的阶段性成果，举办了主题为"花开东明、缤纷社区"的首届社区花园节活动。精心设计的参访路线、精致的打卡手册以及市集展、演出、绘墙画等丰富多彩的活动让孩子们兴奋不已，也让参观者直观地感受到居民参与式治理的活力。即使在疫情反复、人们外出受限的情况下，东明街道的居民自发组织窗外景色分享、线上读书会等暖心互动活动，给彼此送去了温暖。

居民参与式改造是打造宜居公共环境的关键。东明社区通过对方寸之地的改造，发挥出了"四两拨千斤"的功效，社区居民的凝聚力和归属感在活动中不断增强，并更加以社区为荣。

资料来源：董莲婷.社区营造与居民参与：上海浦东新区东明路街道的社区花园营建［J］.公共艺术，2021（3）：82-91.

花开东明　缤纷社区花园节——云聚东民路童赏花园景［EB/OL］.https://mp.weixin.qq.com/s/X2ofjYxZWv3Uu6F9WMiOVQ，2022-08-16.

第 4 章

活动与社区发展

　　庆祝特殊日子或时刻的欲望是人类的天性。主题各异、形式多样的活动为标记重要的个人或公共时刻以及庆祝我们人生中的重要里程碑提供了一种工具。正如一些学者所言，各种庆祝活动好似灵丹妙药（Derrett，2004），具有黏合社区和促进社区复兴的功能，并有利于建立合作、友好、互惠互利、归属和友谊的感觉（Arcodia & Whitford，2006）。

各类活动可以帮助社区面向内部居民和外部利益相关者传达特定的意义，它们是地方身份的重要建设者（Getz，2008）。许多研究表明，社区活动特别是节日庆典有助于当地居民建立自豪感，加强身份认同，并通过"塑造当地空间的社会体验"等途径来"丰富居民身份和建立社会纽带"（Jarman，2018）。可以这么说，节日既能反映又会影响"社区意识"（sense of community）和"地方意识"（sense of place）（Derrett，2003）。而且活动有助于发展社区的社会资本，从集体赋权到非正式的个人参与（Arcodia & Whitford，2006）。活动可能给社区带来的价值远不止于此。

第 1 节 活动与社区发展的基本目标

一、社区发展

社区发展（community development）是社区工作的关键组成部分，也是社区研究的重要概念之一。是指社区居民在政府机构指导和支持下，依靠社区内外部资源，改善社区经济、社会和文化条件，解决社区成员的共同问题，提高居民生活水平和促进社区协调发展的过程。

1948 年，联合国在成立之初就提出经济发展要与社会发展同步，相应的援助要以"社区"（community）为单位。1951 年，联合国经济社会理事会（United Nations Economic and Social Council）通过了 390D 号议案，计划建立社区福利中心，提出要"利用社区福利中心作为促进全世界经济及社会进展之有效工具"，不久又将"社区福利中心计划"改为"社区发展计划"。1952 年，联合国成立"社区组织与发展"小组。1954 年，联合国对社区组织与发展小组进行改组，建立联合国社会事务局社区发展小组，在全球许多国家和地区积极推动社区发展运动，并得到了一些国家和地区政府部门的重视。1955 年，联合国在《经由社区发展促进社会进步》中提出十条社区发展基本原则，其中包括社区各种活动必须符合社区基本需要和居民愿望，社区活动可局部地改进社区，促使居民积极参与社区事务，等等。

20 世纪 50 年代后，加拿大、美国、英国等部分发达国家开始采用社区发展的方法，来改善特定区域和居民的生活环境。一些发展中国家也纷纷推出社区发展计划，以推动农业发展、提高健康和教育水平、改善居民生活环境等。中国当代的社区建设起步较晚，大致可追溯到 20 世纪 90 年代初。1999 年，民政部制订了《全国社区建设试验区工作实施方案》，提出要"探索社区工作社会化的有效途径；逐步完成城市基层管理体制由行政化管理体制向法制保障下的社区居民自治体制的转变"。

吴晓林和李一（2021）通过对比研究不同国家的社区发展模式，提出了全球社区发展的主要共性特征：（1）国家力量是社区发展的主要推手，体现出"自上而下"的特征，即使在社会力量相对较强的发达国家，社区发展计划也主要由政府发动或投资；（2）物质改善是社区发展的首要目标，涉及居民基本生活的提高；（3）居民参与是社区发展的基本理念，被置于政策目标的重要位置，但在实践中，居民的参与效果并不理想，发展中国家与发达国家都是如此。

二、活动与社区发展目标

1.活动与可持续社区

从 1955 年发表的《经由社区发展促进社会进步》中提出的社区发展十大原则到 1961 年发表的《社区发展与经济发展》文件，联合国一直强调社区发展的两个必备元素：公民尽可能自助和互助，以提高自身生活水平；政府提供技术协助和其他服务。这也是世界范围内社区治理的核心原则——社区自助和政府协助相结合。

2015 年 9 月，联合国 193 个成员国共同通过《2030 年可持续发展议程》并制定了 17 项可持续发展目标，其中，"可持续城市与社区"被列为第 11 项目标，旨在建设包容、安全、有弹性、可持续的城市及人类住区。2018 年 12 月，首届国际可持续发展大会在埃及开罗举办，会上《可持续城市与社区指南：评价标准、管理体系、实施纲要》（以下简称"SUC 指南"）正式作为联合国官方文件面向全球发布。其中，可持续社区评价标准包括 7 大一级指标：可持续建筑；包容的社区设施与服务；宜居的社区景观；经济与生产力；安全；自豪、高知的社区；社区管理。

根据活动可能给社区带来的主要利益和可持续社区的主要评价标准，社区活动和社区发展目标之间总能找到相应的结合点，如表 4-1 所示：

表 4-1　社区活动在可持续社区建设中的功能

可持续社区建设		社区活动的主要目标
总目标	通过规划、建设和改造，使社区能形成可持续的生活模式，主要体现在 4 个方面： ● 保护环境，合理利用资源（Environmentally Sustainable）； ● 对社会、经济、自然灾害具有韧性和适应性（Resilient）； ● 社会公平，多元包容（Inclusive）； ● 创造就业，经济繁荣（Competitive）。	● 强化社区意识 ● 提升社区自豪感 ● 增强社区归属感 ● 接触新思想 ● 促进居民参与 ● 刺激娱乐发展 ● 鼓励包容和多样化 ● 推动文化发展 ● 为当地慈善机构和设施募集资金 ● 招募新成员 ● 打造健康社区
一级指标	可持续建筑	
	包容的社区设施与服务	
	宜居的社区景观	
	经济与生产力	
	安全	
	自豪、高知的社区	
	社区管理	

资料来源：联合国. 可持续城市与社区指南：评价标准、管理体系、实施纲要（SUC 指南）[R]. 2018.

2. 活动作为一种社区工作手段

不管是美国地方政府通过社区发展公司（Community Development Corporation）来促进非营利组织参与社区营造，还是日本政府推行町内会等社会组织主导的社区营造模式，或是像新加坡政府那样依靠公民咨询委员会、民众俱乐部管理委员会等众多基层组织的参与来开展社区治理，活动都是非常重要的社区工作手段。从工作目标的角度讲，社区管理者可以利用活动来实现 5 个基本目标：庆祝、教育、宣传 / 营销、团聚、休闲娱乐。

以居民参与为例，讨论个体如何通过参加甚至亲身组织活动来参与社区公共事务，可以从公众参与公共政策的途径研究中获得直接启示。国际著名公共管理学者、美国佐治亚州立大学教授约翰·克莱顿·托马斯（John C. Thomas）根据公民参与的不同目标提出了相应的参与途径。他同时也指出，任何参与途径都不能提供一劳永逸的策略，但它们整合起来却提供了一系列保护公共利益免受私人利益侵犯的可供选择的菜单（孙柏瑛，2005）。

综合考虑国内外学者对公众参与途径的不同分类以及中文的表达习惯，可以对社区居民通过活动来参与社区公共事务的常见途径进行重新归纳（见表4-2）。

表 4-2　适合居民通过活动来参与社区公共事务的常见途径

参与社区公共事务的目标	主要活动形式	备注
基础 / 保障：有助于更好地实现参与目标 ● 制度设计（居民参与社区公共事务的制度化） ● 组织保障（建立有利于保护公共利益的参与结构，如成立居民代表委员会、信访办公室[①]等） ● 信息沟通（设立信息中心 / 官方微信公众号、对某项公共事务的宣传推广等）		
获取信息	关键公众接触（例如小范围的座谈会）；信访等由居民发起的接触；民意调查；线上讨论 / 广播访谈	其他途径还有新的沟通技术，如政务信息网、市民电子信箱、市长热线等
增进政策的可接受性	公民听证会；居民研讨会 / 社区论坛；咨询委员会会议 / 专家咨询会；斡旋调解；业主委员会会议；居民选举（投票）反面形式有游行示威、静坐、投诉等	—
构建政府 / 社区与公众之间的合作关系	申诉 / 信访；意见征询会；志愿者活动；共同生产	常见途径还包括培养充分知情公众、为居民提供相应支持、成立三方委员会（政府、企业和个人）等

来源：作者根据相关资料整理。

───《 典型实例 4-1 》───

"娃娃参议院"的探索与实践

为探索新时期德育工作的新途径，2005 年以来，南京市北京东路小学成立了全国首家"娃娃参议院"，并将公民教育实践活动纳入学校的校本课程体

───────

① 类似于 John C. Thomas 提出的申诉专员和行动中心。

系。北小娃娃们在参议院中，培养了小公民的现代民主意识，提高了参与基层自治和民主管理的能力，增强了作为积极的共和国公民的使命感与责任感。

"娃娃参议院"以少先队为依托，议长由民主选举产生的大队长担任，大队委、大队委助理、各中队中队长为学校议员，全校共设36个分院，各分院均设有一名发言人。根据各年段学生身心发展特点，全校低、中、高年段各分院分别直面班级、学校、社会中存在的热点问题，进行研究。"关于老年人活动场所太少问题的研究""关于自行车道挤占人行道问题的研究""关于小区内噪音扰民问题的研究""关于校园内废纸较多问题的研究""关于值日生制度的研究"……这些由各分院议员自主发现、遵循民主原则自主确定的研究课题大多真实反映了民情民意，反映了当前班级、学校、社会急盼解决的问题。

在每周"娃娃参议院"的固定活动时间，各分院发言人向娃娃参议院议长、议员汇报本分院的活动进展，听取大家的意见及建议，共同商议下一阶段的活动步骤。

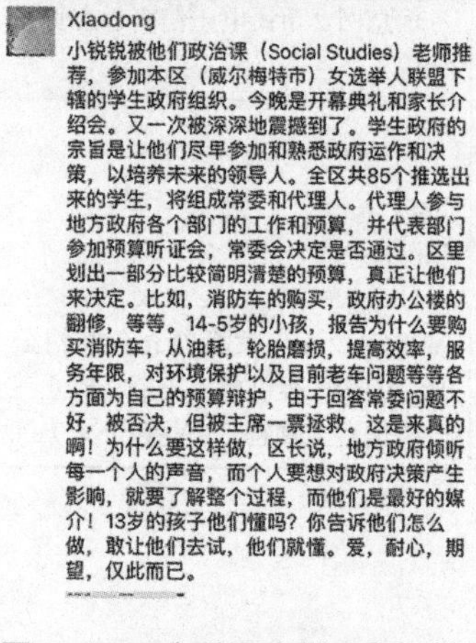

图4-1 一名美国中学生参加某政治课项目的经历

娃娃参议院这一德育品牌促成了小学生公民素质的提升及小学生参与社会实践活动、自我管理能力的提升，逐步形成了具有本土特色的小学德育工作新模式、新经验，其意义已远远超出教育领域。

无独有偶，本书作者的一位挚友在美国从事博士后研究，他曾经在朋友圈讲述了儿子小锐锐参加某女选举人联盟下辖的一个学生政府组织的经历（见图4-1）。该学生政府组织隶属于芝加哥威尔梅特市的女选举人联盟，其宗旨是帮助青少年尽早参加和了解政府部门的运作与决策，以培养未来领导人。

资料来源：孙双金，唐隽菁. 小小公民大作为 参政议政我能行——南京市北京东路小学"娃娃参议院"实践与探索［J］. 江苏教育研究：职教（C版），2010（4）：25-27.

第 2 节 活动与社区凝聚力提升

一、活动与居民社区意识

所谓社区意识（sense of community，也有学者译为"社区感"），就是社区全体成员对所在社区的认同感、归属感、责任感和参与感，其直接表现是社区居民自觉、自愿地为社区公共事务而努力。对于一个健康的社区，社区意识是几乎无形却又至关重要的一部分，它来自社区管理者和居民共同的愿景，其中，明确的使命感强调每个个体的想法和贡献，意味着社区成员通过共同努力来处理社区事务、举办社区活动和解决社区问题。尽管社区意识难以准确测度，但总体而言，它主要包括一个社区的形象、精神、性格、自豪感和人际关系网络等方面（Baum 等，2000）。

培养居民的社区意识是一项具有挑战性的长期工作，需要建立多层次的联系、归属和支持（Dugas & Schweitzer，1997）。各种节日和文化活动被认为是能提供体现共同目标的平台或机会（Dunstan，1994）。一方面，节日和活动为社区成员提供了构建复杂关系的机会，因为每个人都在交流信息和传递能量，这有助于增加社区的社会资本，并缩小人们之间的心理距离；另一方面，社区活动特别是各种节日可以反映由相同的习俗、形象、集体记忆、习惯和经验结合所形成的个人动态价值体系，而且许多节日期间的庆祝活动是可以复制的，每一代人都可以把自己的一些经验传给下一代，这对那些希望借参加活动的机会来团聚的家庭来说是特别有意义的（Derrett，2003）。

概括而言，社区活动和居民社区意识之间的关系遵循如下基本逻辑：节日和活动为社区居民营造一种特定的时空→个人的价值观、利益和愿望受到特定时空（包括物理环境、无形氛围等）的影响→导致社区意识的变化→影响社区庆祝的方式→影响社区居民的福祉和幸福感→影响个人和群体确定其价值观和信仰的环境→节日和活动的持续举办或新活动的推出为社区创造新的平台或机会，如图 4-2 所示：

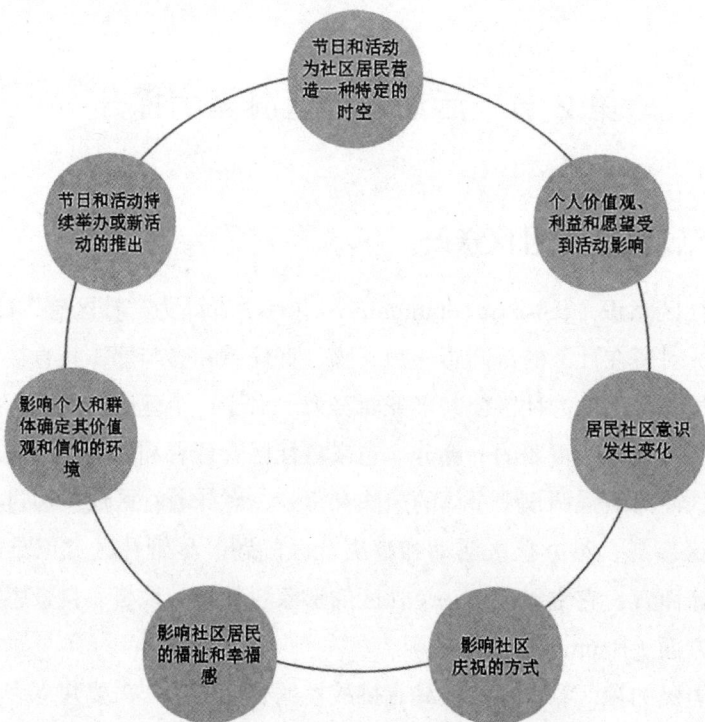

图 4-2　社区活动和居民社区意识之间的关系

特别值得一提的是，由于城镇化带来的人口大规模流动和迁移，国内各地涌现出许多以"碎片化"为特征的新型社区，这些新型社区建立时间相对较短，加之社区居民大都拥有不同的社会背景和生活观念，职业也更加多元，社区居民往往表现出互不相识、彼此冷漠、社区意识不同程度缺失等问题（王处辉等，2015）。因此，对于许多新型社区而言，策划和组织居民喜闻乐见的活动能发挥特殊的作用。

二、活动与居民社区归属感

所谓社区归属感（community attachment，也被译为"社区依恋"），是指社区居民把自己归入某一地域人群集合体的心理状态，这种心理状态既有居民对自己社区身份和所属文化的认同，也带有个体的感情色彩，包括对社区的投入、喜爱和依恋等。社区归属感是社区形成的纽带，也是推动社区发展的重要动力。学术界对这个概念的兴趣，可以追溯到 19 世纪城市化和工业化的兴起。随着新移民涌入迅速发展的城市，长期以来建立在农业社会及其社区基础上的社会、经济和政治制度遭到破坏，劳动力的流动性增加，居住地点变得越来越不固定，促使人们重新关注社区归属感。这些新城市以及那些离开家人和家园的居民将如何生活成为一个现实问题。

那么，是什么促使一个社区的居民留下来，并以公民化和政治化的方式融入该社区，进而对社区产生联系和责任感？总的来说，居民在社区内的社会关系越融洽，对社区环境的满意程度越高，在社区内居住的时间越长，参与社区活动的程度越深，对社区的归属感就越强。

有学者提出，包括对节日和活动的支持在内的社区参与，是预测一个人对社区或地方的依恋程度的重要考量因素（Theodori, Luloff & Willits, 1998）。换句话说，在一般情况下，居民在社区活动中的参与程度越高，越容易对社区形成依恋。因此，剖析个体为什么会对所属社区产生强烈的依恋，对于负责发展与当地社区关系的活动管理者是有帮助的（Wickham & Kerstetter, 2000）。此外，节日和活动所提供的非正式参与机会有助于提高居民所在社区的口碑，在这样的背景下，居民可能更愿意为解决社区问题做贡献。

概括而言，社区活动主要从价值观、社会资本、生活环境和社区故事等不同层面，对居民社区归属感的形成产生潜移默化的影响（韩叙，2019），如图 4-3 所示：

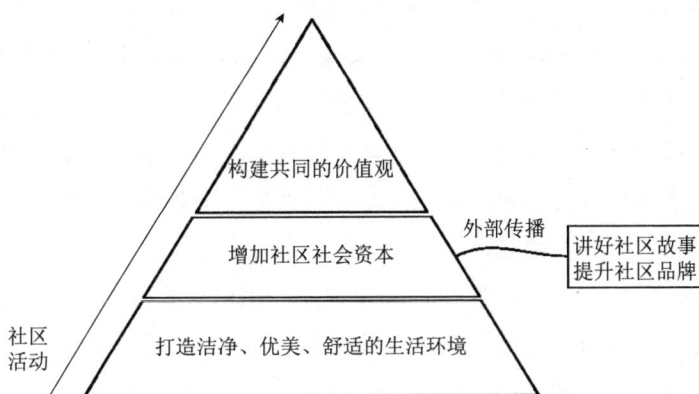

图 4-3　社区活动对居民社区归属感形成的影响

另有一点需要特别注意，居民的社区归属感与其他群体意识是相辅相成、相互影响的，社区归属感的形成并不一定总是积极正面的，所以，打造社区归属感需要考虑包容性问题。例如，当一个社区试图通过确立共同的"外来者"来增强归属感时，就会带来负面的效果。虽然这种方式也能增强社区的凝聚力，但最终会导致社区的封闭与孤立。

《典型实例 4-2》

用空间营造和社区活动支撑"你好，社区"计划

早在 2014 年，某大型房地产开发集团就通过旗下的公益基金会发起了"你好，社区"城市社区营造项目，希望以社区书院和社区认知园的空间营造为切入点，引导社区居民、自治组织、社会组织、物业和社区商铺等共同参与，打造多元、充满活力的社区文化。

在 2014 年和 2021 年之间，该集团陆续落地全国 20 多个社区，共组织社区公益活动 1000 多场，服务社区居民 3 万多人次，联合社区合作伙伴开发了 30 多个活动课程包，在全国 7 个城市，与 30 多家社会组织合作举办了 50 多场社区营造沙龙，与近 2000 名社区营造行动者产生了联结。以 2018 年为例，"你好，社区"项目在 5 个城市社区开展，组织了超过 200 场社区公益活动，超过 3000 名业主参与；发起"少年行夏令营"活动，并与 12 家民间组织合作，在 17 个社区开展项目，服务了超过 1000 名青少年。此外，还与上海凌云社区基金会共同发起上海社区营造沙龙，全年共举办了十多场沙龙活动；参与协办第二届全国社区发展与社区营造论坛，吸引来自全国各地 1000 名社区 NGO 领袖和社区居民领袖参与。

据悉，在未来一段时期，该集团将围绕社区生活需求、社交需求和精神需求的满足，侧重于基础营造、空间创新、社群融合和艺术美育 4 大模块，通过一系列精准有效的实际举措，支撑"你好，社区"的落地实施，积极探索未来社区治理的可持续发展路径。

资料来源：（1）正荣集团.正荣集团 2018 年度企业社会责任报告［R］.2019.（2）余蓝.正荣社区共治新样本：打造一个有归属感的社区［N］.新民周刊第 70 版，2021-01-25.

三、活动与社区福祉

社区福祉（social wellbeing/welfare）一般指社区的社会福利，广义的社区福祉是指面对广大社区成员并改善其物质和文化生活的一切社会方法和政策，狭义的社区福祉是指向社区内困难群体提供的带有福利性的社会支持，包括物质支持和服务支持。福利涉及人们的主观感受和实际的生活状态，并且和各种社会事项相联系。

Wiseman 和 Brasher（2008）认为，社区福祉是一个社区的社会、经济、环境、文化和政治条件的综合，个人及其所属社群认为这些条件对他们的繁荣和实现他们的潜力至关重要。当我们把社区作为一个整体来看待时，有 3 个属性在居民的幸福感中起着关键性作用：连接性、宜居性和公平性（见表 4-3）。

表 4-3　社区福祉的三个核心属性

属性	基本含义	关键福利列举
连接性（Connectedness）	各个成员之间相互连接的社区必须依靠发达的社交网络	提供社会支持，增强社会信任，支持成员和睦相处，促进公民参与，授权所有成员参与社区民主
宜居性（Livability）	一个宜居社区必须有良好的基础设施作支撑	住房，交通，教育，公园和娱乐，人文服务，公共安全，对文化和艺术的接触机会
公平性（Equity）	一个公平的社区是由多元化、社会正义和个人赋权的价值观所支持的	所有成员都受到公平、公正的对待，每个人的基本需求得到满足（特别是充分获得保健服务、体面住房、食物和个人安全），成员享有均等的教育、就业和发挥个人潜力的机会

资料来源：Wiseman & Brasher, 2008.

我们可以从每个因素的上述 3 个核心属性出发，分析社区活动对社区福祉的影响以及寻找提升社区活动效果的路径。首先，各种社区节日和活动特别是庆祝活动可以将社区成员团结起来，它们也是保持社区活力和不断更新社区体验的工具。通过提供不同于日常行为模式的时间和空间，社区活动可以暂时打乱原有的社会关系及秩序，提供让人们见面、分享经验、创造、游

戏、探索想法和共同学习的机会。例如，澳大利亚地方政府社区服务协会（Local Government Community Services Association of Australia）确定的社区福祉涵盖发展健康和可持续社区的质量，包括活动、参与和人与人之间的互动等（Wills，2001）。

其次，许多社区管理者会通过举办主题和规模各异的活动，寻求提高社区居民的居住质量，可能涉及住房、交通、教育、公共安全、人文服务以及对文化和艺术的接触机会等广泛的领域。例如，通过志愿服务活动，可以为居民提供终身学习和建立公民伙伴关系的机会（Derrett，2003）；通过组织亲子活动或高雅艺术进社区等活动，为居民提供相应的教育机会；等等。

此外，社区活动有助于居民之间彼此沟通信息和增强社会信任，进而促进居民积极行使公民权，参与社区公共事务，同时监督政府有关管理部门的作为及其他居民的言行，促进所有成员都能受到公平、公正的对待，这样将提升整个社区的公平性。在多元文化和多样化的社区，社区活动可以提供"超越或重新协商社会差异的机会"（Waitt，2008），Misener 和 Mason（2006）则认为，社区主导的活动提供了培育和吸引弱势群体参与的可能。

但需要注意的是，许多研究人员对社区活动中的公平性问题持批判态度，他们认为尽管这类活动创造了一种暂时的、虚幻的社区意识，表现出了平等和凝聚力，但未能纠正更广泛的权力结构和不平等（Quinn，2005；Brent，2009；Stevenson，2016）。例如，Waitt（2008）声称，权力的行使和获得是不对等的，社区活动对解决不平等的根本原因和落实公平的变革没有什么作用。另外，有些社区活动还会强化权力拥有者和精英的网络，从而加剧社会资本的不均衡现象。

第 3 节　活动与 15 分钟社区生活圈建设

一、15 分钟社区生活圈

社区是人最基本的生活场所，也是城乡治理的基本单元，打造宜居宜业、便捷高效的社区，是许多城市甚至乡村一直在努力追求的。以高品质的社区生活应对城市问题，提高人居环境质量正在成为国际共识。新冠疫情发生以后，国际社会对社区在城市生活中的作用越发重视，对社区功能的要求更加复合化。

2014 年 10 月，在上海召开的首届世界城市日论坛上提出了"15 分钟社区生活圈"的概念，旨在构建低碳韧性、多元包容、公平协作的社区共同体。2016 年 8 月，上海市规划和国土资源管理局发布《上海市 15 分钟社区生活圈规划导则》（试行），启动实施"共享社区、创新园区、魅力风貌、休闲网络"四大城市更新行动计划。根据该导则，15 分钟社区生活圈是上海打造社区生活的基本单元，即在 15 分钟步行可达范围内，配备生活所需的基本服务功能与公共活动空间，形成安全、友好、舒适的社会基本生活平台。在这样的新型美好社区，每个居民都能享受到"宜居、宜业、宜游、宜学、宜养"的生活乐趣。2017 年 12 月，国务院批复的《上海市城市总体规划（2017—2035 年）》在全国率先提出打造"15 分钟社区生活圈"。

与 15 分钟社区生活圈相似的还有一个专业名词——完整居住社区。2010 年，中国工程院和中国科学院两院院士吴良镛最早提出"完整社区"（integrated community）的理念。所谓完整居住社区，是指在居民适宜步行范围内有完善的基本公共服务设施、健全的便民商业服务设施、完备的市政配套基础设施、充足的公共活动空间、全覆盖的物业管理和健全的社区管理机制，且居民归属感、认同感较强的居住社区。

2021 年 12 月，住房和城乡建设部办公厅发布《完整居住社区建设指南》，明确规定了完整居住社区建设的相关指标和要求。其中，在规模方面，要求建立 15 分钟生活圈，即 15 分钟内步行可达各类生活服务设施，服务半径为 800~1000 米，与街区、街道的管理和服务范围相衔接。在该范围内，常住人口规模为 5 万 ~10 万人、轨道交通 1 站可便捷到达，如图 4-4所示：

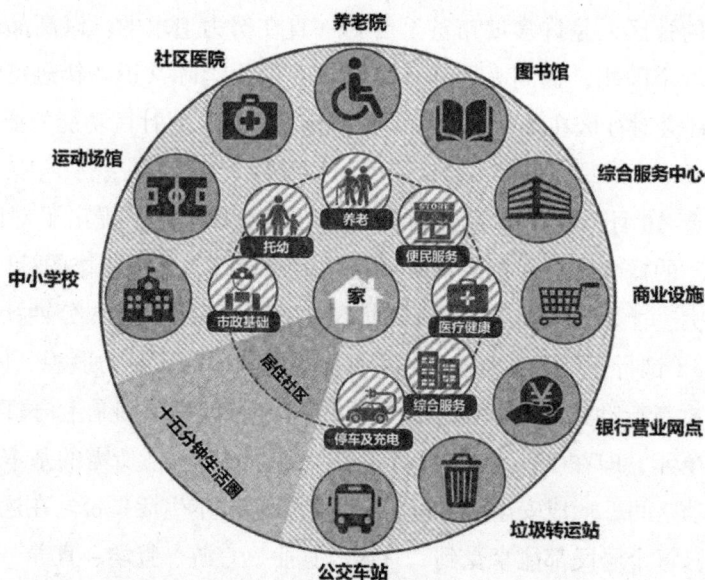

图 4-4　居住社区和 15 分钟生活圈设施配置示意

二、活动在 15 分钟社区生活圈建设中的功能

作为上海城市更新计划的重要部分，《上海市 15 分钟社区生活圈规划导则》从居住、就业、出行、服务、休闲五个方面展开建设导引。自 2019 年起，上海选取长宁区新华路街道、黄浦区半淞园路街道等 15 个试点街道，全面推动"社区生活圈行动"，针对空间品质和社区治理两大短板，重点提升教育、文化、医疗、养老、体育、休闲及就业等设施的配建水平和服务功能。

下文将从《上海市 15 分钟社区生活圈规划导则》（以下简称导则）中提出的 5 个方面，并结合《完整居住社区建设指南》（以下简称指南）中的相应规范，分析社区活动在打造 15 分钟社区生活圈中的作用：

1. 居住

《导则》提出要打造多样化的舒适住宅，包括住房类型多样化、住宅布局多元混合、住宅环境活力共享，注重室内环境舒适度、居住水平适宜度以及提升社区的人文魅力。

相比较而言，《指南》规定得更加具体。例如，完整居住社区要建设 1

72

个社区综合服务站，建筑面积以 800 平方米为宜，设置社区服务大厅、警务室、社区居委会办公室、居民活动用房、阅览室、党群活动中心等。至少有一片公共活动场地（含室外综合健身场地），用地面积不小于 150 平方米，配置健身器材、健身步道、休息座椅等设施以及沙坑等儿童娱乐设施。新建居住社区，要建设一片不小于 800 平方米的多功能运动场地，配置 5 人制足球、篮球、排球、乒乓球、门球等球类场地，在紧急情况下可以转换为应急避难场所。既有居住社区则要因地制宜改造宅间绿地、空地等，增加公共活动场地。

由此可见，各类节日和活动特别是社区居民喜闻乐见的文体活动将作为重要内容和载体，与党群活动中心、公共活动场地、多功能运动场地等空间设施交相辉映。

2. 就业

《导则》提出，社区要积极提供更多的就近就业机会，即倡导功能混合布局和土地复合利用，培育有利于创新的社区空间，创造包容、有活力的社区。具体包括：鼓励在社区周边布局一定比例的就业用地，主要包括商业、商务以及公共服务设施等；鼓励在轨道、公交站点或公共活动中心周围集中安排就业空间；鼓励在公共服务配套良好的地区，依托大学及科研机构等，提供科技创新空间，依托历史风貌区、旧工业厂房整体转型区等，发展文化创意空间，这种空间可以是一个小型园区，也可以是一幢或一组建筑，并提倡建筑复合利用，综合设置多种功能。

除了在规划时要充分考虑设置有利于创新的社区空间，还可以通过组织各种创新工作坊、社区创新服务论坛等活动，打造有活力的社区，为居民创造更多的就近就业机会。

3. 出行

《导则》对公共交通、社区支路、停车和慢行系统等提出了建设导引。例如，鼓励轨道站点周边成为社区公共服务设施优先布局的地区，使居民在借助轨道出行时，可结合换乘，完成购物、娱乐、接送小孩、用餐等日常活动。慢行步道应连续通畅，应有效联系公园、广场、公共交通站点以及各类公共服务设施较集中的场所。

除了对停车及充电设施、无障碍设施等有具体建设要求，《指南》对"慢行系统"也有明确的建设规定：建设各类配套设施、公共活动空间与住宅的慢行系统，与城市慢行系统相衔接；社区居民步行10分钟可以到达公交站点。

尽管社区活动与出行本身没有直接关联，但两者之间也有颇多结合点：一是社区内所有公共活动空间必须符合无障碍设施要求；二是与居民出行有关的问题可能成为活动的题材。例如，围绕加装电梯、停车或安装充电桩等问题召开的居民讨论会、组织儿童交通安全知识竞赛、举办新能源汽车讲座等。

4. 服务

《导则》提出15分钟社区生活圈要能够提供类型丰富、便捷可达的社区服务，包括确保居民在便捷可达范围内使用到高品质的地区级设施，向下延伸社区级公共服务设施，构建步行可达、高效复合的设施布局。

《指南》规定，完整社区要基本公共服务设施完善，包括一个社区综合服务站、一个幼儿园、一个托儿所、一个老年服务站和一个社区卫生服务站；便民商业服务设施健全，包括一个综合超市、多个邮件和快件寄递服务设施以及其他便民商业网点。其中，社区综合服务站要求功能复合、服务高效，能提供养老、卫生、助残、文化娱乐、物业管理等多元化服务。

面向幼儿、儿童、老年人等不同人群需要的社区服务，为社区活动的策划提供了源源不断的主题和素材；反之，主题各异、形式多样的社区活动，有助于社区管理者依托社区内的服务设施，面向不同群体提供多元化的服务。

5. 休闲

《导则》提出要构建绿色开放、环境宜人的公共空间，具体包括构建多类型、多层次的城市公共空间；形成总量适宜、步行可达、系统化、网络化的公共空间布局；创造绿色生态、活力宜人、安全便利的公共空间；塑造富有独特文化魅力的公共环境。

《指南》提出，公共活动场地、公共绿地等公共活动空间充足；新建居住社区应营造良好公共空间环境，配置多样的运动场地，满足居民绿色健康生活需求；老旧小区应充分利用街头巷尾、闲置地块等增加公共空间，鼓励与周边小区共建共享活动场地。

在五个领域中，活动与休闲息息相关。社区管理者可以通过棋牌比赛、趣味体育比赛、主题培训等丰富多彩的活动，引导社区居民的休闲行为，同时提高社区公共空间的利用率。

此外，《指南》还对社区管理机制做了比较全面的论述，包括管理机制、综合管理服务和社区文化三个方面。具体来说，要求：建立"政府组织、居民参与、企业服务"的社区管理机制；大力开展美好环境与幸福生活共同缔造活动，搭建沟通议事平台，组织引导居民参与社区环境整治、生活垃圾分类等活动；结合传统节日和现代文化，定期开展各类主题活动，如文化讲堂、书画交流、亲子互动、舞蹈合唱等；建立社区居民公约，引导居民养成文明礼貌的行为习惯；等等。这些设想都可以通过活动的途径来实现。

─《典型实例 4-3》───────────────────

爱心暑托班：将暑托服务送到家门口

2014 年，共青团上海市委员会等单位首次开办上海市小学生"爱心暑托班"，旨在缓解全市小学生暑期"看护难"问题，引导和帮助小学生度过一个安全、快乐、有意义的假期，连续多年入选上海市政府实事项目。"爱心暑托班"的办班地点主要在各街道的社区文化活动中心、社区学校或青年中心，原则上每人每期适当收费，包括学生午餐费、保险费等。

2021 年，尽管受疫情影响，全市的"爱心暑托班"项目又取得新成果。在黄浦区淮海中路街道举办的"爱心暑托班"课程内容丰富，孩子们过得十分充实：学习红色教育课程、学习尤克里里弹奏、参与疫情防控，还到消防站现场了解专业知识。在半淞园路街道举办的"爱心暑托班"，还举行了结业仪式。孩子们充分展示自己的才艺：英语短剧、乐器表演、作品讲解……除了学习才艺课程，志愿者平时还会提供作业辅导服务。

瑞金二路街道则开设了专门的儿童娱乐活动场所，孩子们在这里看书、看电影、打乒乓球、学舞蹈、练琴、打篮球。整个活动空间共五层楼，面积超过1000 平方米，假期里成了孩子们的乐园。位于南昌路 69 弄的多元儿童活动空间设置了亲子绘本阅读、构建游戏等益智类活动。在绍兴路 40 号的特色儿童

之家——科学会客厅里，有户外休憩、室内展览、微展览、会议厅4个功能区域，方便孩子们体验VR游戏和多媒体视频互动。

　　资料来源：袁文馨．"15分钟生活圈"，建新型美好社区［N］．上观新闻，2021-09-18.

第5章

活动与社区
服务

　　我们很多所谓的小区（所形成的居住区）只是一群住得近的陌生人，居委会成了一种名义上的"上级"。我们应该让更多的居民参与到社区生活特别是居民交往中，根据当地特色定期举办一些小型活动，多多关心孩子和空巢老人。当社区的氛围变得融洽之后，人们会更加愿意互帮互助，这样日常生活想必也会轻松不少（佚名，2020）。

社区是城市发展的重要基石，不仅代表着社区居民集聚居住的区域范围，更代表着和谐共处的协调关系对居民的向心力。社区建设的根本基础不在于区域结构，而是社区居民在共同的社会环境、社会生活和社会交往过程中形成的对社区的集体认同感和归属感，其核心目标是增强社区居民的主观幸福感（subject well-being）。从环境社会学的角度来分析，对社区环境的认知度、社区基础设施的使用度、社区卫生服务的满意度等都会影响居民的主观幸福感。本章主要讨论活动在社区服务中的功能及策略。

第1节　活动与社区服务对象

一、社区服务的定义与特征

所谓社区服务（community service）[①]，是指政府、社区居委会、社会组织以及数字社区等各方面的力量直接为社区成员提供的公共服务以及其他物质、文化、生活等方面的服务。泛义的社区服务是指一个人或一群人所做的有益于他人的工作，它通常是在服务提供者居住地或附近完成的。社区服务通过社区参与、社会支持的形式，相辅相成，对居民的社区感和幸福感产生潜移默化的影响，如图5-1所示：

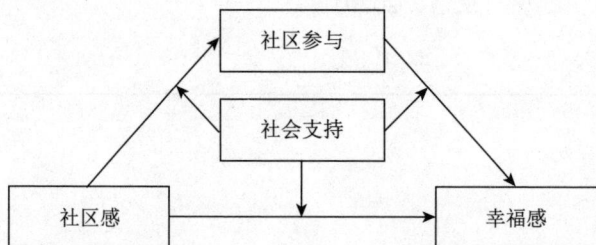

图5-1　社区参与、社会支持、社区感和幸福感的关系

---

① 英文中的"Community Service"一般与非营利组织有关，涵盖政府、企业或个人的服务行动，并且常被用于指称司法体系中替代短期刑狱的选择性方案，由此可见，Community Service 的外延要比国内的"社区服务"概念窄得多（韩央迪，2010）。

社区是提供社会服务的主要力量，加强和改进社区服务工作，有利于体现政府的施政方针和为民决心，有利于解决社会问题、化解社会矛盾、促进社会和谐，有利于不断满足民众需求，提高居民生活质量和提升居民幸福感。随着我国经济结构、居民生活方式、社会组织类型和就业形式的日益多样化，越来越多的"单位人"转变为"社会人"，与此同时，大量退休人员、下岗失业人员和流动人员进入城市社区，社区居民的物质、文化、生活需要日益呈现出多样化、多层次的趋势。

社区服务的主要特征表现在三个方面：（1）社区服务并不只是一些社区内的居民自主性和志愿性的服务，而是有组织、有管理、有制度的服务体系；（2）不同于一般的社会服务，社区服务与经营性、营利性的社会服务业有所区别；（3）社区服务并不是仅有少数人参与的为他人提供帮助和服务的社会活动，而是以社区所有人为服务主体，以全民参与为服务基础，自助和互助相结合的社会公益行为。

二、社区服务的基本原则与主要内容

自 1986 年民政部倡导社区服务以来，我国的社区服务已从最初的"探索社会福利社会办和职工福利向社会开放"，向更广泛的社会生活领域拓展和延伸。

《国务院关于加强和改进社区服务工作的意见》（以下简称《意见》）明确提出，加强和改进社区服务工作要遵循 3 个基本原则：（1）坚持以人为本。着眼于居民多层次、多样化的物质及文化生活需求，特别是对居民的急难愁盼、通过努力又可以解决的问题，要及时提供服务，为社区居民排忧解难。（2）坚持社会化。即发挥政府、社区居委会、民间组织、驻社区单位、企业及个人的作用，政府提供公共服务，同时鼓励、支持社区居民和社会力量参与社区服务。（3）坚持分类指导。按照政企分开、政事分开原则，区分不同类型的社区服务，实行分类指导。既要整体推进，又要解决薄弱环节、重点项目和关键问题；既要坚持广受居民欢迎的传统服务方式，又要善于运用现代科学技术手段，不断提高社区服务水平。

《意见》提出要大力推进社区公共服务体系建设，使政府公共服务覆盖到

社区。我们可以根据社区服务提供者的类型，来分析社区服务的主要内容。

具体而言，面向社区的政府公共服务主要包括就业创业、社会保障、社区救助、社区卫生和计划生育、文化教育与体育、流动人口管理与服务以及社区安全管理等。社区居委会的作用主要包括协助政府基层部门提供社区公共服务、组织社区成员开展自助和互助服务、为发展社区服务提供便利条件等。例如，组织居民参与文化、教育、科技、体育、卫生、法律、安全等进社区活动；引导和管理各类组织和个人依法有序开展社区服务。社区民间组织则可以通过开展社区志愿服务活动、策划和组织群体性文体活动等形式，让社区居民在参与各种活动中实现自我服务、自我完善和自我提高。此外，各类企业和个人可以通过开展经营性业务、向社区居民开放有关服务设施等措施，提供更完善的社区服务。例如，社区内相关企业通过连锁经营，为社区居民提供购物、健身、餐饮、咨询、家政、修配、管理、中介等服务。

近几年，我国许多城市依托街道社区服务中心、社区文化活动中心或党群服务中心，提供"一站式"便民利民的服务；利用现代数字科技技术，推动智慧型社区建设，在为居民生活提供便利的同时还满足了居民的多元化需求。一些地方通过政府购买服务、设立项目专项资金、提供项目补贴等方式，积极引导社会组织、企事业单位和居民个体参与社区管理和服务，增强了社区服务的活力，提高了社会组织的服务水平，提升了居民的幸福感。

但与此同时，国内社区服务尚存在社区服务模式和管理制度不够健全、居民整体参与度不高、社区服务能力不能满足居民迅速增长的物质及精神文化生活需要等问题和不足。

── 《典型实例 5-1》 ──────────────────────

用系列研讨会促进社区成人教育发展

美国马萨诸塞州中小学教育部（Massachusetts Department of Elementary and Secondary Education）下设有一个专门的部门——成人和社区学习服务（Adult and Community Learning Services，ACLS），该机构主要负责监督和促进马萨诸塞州成人的免费基础教育服务（ABE），其愿景是"让马萨诸塞州的每个成年人都拥有过上他们向往的生活所需的知识、技能和支持"。

　　为了实现这一愿景，ACLS 与各种成人教育机构或计划合作，以确保所有学生都能获得优质的指导、咨询、工作培训机会和职业发展途径。为此，该机构提倡灵活的学习选择，尊重学生的多样性并促进公平和包容；促进合作，提高学生在就业和高等教育方面的成功；要求自身和供应商对结果负责。

　　2022 年 2 月，ACLS 团队与 UPD Consulting 咨询公司合作，正式推出反种族主义、多元化、公平和包容（ADEI）专业学习系列课程。这些虚拟的 ADEI 学习研讨会（learning sessions）一共包括 4 个批次、14 个社区以及来自马萨诸塞州各种成人教育组织和项目的近 300 名参与者。在上半年，共举办了 5 次研讨会，其中第一场重点关注成人教育系统中种族不平等的真相，第二场和第三场侧重于完美主义、家长式作风和非此即彼的思维等压迫性做法和主导文化体系相脱离的方法，第四场和第五场则要求参与者重新建立联系，寻找他们想要带来的其他人，并共同规划、共同创造和设计基于反种族主义的自由空间，从而为所有人带来包容和归属感。

　　6 月 6 日至 9 日，一年级学生完成了第五次也是最后一次研讨。参与者们分享了在公平领域发生变化的故事，并探讨了受影响最大的人群。大家带着资源参与过程和计划。ACLS 团队花了大量时间与不同组织合作，为参加成人教育的学生提供支持。会议内容包括来自同事的励志分享、舞蹈、励志名言等。总而言之，它带来了希望、欢乐、治愈和庆祝。成人教育项目主任 Wyvonne Stevens-Carter 在研讨会结束时表示，"让我们深呼吸，看看我们已经来到了哪里，并继续在你所处的地方迈出一步。我期待着明年再次参与进来，在我们做出审慎的改变时，作为一个团队和一个领域继续成长"。

　　资料来源：ACLS 官网网站，https://www.doe.mass.edu/acls

三、活动对不同社区服务对象的作用

　　社区服务以各类社区服务设施为依托，以社区全体居民、驻社区相关单位特别是具体工作事宜的相关利益者为对象，以公共服务、志愿服务、便民利民服务为主要内容。以社区卫生和计划生育服务为例，根据《意见》，要以妇女、儿童、老年人、慢性病人、残疾人、贫困居民等为重点，面向社区内全体居民，提供预防保健、健康教育、康复、计划生育技术服务和一般常见病、多发病、慢性病的诊疗服务。

概括而言，社区服务对象主要包括四个方面：(1) 各类弱势人群和优抚对象；(2) 社区居民；(3) 社区单位；(4) 下岗职工（见表 5-1）。

表 5-1　活动在服务不同社区群体中的作用

群体	活动的主要作用	活动形式列举
各类弱势人群和优抚对象	提供社会保障和福利活动，关爱居民的身心健康，提高社区融入感	爱心义诊、暑期夏令营、送清凉、送温暖、军民联谊会、慈善募捐、残疾人运动会等
社区居民	满足物质和文化方面的需求，提供便民利民的服务，提高居民幸福感	广场舞比赛、跳蚤集市、爱心理发活动、知识大讲堂等
社区单位	提供后勤服务，促进资源整合，拓宽服务领域，提高社区经济效益	消防检查日、植树活动、安全巡逻活动等
下岗职工	提供社区就业渠道，扩大就业范围，促进就业和再就业	就业招聘会、技能培训会、知识分享会等

第 2 节　活动与社区服务内容

与其他社会服务方式不同，社区服务具有公益性、群众性、地域性和互利性等特征。社区服务的基本原则要求以人为本、发展方向社会化、以特殊人群为重点、社会效益为先以及因地制宜等，这些都体现在社区服务的内容中。

一、面向各类弱势人群和优抚对象的社会救助和福利服务

社会救助和福利服务主要针对社区内的各类弱势人群和优抚对象，是社区服务最基本的任务，它集中体现了社区服务的福利性本质。具体来讲，主要包括五个方面：(1) 为老年人提供福利服务；(2) 为残疾人提供福利服务；(3) 为优抚对象提供福利服务；(4) 为少年儿童提供社区服务；(5) 为贫困者提供福利服务。

例如，2021 年 3 月 5 日，云南省昆明市五华区威远街社区开展"春风十

里遇见你"军民联谊活动。来自驻昆部队的部分青年官兵与社区单身女青年一起，通过联谊的方式，共度三八国际妇女节。此次活动通过才艺表演、互动游戏、互送礼物等方式，让人民子弟兵感受到社区服务的温暖，同时调动了社区居民的积极性，为部队单身军人和社区未婚女青年搭起交流的"鹊桥"，提升了社区幸福感。

二、面向社区居民的便民利民生活服务

社区服务兼有福利性和便民性特点，发挥着社会的基本保障和社会的多样服务双重功能。便民服务以社区居民的需求为核心，致力于为居民提供各类便捷、安全的服务，做到"为民、便民、利民"。通过各类服务和活动的推广，满足居民日益增长的物质与精神文化生活需求，拉近社区管理者与居民之间、居民与居民之间的距离，提高社区活动的参与度，营造温暖温馨的社区环境氛围。

例如，2021 年 3 月 31 日，湖南省长沙市枇杷塘社区与社区发展协会、长沙市广播电视台合作，在《公益长沙》节目中开展"乐享银龄，智慧人生"社区服务活动，通过开展智能手机公益课，对老年人遇到的各类手机问题进行讲解和知识普及，如信息安全问题、App 使用问题、垃圾广告、骚扰电话、电信诈骗等。活动当天，工作人员一对一地为老人们讲解并演示操作过程，有效地帮助社区里的老年人解决了日常问题。湘桥社区则开展了"中医义诊进社区，养生保健零距离"活动，现场还特别设置了理疗按摩专区，为社区老年人提供推拿、按摩和理疗等服务，受到了社区居民的一致好评。这一系列便民服务活动的开展，既解决了社区居民的日常问题，也消除了居民对社区的陌生感和距离感，提高了居民对社区服务活动的参与度。

三、面向社区单位的社会化服务

社区单位是指在社区范围内或者与社区利益相关的企事业单位和机关团体等组织。面向社区单位的后勤保障服务是城市社区服务的又一项重要内容。为社区范围内的社区单位提供后勤服务，有利于社区单位和社区内部机构的资源共享，加快地域内的服务资源整合，为未来各单位之间开展合作打下基础，有利于拓宽社区服务的范围，改善和升级社区服务结构，加速社区服务模式的优

化，有利于提升社区服务的营利性，提高社区的经济发展水平，促进社区服务体系的持续运营。

例如，2021年8月，为了帮助辖区内青少年从小树立志愿服务理念，成都市武侯区三河社区开展了"亲子志愿服务队特色志愿服务行动——红领巾关爱老人上门讲故事志愿服务活动"，共有11位青少年参加，为辖区3户独居老人提供了上门服务。小志愿者们到老人家里，为他们唱歌、跳舞、背诗，各种才艺逗得老人喜笑颜开。最后，小志愿者们还向老人赠送了口罩、养生茶、大米等慰问品并敬少先队礼。通过此次活动，小朋友们的才艺得到了展示，同时锻炼了自身能力，老人们也得到了关心。

2021年12月底，为了让更多居民了解中华文化，三河社区联合成都市新都区小草公益服务中心，在社区水岸花园A区青少年活动室开展了"志愿者服务项目创意手工系列之二十四节气手工活动"。工作人员利用多媒体，通过"图片＋文字"的方式，首先向居民志愿者们介绍了二十四节气的由来、各个节气的主要习俗等知识，随后讲解了挂饰制作的步骤及注意事项，并发放制作挂饰所需的材料包。最后，大家都做出了独具特色的二十四节气挂饰。通过活动，居民志愿者们对二十四节气有了更多认识，并亲身体验了二十四节气创意图画所带来的美感，激发了他们对传统文化的兴趣。

四、面向下岗职工的就业、再就业服务和社会保障服务

下岗职工大致可分为两类：第一类是指与原公司没有解除劳动关系，但没有工作岗位，有就业需求但还未就业的人员；第二类是被迫与公司解除劳动关系转为灵活就业的人员。

由于具有就业岗位种类多、就业人数多、就业领域宽泛、就业岗位灵活易变动等优势，社区服务在促进社区就业方面有着良好发展前景。社区提供的再就业服务，需要充分发挥社区建设的作用，完善社区服务业结构，挖掘社区服务的潜力，拓宽再就业渠道，完善各项就业配套措施，在做好社区居民生活保障工作的同时，带领下岗职工实现再就业。

例如，2022年9月，为帮助广大求职者早日实现稳定就业和自主创业，安徽省合肥市蜀山区三里庵街道二里街社区大力开展就业创业促进民生工程政

策宣传活动,进一步提高就业政策知晓率,提高就业政策实施成效。在活动中,工作人员在社区广场、街道等多处地点向社区居民开展就业创业政策宣讲,并发放各类宣传单,向居民详细讲解各类就业创业政策申报条件和流程。该活动的有序开展,让二里街社区居民对就业创业促进民生工程政策有了进一步了解,同时也激发了社区居民双创的热情。

五、面向社区环保、卫生、援助、艺术等有关的公益服务

公益服务是指不以营利为目的,为全体居民提供无偿服务的行为。这些公益性服务要么有助于改善社区自然环境、社会卫生环境;要么可以提升某一领域的发展水平或竞技水平;或者能提高社区居民的受教育水平,让更多的人接受各类教育。

例如,2020 年 10 月,上海市浦东新区东明路街道与四叶草堂团队合作,开展第五届东明路街道"绿行社区 创意生活"营造活动,在居民区建立了十个迷你社区花园及种子接力站。通过招募护绿骨干参加与社区花园营造相关的技能培训,向居民普及园艺知识,并组织居民一起动手改造小区零星绿地,提升小区公共环境。通过居民亲身参与社区花园建设,不但小区环境得到明显改善,居民参与社区公共事务的积极性也被调动起来,社区活力被激活,社区的凝聚力更强(董莲婷,2021)。

──《 典型实例 5-2 》─────────────────────────

用有效的交流交换活动减少居民家庭的能耗

在美国马萨诸塞州贝尔芒特县,有一个名叫"全球行动计划"(Global Action Plan)的社区环保组织。每隔两星期,该组织的部分成员就会聚集在一位成员家中举行交流活动,参加者会拿着工作手册,对照检查上面的每一项条款是否已落实到日常生活中,以此来帮助成员家庭提高能源使用效率。

据悉,该活动的宗旨是"帮助人们生活得更有效,更多地减少家庭垃圾的产生"。参与者手中的工作手册上记载着成员们自己总结的一些小经验。例如,在浇灌庭院的苗木时,尽量使用平时积攒的废水;购物时自行携带购物袋,减少日常生活中塑料袋的使用;在冬季取暖时,应适时地关掉暖气开关,这样可

以减少能源消耗；等等。此外，在该组织的指导和协调下，社区还会召开"生活用品交易会"，居民们将家里闲置的家具、服装等用品拿到活动现场进行交换，这样可以减少去商店购买的支出。

如果有居民希望参与"全球行动计划"，需要和市政府签订合同，每一位签订合同的居民可以邀请10位邻居一起参加。据统计，参加行动计划的家庭平均每年可节省200~400美元，但其更大的价值在于宣传节能和环保理念，改善社区的生活质量。

资料来源：谢芳.美国社区如何对付垃圾[J].乡镇论坛，2008（8）：28-29.

第3节 活动与社区服务模式

所谓社区服务模式，是指社区管理者基于对社区服务方式的认识，对服务过程的主要构成要素进行概括或组合的理念和路径。例如，社区居家养老服务是一种机构养老和传统家庭养老相结合的模式，其本质是以家庭为核心，以社区为依托，以专业化服务为主要服务形式，积极发挥政府主导作用。活动在其中起着重要的催化剂作用。

一、社区服务面临的机遇和挑战

1. 社区服务供给侧改革

社区服务的好坏会直接影响居民生活质量。1986年，我国民政部首次把"社区"的概念加入城市基础建设中，提出要在城市中开展社区服务工作。2017年6月发布的《中共中央国务院关于加强和完善城乡社区治理的意见》着重强调社区公共服务供给问题，提出要完善城乡社区治理体制，努力把城乡社区建设成为和谐有序、绿色文明、创新包容、共建共享的幸福家园。2017年10月，党的十九大报告提出，"加强社区治理体系建设，推动社会治理重心向基层下移，发挥社会组织作用，实现政府治理和社会调节、居民自治良性互动"。

由此可见，推进社区服务供给侧改革并不断提升社区服务质量，不仅是广大人民群众建设美好生活的需要，也是政府的工作要求。

2.快速发展的老龄化现象

中国作为发展中国家中的人口大国，由于社会生产力水平和经济发展状况的限制，人口老龄化始发相对较晚，但呈快速发展趋势。中国的老龄化率呈现上升趋势大致始于 1964 年。与发达国家不同，中国在经济发展与人口生育控制政策的双重作用下，人为地加速了人口结构改变进度，人口老龄化快速发展，从而导致"未富先老"的局面。1982 年，全国 65 岁及以上老年人口尚不足 5000 万人，老龄化率只有 4.91%，2000 年，65 岁及以上老年人口已增长到 8827 万人，老龄化率提高到 7%，开始进入老龄化社会，如图 5-2 所示：

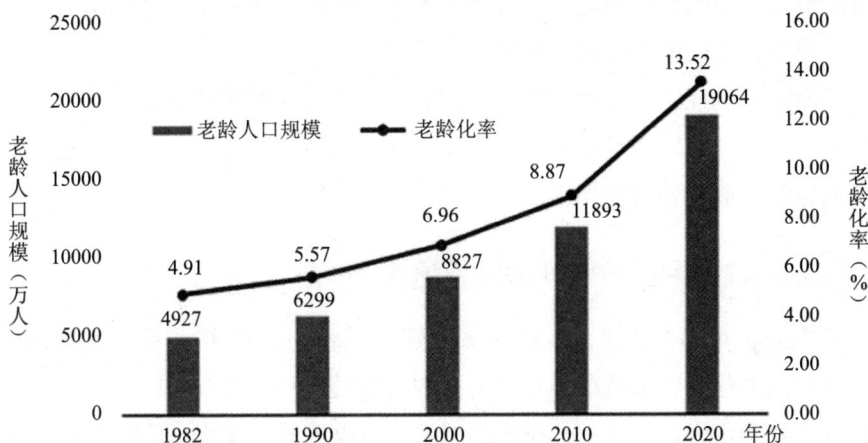

图 5-2　中国老年人口规模及老龄化率的变化（1982 年至 2020 年）
资料来源：根据 1982 年以来历次全国人口普查数据计算

因此，在未来很长一段时间内，中国的人口老龄化将会是一种常态。而随着长期的老龄化，老旧社区如何进行改造，社区里的老年人活动场所及配套设施如何完善，如何开展社区老年服务工作，开展哪些老年活动，这些都会影响老年人的社区认可度和幸福感，并将成为未来一段时间内亟须解决的问题。

3.愈演愈烈的社区管理人才竞争

年轻化、高素质的人才是城市竞争力的重要保障。随着我国国民生活水平

的提高，青年人才对工作条件、就业环境、薪资待遇和职业规划等方面提出了不同需求。而现阶段全国社区服务体系建设刚刚起步，在各个方面仍存在一些问题和不足。社区服务型人才资源缺少以及人才结构亟待优化等问题，促使未来社区发展必须根据年轻化、高素质的人才需求变化进行，并通过各类招聘活动、资源共享、媒体宣传和技能提升等新方式吸引人才，这样才能引领社区服务走向更加美好。

4. 层出不穷的新兴技术

科技发展和数字技术的日益完善为社区服务提供了更多可能。一方面，各类新兴技术的研发为未来社区服务的发展方向提供了更多选择；另一方面，新技术发展也为传统的社区服务模式升级优化带来了更多机遇。虚拟网络、智能硬件等科技产品的研发与运用，会给未来的智能化社区带来更多层次、更丰富的服务内容，进而解决多元的社区服务需求。

目前，很多社区正在通过数字化的方式，为社区居民提供舒适、便利的社区环境，并使得居民和社区之间的联系更加密切，这对居民社区归属感的提升和幸福感的打造有着重要作用。

二、适合中国国情的社区服务模式

韩央迪（2010）提出，在社区服务建设过程中，英美两国立足自身的经济、社会、文化等因素形成了各自不同的发展模式——英国的国家主导型模式和美国的社会化模式。其中，英国的国家主导型模式主要表现为积极的能促型政府角色、社区服务的法制化发展、第三部门力量的成长与社区居民的参与以及多方力量的有机整合等特点，美国的社会化模式主要表现为政府的立法保障与政策引导、宏大的非营利组织力量以及社区企业和学院对社区服务的积极推动等特点。

以社区服务中的非营利组织力量为例，它们是社区服务的具体承担者，服务内容包罗万象，覆盖了社区居民生活的方方面面。从组织的类型看，美国的非营利组织力量可分为三类：社区基金会（Community Foundations）；社区委员会（Community Councils）；"学习和服务美国"计划（Learn and Serve America）、国民长者服务组织（National Senior Service Corps）等各类志愿机构和服务组织。

鉴于我国强国家—弱社会的惯性力量以及市场机制和志愿机制正在迅速构建等特点，适合采取以行政机制为引导、志愿机制为主导、市场机制为补充的社区服务供给模式（韩央迪，2010）。

三、活动 + 社区服务的模式

尽管社区服务的类型丰富，涉及范围广泛，但从服务模式的主要经营目的来看，当前的社区服务模式主要包括政府投资政府运营、政府投资企业运营和企业投资企业运营三种，而活动有助于这些服务模式更好地运营和维持，并突显出不同服务模式的特色。

1. 活动 + 政府投资政府运营模式

这种社区服务模式是政府占主导地位的社区服务模式，它通过政府部门直接参与社区治理和提供公共服务，提供的社区服务多为公益性服务，如社区志愿者活动、红色诗歌朗诵会、政策学习公益讲座、医生进社区公益活动等。该模式具有因地制宜、公平公正、全面推广、促进社会和谐等特征，是我国社区服务模式中的基础模式。

活动 + 政府投资政府运营社区服务模式有着明显的财政优势，社区服务运营的资金有着强有力的政府财政支持。社区内的便民利民项目、民生建设项目、公共基础设施等，往往需要政府的直接投资。通过一系列的公益性项目和助民政策，能在加强资源共享的同时，充分发挥政府的影响力和号召力，搭建社区服务机构、社区居民、信息服务中心三者联系的桥梁。

2. 活动 + 政府投资企业运营模式

这种社区服务模式由政府机构占主导地位，企业作为建设主力，供应商提供相应服务。具体而言，政府机构在社区服务建设中扮演决策者角色。一方面，掌握决策方向、减少运营成本、保证分配公平；另一方面，推动社区治理和社区服务之间的合作，并持续推动有效市场和服务型政府的结合。而企业只需要根据政府的决策方向进行社区项目建设，提供社区服务。

活动 + 政府投资企业运营社区服务模式兼顾了政府机构的公益性和市场运营的营利性。针对社区居民的多元化需求，在这种模式下，除了组织社区志

愿者活动、诗歌朗诵会、医生进社区公益问诊等常见公益活动外，还会适当融入市场化的活动元素，如超市产品促销活动、文艺演出、微电影大赛等，后者往往会收取一定的费用。采取这种模式，企业（包括加盟经营商等）将通过公开招投标、三方比价等方式，提供相应的社区服务方案，以整合社区资源，形成长期有效的运营机制。

3. 活动+企业投资企业运营模式

随着我国城市居民生活质量的提高，社区居民不再停留在以往的物质需求方面，对精神文化服务也有着新的需要和要求。在企业投资企业运营的社区服务模式中，传统的物业管理和社区服务体系将融合为一体，与前两种模式相比，这种服务模式有三个方面的特征：

（1）数字服务功能。随着数字化技术的进一步发展和完善，数字智慧社区建设已成为一种必然趋势。通过数字化的手段，整合社区范围及周边已有的服务资源，为社区居民提供娱乐性、商业性、公益性、功能性等多种便民利民的服务模式，一方面可以减少人力管控和资金成本，另一方面通过数据收集和分析，有助于信息的共享、服务方向的定位和后续社区服务的发展。此时，可以考虑的创意活动如15分钟社区生活圈线上寻宝游戏、智能化家庭评比、家政服务App应用大赛等。

（2）增值服务功能。出于对商业盈利的追求，企业投资企业运营社区服务模式会不断挖掘社区居民的需求，开辟社区服务的新市场，比如社区和旅行社合作组织亲子研学旅行、策划剧本杀、狼人杀等桌游活动、组织集体秋游等。与此同时，活动也会吸引更多的经营商入驻，从而促进服务结构的优化升级。这样有助于减少对物业管理费用的依赖度，并拓宽社区服务的盈利渠道。

（3）公益服务功能。为了吸引居民和服务经营商，企业投资企业运营的社区会将商业性活动和公益性服务有效地结合在一起，以平衡营利性和公益性之间的关系，塑造良好的品牌形象、价值观和社区氛围，如万科旗下的第五食堂餐饮、龙湖义工团活动、碧桂园的文化传承馆等。这种模式往往通过收取相对较高的物业费来维持活动的运营，当然，活动的形式也更加丰富多样，能满足更多社区居民的需求。

总的来说，社区服务模式面临错综复杂的实际问题，也有着变化多样的未来走向，其中涉及社区服务模式中运营主体的区分，商业性服务和公益性服务的结合，线上服务和线下活动的信息整合等一系列问题。社区管理者需要综合分析所在社区的经济发展状况、地区产业结构、居民的多元化需求、未来区域的发展走向等情况，选择合适的社区服务模式。

─《 典型实例 5-3 》─

友邻家政服务：一种新型社区服务模式

近几年，在南京、无锡等城市的一些社区，出现了一种由业主自发组织实施的新的家政服务业态，有人将其概括为"友邻家政服务"模式。其主要特点和优势是通过网络平台进行人际间直接交易，服务方式较为灵活、服务价格相对低廉，降低了交易成本、促进了在地化就业、增进了邻里交往。

概括而言，"友邻家政服务"模式主要有以下几个特点。一是以互联网平台为支撑。一般以业主微信群和物业公司或第三方机构开发的服务 App 为平台，在这些平台上，业主可以互相发布面向社区内部的家政服务信息、交流家政服务体验。二是以邻里关系为基础。社区家政服务的提供者一般为赋闲在家的中老年业主，他们自己或通过子女在平台发布信息，相关雇佣信息主要在类似于"熟人社会"的社区内部传播，这样更易促成交易。三是采取半市场化运作方式。在服务内容上与家政企业提供的服务差别不大，主要包括日常保洁、做饭，老年人、儿童照料等，但因为是邻里关系，一般不签订正式雇佣或服务合同，服务评价主要通过网络上和人际间的口碑进行。

需要注意的是，作为一种基于邻里关系、半市场化的服务模式，"友邻家政服务"模式存在责任界定不清、制度化保障不足、职业化程度较低等问题，亟须规范引导和扶持发展。如果能引导得当并进行规范化管理，可以探索出一条兼具中华传统和市场伦理"义利合一"的社区服务供给新路径，不仅对于解决我国社区养老、托幼服务等供给不足问题具有重要价值，还有助于繁荣社区经济、带动就业和促进社区关系建设。

资料来源：刘林平，程萍 . 友邻家政服务：一种新型社区服务模式的兴起[N] . 中国社会科学报，2020-02-12.

第 6 章

社区文化活动中心运营管理

　　社区的场景设计与品牌必须以连接人为核心。超脱空间，深入地方，连接这里的每个人，用"自下而上"和"自上而下"相结合的工作方法，努力探索人、城市权利、公共空间和公共资源四者之间的关系，寻找公共空间中组织生产、分配、交换和消费公共资源的新方式（丁猫，2021）。

从历史上看，社区中心一直被视为社会融合的载体，是促进社区发展、增强社区凝聚力以及融合移民和社会的一种手段（Yeheskel & Hillel，1989）。相关研究表明，与其他社会服务机构不同，社区文化活动中心能够加强不同年龄组成员之间的社交网络，是社会和文化的聚集地（Clarke et al.，2015），并能够吸收地区的历史和文化，把社区居民团结起来（McKenzie et al.，2013）。事实上，社区文化活动中心的作用远不止于此，采用合适的运营管理模式能够激发其更大的社会作用。

第1节　社区文化活动中心概述

一、社区文化活动中心的定义

从最初出现开始，社区文化活动中心就往往承载着多种功能，例如，在白天被用作学校或培训设施，在晚上则被附近居民用于举办各种社区活动，因此也被称为"社会中心"或"社区中心"（Wu & Lo，2018；Trude et al.，2018；Chapple & Jackson，2010；Stuiver et al.，2013；Naji et al.，2020）。

在不同国家和城市，"社区文化活动中心"常被不同的术语来指代，如多功能空间（multifunctional space）、市民中心（civic centers）、社区会堂（community halls）、娱乐中心（recreational centers）、城市空间（urban space）、城市场所（urban realm）和邻里娱乐中心（neighborhood recreational centers）等（Naji et al.，2020）。在我国，多被称为"社区文化活动中心"（刘丹等，2011；邓金霞，2015；戴娜娜，2015；张明霄，2019），学者们还经常使用"社区文化中心"（刘丹，2013；赵静，2017；徐家蓓，2018）、"社区公共活动空间"（贾红旭等，2022）、"社区公共文化服务机构"（罗恩立，2017）、"社区居民活动中心"（王印红等，2022）等术语。

值得注意的是，由于场地限制和社区创新发展等多种原因，社区图书馆、博物馆、学校等也被用作社区文化活动中心。例如，在第2章中提到的新疆金银川路街道阿拉尔市胡杨社区为了丰富辖区内居民的文化生活，便通过整合社区资源，将现有的百姓大舞台、文化大礼堂、健身室、六点半学校、人民调解室、舞蹈室、图书室、科普活动室、道德讲堂、党员活动室、手工艺品展览室、书画室及文化志愿工作站 13 个活动场所全部对外开放，用于开展宣传教育、惠民服务等各类活动（李桃，2021）。

无论采用何种表达方式和建筑形式，作为一个以社区为基础的公共空间，社区文化活动中心需要能适应社区发展的特点，并根据居民的独特需求提供服务（Yeheskel & Hillel，1989）。

二、社区文化活动中心的社会意义

越来越多的社区管理者和学者开始关注社区文化活动中心的社会意义，并不断挖掘其在教育、娱乐和文化等方面的作用（Gardner，2011；Hall，2013；韩娜娜，2015；陈世香等，2017；王印红等，2022）。实际上，社区文化活动中心不仅作为一种物理概念而存在，更是社区居民进行情感互动、文化生产和关系构建的载体（王印红等，2022），是社区的户外公共空间（Spirn，1998；Ellis，2002；Talen，2008）。正如一位上海市民在接受访谈时所言，"社区文化活动中心不仅仅是一座座建筑，更是充满温情的'家'，用百姓的话说，这里是'心中的精神家园'"（李英，2019）。

通过提供多样化的服务，社区文化活动中心可以成为社区各方利益代表的交流平台和联络点（王印红等，2022），进而强化社区成员的身份，促进积极的地方参与和管理（Yeheskel & Hillel，1989）。在不同国家和城市，它都展现出了作为社区公共空间的社会服务作用。例如，在北美，社区文化活动中心常为成年人和青少年提供各种教育、娱乐活动，并为社区项目和会议提供空间；在欧洲，社区文化活动中心被规划为促进社区居民参与公共事务和地方知识创造、了解文化艺术、参加社会学习的平台；在沙特阿拉伯，社区文化活动中心正在通过提供多种便利设施和服务，提升社区居民的知识水平和对卫生健康的认识以及帮助弱势群体。

作为一种公共空间，社区文化活动中心也有其自身的内部结构和生产机制。早在 1989 年，学者 Hasenfeld 和 Schmid 就从政治经济学角度对社区文化活动中心进行了深入分析，提出社区文化活动中心是一种制度性组织，也具有

其他服务机构共有的结构特征。例如，中心的"原材料"是人员，这些人员的一个重要特征是异质性和可变性，这使得中心的服务需求也变得多种多样。在这种特定的结构下，社区居民在其中开展制度规范和价值观的建构，这也是社区文化活动中心的空间生产过程。

因此，学者王印红和卢楚楚（2022）认为，作为社区公共空间中的主体，社区居民的频繁互动和行为，包括开展学习、娱乐、议事和闲话等，能够促使社区的文化、关系和情感等生产机制被激活，并最终产生提升公民文化素养、弥合居民间疏离感、重构邻里信任、维护社区和谐稳定等效果。

三、我国社区文化活动中心的建设情况

在我国，社区文化活动中心的发展建设大致经历了起步、成长和成型3个阶段（见表6-1）。目前，大部分城市和乡镇社区文化活动中心的建设仍处于起步或成长阶段，上海、深圳等少数城市处于成型阶段。其中，上海自2004年开始推进文化体制改革，在社区文化活动中心建设上处于全国领先地位。根据上海市社区文化活动中心官方网站的数据，截至2023年1月底，上海已建成241个社区文化活动中心，形成了较完善的公共文化服务体系。

表6-1　社区文化活动中心建设阶段及特征

维度	起步阶段	成长阶段	成型阶段
建设性质	改建	改扩建、新建	新建
服务规模	20~40m²/千人	40~50m²/千人	50~90m²/千人
建设条件	专项购置	统筹配置	常规运营
项目建设重点	观演类、纸媒信息获取类	网络信息获取类、活动体验类	展览类、教育培训类

资料来源：赵静.资产为本视角下的社区文化建设——以上海、青岛、济南的社区文化中心为例[J].山东社会科学，2018（2）：99-104.

作为一种社会公共空间，社区文化活动中心建设所需的资产既包含实体性的不动产、设施和自然资源等有形资产，也包含正式社会资本或组织资本等无形资产，且资产的积累和转化为服务能力都是动态的过程。赵静（2018）梳理了社区文化活动中心的资产特征（见表6-2），对社区文化活动中心的运营管

理具有一定的指导价值。

表 6-2　社区文化活动中心资产特征

特征维度	资产形式	资产内涵
资产建设方式	独立建设	以文化服务为主导，且设施完备和多样化
	联合建设	与其他文化（如有线电视）、社会教育（如成人教育、远程教育）社会服务（如行政管理、公益服务、养老、医疗）等设施合并建设
资产服务规模	服务范围大小	● 行政规划因素 ● 适当的服务半径 ● 高标准的设置完备性
土地资产条件	拥有 / 使用	● 改建为主 ● 少数新建 ● 专建
资产功能性质	文化设施	● 信息获取类 ● 博览类 ● 观演类 ● 活动体验类
	服务管理	● 主体功能 ● 拓展功能 ● 公共活动功能 ● 管理服务功能
资产建设模式	管理运作	● 街道级大型文化服务主导型（上海模式） ● 居委会级中型公共服务综合型（青岛模式） ● 混合空间小型发展型（济南模式）

资料来源：赵静.资产为本视角下的社区文化建设——以上海、青岛、济南的社区文化中心为例〔J〕.山东社会科学，2018（2）：99-104.

第 2 节　国外社区文化活动中心运营管理

一、国外社区文化活动中心的发展

国外社区文化活动中心的起步和建设较早，最初起源于 1884 年牧师卡农巴内特建立的第一个街坊文教馆（Settlement & Settlement Houses）——汤恩

比馆。当时正值如火如荼的工业革命，小工业和手工业的衰落导致了严峻的失业问题，街坊文教馆的建立旨在帮助社会弱势群体解决所面临的生活问题。后来，街坊文教馆在许多国家被效仿，这种现象在当时也被称为"街坊睦邻运动"。它不仅推进了英国社会服务的发展，更是引领了全球社区力量的发展。1886 年，美国建立了第一个街坊文教馆"邻里协会"，这有力地推动了街坊文教馆在美国的发展。时至 1900 年，美国在纽约、波士顿和芝加哥等地已建设有 100 多个文教馆，而到了 1930 年，仅纽约市就建有 500 个社区活动中心（Francis et al.，2012）。

从某种意义上说，英国街坊文教馆是一种慈善机构，但其工作范围和影响远比开展慈善活动广泛得多。为了推进文教馆发挥更广阔和深层次的社会作用，英国于 1920 年成立了街坊文教馆联合会（BARS），该机构于 1967 年更名为"英国街坊文教馆联盟"（BAS），1978 年又更名为"英国街坊文教馆联盟和社会活动中心"（BASSAC）。从其名字更换上看，文教馆的功能由早期简单的贫民服务不断扩展为开展相关的教育、娱乐、人才发展和社区发展等活动。

现如今，尽管文教馆的作用已受到削弱甚至不复存在，但在一些国家已经更改名为"社会活动中心""社区中心""社区组织"或"睦邻组织"等（丰华琴，2010），也就是本章所讨论的社区文化活动中心，仍作为重要的社区力量发挥着不可忽视的作用。

二、国外社区文化活动中心的管理模式

概括而言，目前，参与社区文化活动中心管理的主体大致包括政府、社区自治组织、社区非营利组织、社区企业和社区居民等，但由于各主体之间的权利义务和关系在不同国家和地区各有差异，社区（文化活动）中心的运营管理也形成了不同的模式。时湘莹（2014）从国家公共文化建设角度总结了 3 种模式，即以法国为代表的"政府主导型"、以美国为代表的"自治型"和以英国为代表的"合作型"，虽然侧重点有所不同，但这种划分可供分析社区文化活动中心的管理模式时参考。

对于社区文化活动中心，政府主导型模式是指从城市到区、街道（镇）都

由政府部门提供比较完善的公共文化服务，此时一些文化活动的开展基本是行政性质的项目，总体缺乏活力，而且随着社区居民对精神文化生活需要的增加，经费会愈加紧张。

自治型模式的主要特点是政府行为与社区行为相对分离，各级政府主管部门的职能是通过制定各种法律法规、政策条例，对各类文化团体、组织或机构进行协调和管理，并为社区成员的民主参与提供制度保障。例如，在美国，主要通过人文、艺术等基金会和税费对公共文化服务机构进行管理和支持。基金会对非营利性民间文化组织采用"补贴拨款"的方式提供经费支持，同时，通过特定的税法可减免非营利性文化组织的税费，并积极鼓励个人和企业对文化组织或活动的捐赠。这些措施有助于为公共文化服务机构提供一定经济保障，也给予了这些非营利性文化组织发展各自特色的空间。

在合作型模式中，政府不对辖区内的公共文化组织实施行政干预，而是建立合作伙伴关系，通过对文化实行间接管理，进行文化资源的分配和文化服务的提供，这样有助于营造宽松的文化管理政策环境。

总的来说，发达国家越来越多的社区中心或社区文化活动中心倾向于采取公私合作的运营管理模式。即充分发挥政府、社区、非营利性组织、志愿者甚至居民个人的资源优势，开展精诚合作，共同为社区居民提供更好的文娱项目和配套服务。

──《 典型实例 6-1 》────────────────

加拿大温哥华市社区中心的政府顶层设计

温哥华是加拿大的第三大城市，其所设的社区文化娱乐中心（Community Culture and Recreation Centres）是城市面向各社区居民全部居民提供文化、娱乐、健身和社会交往活动服务的公共场所。其总体定位是"让每个人都受到欢迎；成为社会、政府和家庭之间的联结中枢；拓展社区繁荣与成长的想象空间；促进社区居民建立跨越年龄、种族和其他历史分歧的信任和联系"。全市的社区文化娱乐中心由温哥华市公园与娱乐委员会（Vancouver Board of Parks and Recreation）和各社区中心协会（Community Center Associations）共同协商运营和管理，两者长期高效的配合激发了社区居民的自主性。那么，他们是如何有效分工和配合的？

一、机构运行的政社分工与协商共治

温哥华市公园与娱乐委员会和社区中心协会的合作关系已有几十年，并形成了以地方政府为主导的运营管理模式。其中，公园与娱乐委员会以公共利益为重，在提供建筑设施和日常行政服务基础上，通过委任社区中心经理和部分行政人员完成市政府职能部门委派的相关任务，同时与社区中心协会共同协商决定面向各社区居民的文娱项目和服务。

社区中心协会是由本地理区域居民以及参与本社区中心项目的居民自愿投票选举而产生的非营利性基层自治组织，协会成员为社区志愿者。社区中心协会本身具有草根性质，主要代表社区利益，所以能够积极倾听居民的声音，其主要工作包括制订年度计划、财政管理、制定反映居民愿望的政策和项目运营管理等。

二、政府统筹下的整体动员

温哥华市政府在尊重各社区中心协商自治和自主运行的同时，强调对各社区中心运行的统筹协调。一是构建各社区中心项目和活动的统一信息发布平台；二是统一协调各社区重要活动内容和时间安排。这两方面的统筹管理，为社区居民提供了掌握全市社区活动信息、自我规划和社会联结的渠道。同时，政府本身也能够通过对活动内容和时间的安排，平衡公共职能活动和社区特色活动之间的关系，从而有效保证了各社区服务提供、运营质量和居民利益的相对平衡。

三、各社区中心之间的差异化竞争

温哥华通过政府构建的信息平台和制度规定，社区居民可以跨越社区地域，参与全市其他社区中心的项目和活动，这无形地在社区中心之间形成了为争取更多访客的竞争。社区中心之间的良性竞争促进了差异化和互动，一是社区中心都重视项目和活动的居民参与数量以及社区中心访问量的纵向和横向比较；二是社区中心都强调基于自身特色的差异化特征。

此外，在社区中心的微观管理和运行方面，温哥华也形成了管理自治、参与动员的总体特点。其中，志愿者是温哥华社区中心管理运行的"生命血脉"，是各社区中心活动的倡导者和积极参与者。首先，在安排志愿者服务内容时，强调以符合自身兴趣且有意义的方式参与。其次，社区中心项目收费低廉和项目本身的质量吸引了众多居民参与，大部分项目和活动的形成与运作机制非常民主，主要由社区工作人员与各类社区协会共同协商决策。最后，举办多种多样的标志性社区活动扮演着重要角色，通过这些活动，能建立起社区居民特定的集体记忆和社区归属感。这些标志性活动主要包括社区特色节日、社区协会年会和定期的社区主题活动等。

资料来源：改编自罗恩立. 社区公共文化服务机构的社会联结功能构建研究——以加拿大温哥华市社区中心为例 [J]. 华东理工大学学报（社会科学版），2017，32（3）：80-89.

第3节 社区文化活动中心运营管理的主要困境与对策

2022 年上半年，在抗击新冠感染疫情最艰难的时期，上海的许多社区文化活动中心在筑牢防疫安全底线的同时，积极对接居民需求，持续提供丰富的线上文艺服务，用云课堂、线上展览、线上演出等各种线上活动舒缓居民情绪、传播正能量，丰富居民在特殊时期的居家生活，受到了广大市民的欢迎。例如，徐汇区的凌云路街道整合拾艺汇课堂资源，及时推出瑜伽课堂、亲子绘本故事、东方舞教学等抗疫宅家系列活动，打浦桥街道借助网络直播平台举办了"春之声云音乐会"，为爱好钢琴的居民搭建了一个展示自我、交流互动的平台，等等（李婷，2022）。

由此可见，随着现代生活方式的转型和公共卫生事件的频发（陈佳丽等，2022），社区文化活动中心不仅被赋予了新的社会作用，其运营管理也面临着新的发展趋势和问题。

一、社区文化活动中心运营管理面临的困境

■ 管理体制层面

1. 管理主体较为单一

在我国，作为公共文化建设的基础单元，大部分社区文化活动中心由街道

统一管理，具有较明显的行政色彩，这有利于社区资源的统筹管理，但也存在以下问题：

一方面，政府管理者对自身定位不清晰，将对社区文化活动中心的管理作为政绩的软指标，没有真正认识到社区中心在推动社会发展方面的重要作用（张明宵，2019）。这在管理上容易形成单向输出，缺乏对社区居民需求的真正识别和满足。另一方面，文化资源的获取和分配方式单一，尤其是社区管理过度依赖财政补贴，社区文化活动经费投入较为单一（时湘莹，2014；李茂松，2018；张明宵，2019），从而严重阻碍了社区文化活动中心设施管理和活动项目的创新发展。

2. 管理团队需要提升

尽管上海等城市在社区文化活动中心运营管理上探索出了一定新模式，但在管理人才方面仍明显存在两个不足。一是人才队伍不稳定。目前大部分社区文化活动中心缺乏完善的考核管理制度与奖励机制，社区工作者的稳定性较差。二是缺乏专业活动组织和管理人才。开展社区文化活动是社区文化活动中心的主体功能，而组织社区活动是一项对多技能要求较高的工作，但大多数工作人员仍由社区行政工作者兼任或由志愿者团队组成（李茂松，2018）。另外，大部分社区志愿者为中老年人，尤其以退休老人居多，在活动组织技能、数字技术使用和新的文化需求识别等方面表现出弱势。

■ 空间设施层面

1. 软硬件设施不够完善

一方面，硬件设施的使用效率不高。例如，学者凌嘉彤等（2019）在对青岛和济南开展研究时发现，大部分社区文化活动中心缺乏专人管理，配置的硬件设施如乒乓球台、阅览室以及电脑等设施的利用率不高，其主要原因在于"唯指标论"的建设运营模式，而忽视了居民的主体地位（徐志逸等，2022）。另一方面，普遍缺乏数字化服务信息系统。尽管一些社区文化活动中心已建有相关数字化设施和服务空间，但仍然缺乏统一的数字化服务信息系统。从全国来看，目前只有上海等极少数城市初步建立了全市社区文化活动中心整体管理平台，如图 6-1 所示：

图 6-1　上海市社区文化活动中心网站

2. 日常生活空间和文化属性缺失

一方面，缺乏连接居民日常生活的空间。社区公共空间的主体功能之一是满足开展不同文化活动的需要，但如果缺乏容纳日常生活的空间，精心准备的文化活动可能会因为脱离实际而无人问津。正如学者徐志逸等（2022）所提到的，居民的日常生活是社区空间的主角，它可以拓展文化活动的类型和影响范围。另一方面，缺乏自身文化属性。社区文化活动中心分布在不同居民区，彼此之间的差距较大，大多数中心采取标准化文化活动配送模式，缺乏自身的文化属性，这导致社区文化活动中心未能起到推进居民开展健康日常生活的作用（陈佳丽等，2022）。

■ 服务管理层面

1. 服务对象受到限制

目前，尽管国内社区文化活动中心的整体服务水平正在逐步提高，但一些服务项目的设计实际上限制了参与对象。一方面，开放时间限制了参加群体。例如，有城市规定社区文化活动中心每周开放时间要在 56 小时以上，但实际上开放时间与上班人群、儿童的工作或学习时间重合。另一方面，缺乏对特殊群体尤其是残疾人的关注。2019 年，本书作者研究团队在对上海社区文化活动中心的管理者开展访谈时发现，管理者对外来年轻人等群体虽然有所注意，

但并未制定有效的管理方法。凌嘉彤等（2019）在调研了 39 家社区文化活动中心后发现，有 19 家没有配备无障碍设施。

2. 服务体系尚未形成

一方面，未形成标准化的服务标识系统和服务指南，这不利于提升社区居民对文化活动的参与积极性（凌嘉彤等，2017）。另一方面，缺乏稳定的动态服务互动机制。社区文化活动中心仍普遍存在单向传输问题，社区居民未能及时获取社区活动信息或表达自身需求。实际上，国外一些社区文化活动中心也存在类似问题。例如，学者 Naji 等（2020）在对沙特阿拉伯城市吉达（Jeddah）的社区居民进行访谈时发现，居民希望新建立的社区文化活动中心有广告服务政策，以便能够提供适当的服务。

二、社区文化活动中心运营管理的主要对策

只有通过政府和社区成员的共同努力，并与经济社会发展相协调，社区文化建设才能让社区居民享受到布局优化、结构合理、设施完备的高层次社区文化服务（赵静，2018）。社区文化活动中心也应该从制度条件、文化设施和管理机构等方面完善其运营管理。

1. 打破管理体制，引入多元管理主体

首先是明确政府定位，实现管办分离。一直以来，"管办分离"是社区文化活动中心管理机制创新之路（刘丹，2013）。政府管理部门要由管理者向服务者的身份转变，以充分调动社区居民的积极性和参与性（李茂松，2018），这样才能避免政府对社区管理和文化建设的过度管控，也能够避免社区居民对政府管理部门的过度依赖。

其次，要构建多主体参与的共享模式。社区文化活动中心应充分调动社区多主体资源，优化管理体制，促进服务功能和公共文化的深度融合。这里的多主体包括社区管理者、物业公司、社区居民、社区居民所属单位、企业和学校等（刘丹，2013）。值得特别指出的是，2019 年，本书课题组在对上海部分社区文化活动中心的工作人员和居民开展访谈时发现，家庭教育是大多数社区居民参与社区活动的最大动力。因此，社区可以积极拓展与学校之间的合作，引导孩子在日常生活中讨论有关社区的话题，增强孩子的社区意识，进而学会思

考作为社区成员应该以及能够做些什么（Vasconcelos & Walsh，2001）。

此外，通过与社会组织开展合作，也能够解决专业活动管理人才缺少或不稳定问题。例如，2021 年，上海市长宁区北新泾街道联合宁诺宝文化艺术服务中心、上海对外经贸大学会展与传播学院共同策划了"北新泾智能社区美好生活创想节"，2022 年，北新泾街道又和上海对外经贸大学会展与传播学院联合举办了"苏河源金点子创享大赛"，这些活动的开展不仅创新了社区活动的内容和组织模式，学校也在其中发挥了培训社区志愿者、参与社会实践的重要角色。

2. 打破空间边界，拓展中心社会功能

作为社区居民的第四空间，社区文化活动中心的空间配置和规划既需要有合适的舒适物，用于开展娱乐活动所需，又需要与社区环境相连接，为社区居民创建更丰富的日常生活（王春雷，2021）。

因此，一方面，社区文化活动中心要挖掘和连接户外空间，拓展创造日常生活场景的功能，这样不仅能够融入社区居民的生活，还能解决设施设备不完善和使用率低下的问题。例如，宁波东钱湖的一个社区文化活动中心建立在景区老街附近，这不仅能够让游客感受东钱湖的生活气息，也能够让社区居民感受优美的社区环境。

另一方面，积极与相关机关单位、企业联合建设，打破空间边界，融合多种社区服务功能。国外学者 Naji 等（2020）在研究中指出，社区服务协会正在扩大发展社区成员和居民在安全、急救领域的技能方案，希望通过提高居民对卫生和防护的认知，教育和引导居民注重健康的生活习惯和保护环境。在国内，早在 2018 年，为了打通食品药品监管服务和方便市民的"最后一公里"，上海食品药品科普站入驻上海市杨浦区长白社区文化活动中心，科普站设置了阅读区、咨询区、展示区、互动区和服务区，能为市民提供全方位的食品药品科普和咨询等服务。这种模式实际上推动了社区文化活动中心管理机制、公共文化和服务功能三方面的深度融合。

3. 建立社会组织，规范中心管理机制

一方面，可以通过建立社区文化活动中心协会，推进社区文化活动中心的自治、沟通和统一管理。目前，欧美、东南亚的一些国家都设置有社区文化活动中心协会，譬如以色列的社区活动中心协会、沙特阿拉伯的邻里中心协会等，这些协会能够从数据统计、标准制定、问题探讨和人才培训等方面为社区文化活动中心提供服务。事实上，早在 2012 年，上海便成立了上海市社区文化活动中心协会，为上海 200 多家社区文化活动中心的发展提供服务，这也是上海社区文化活动中心一直以来处于领先地位的原因之一。

另一方面，可以通过建立统一的数字服务系统，形成社区文化活动中心的互动机制。统一的数字服务系统能够为社区居民提供更多选择机会，也让社区之间形成良性竞争，进而为社区文化活动中心提供资源整合和活动推广等服务；内部互动机制则可以通过设置类似积分、投票等形式，解决服务对象受限的问题，并为社区招徕更多志愿者，从而维持社区项目和活动的可持续性。

例如，加拿大温哥华的社区项目主要由社区活动中心协会和行政人员共同投票决定，以色列的社区文化活动中心则通过"招生经济"运营社区文化活动，即社区项目或活动的提供或放弃取决于他们自身所能争取的招生人数。通过这样的机制所开展的社区活动，46% 的方案能针对有特殊需求的人群，如街头青年、独居老人和单亲家庭；19% 的节目是针对整个社区的，如庆祝国家节日；4% 是文化活动，如舞蹈、音乐或戏剧（Yeheskel & Hillel，1989）。

《典型实例 6-2》

东明路街道社区党群服务中心的"沙漏型"运行机制

上海市浦东新区东明路街道社区党群服务中心推出了一个"沙漏型"运行机制，许多兄弟单位经常来取经。

什么是沙漏型？就是"N+1+N"。第一个"N"，是指社区党群服务中心融合了新时代文明实践分中心、社区文化活动中心、志愿者服务中心等多个职能部门和条线业务；中间的"1"，即建立一个"社区党群服务中心运营管理领导小组"，下设办公室对接各条线部门工作和内外资源，负责阵地资源统筹与人员分工；最后一个"N"指在办公室下设多个部门。目前，该中心设置了基础业务部、教育活动部和综合保障部，通过"五单"机制运作，形成管理闭环。

比如，2021 年 7 月，中心开展了一场中医理疗活动。基础业务部的工作人员许伊丽负责与街道区域化党建的一家成员单位进行沟通，确定活动场地和时间；教育活动部的陈一雯带领其他成员，制作电子屏宣传海报和撰写微信推送文章；综合保障部的计宇峰与组员们一起，反复修改活动的反馈意见表。

3 个部门平行交互、分工合作，极大地提高了举办各种活动的效率。对上承接多个条线工作，中间由 1 个协调机构统筹管理，对下打破部门壁垒，由多个部门分工协同推进落实。

如今，东明路街道社区党群服务中心每月开展的活动数量达到 300 多场，老人喜爱的义诊、太极拳；孩子专属的涂鸦课、乐高搭建；青年偏爱的瑜伽、自由搏击等活动，都可以在每周的活动安排表上看到它们的身影。日均人流量超 700 人次，居民们经常结伴而来，在这里参加各类活动，其乐融融。

资料来源：浦东新区区委组织部.零距离、嵌入式、接地气……浦东党群服务阵地这样为百姓解决身边难事［EB/OL］.https://dj.shjcdj.cn/djWeb，2021-07-08.

第 4 节　我国社区文化活动中心的常见运营模式

作为一种制度性组织以及集合多种类型资产的社会公共空间，社区文化活动中心是如何对其所拥有的资产进行运营管理的？刘丹（2013）根据不同管理主体在文化服务、管理运作和经费管理等方面的参与特点，将社区文化（活动）中心的运营管理模式分为 3 种，即政府直管模式、社会参与模式和混合管理模式，如表 6-3 所示：

表 6-3　我国社区文化活动中心运营管理模式特点

运营管理模式	文化服务	管理运作	经费管理
政府直管模式	政府直接组织相关文化活动	由政府直接委派机关干部担任中心主任	形成较完备的政府投资渠道
社会参与模式	由政府与民间组织通过契约合作模式提供	由民间组织的负责人担任中心主任	一般由街道办事处全额支付

续表

运营管理模式	文化服务	管理运作	经费管理
混合管理模式	政府与企业合作提供文化服务	由街道或镇政府聘用一名社区文化中心主任	由政府补贴一部分，通过市场化运作自筹一部分

资料来源：刘丹.我国社区文化中心的管理模式比较及发展趋势探析［J］.湖北经济学院学报（人文社会科学版），2013，10（4）：14-16.

1.政府直管模式

是指政府单位直接倡导、决策、投资并参与的自上而下的管理模式。社区文化活动中心是我国基层公共文化服务的落脚点（时湘莹，2014），目前，我国大多数社区文化活动中心主要采用这种模式。

以山东青岛市的社区文化活动中心管理为例，其中心主任一般由社区居委会主要负责人兼任，经费则以政府投入为主。采取此种运营管理模式的社区文化活动中心应该坚持提供公益性服务，相关活动采取免费服务或低偿服务相结合的办法。

2.社会参与模式

这种模式俗称托管模式，最早缘起于1995年罗山市民会馆项目的运作，上海打浦桥街道、石门二路街道以及曲阳街道先后也采用了这种模式，并且取得了良好的社会效益（邓金霞，2014）。社会参与模式主要实行社会化、专业化委托管理，即在文化中心产权不变、公益性质不变、公共财政投入不减的前提下，街道办事处或乡镇人民政府委托具有专业管理资质的机构来运作文化中心。

以上海市黄浦区打浦桥社区文化活动中心为例，该中心的物业管理外包给专业公司负责，社区文化服务则委托给上海华爱社区服务管理中心，后者主要负责中心日常服务项目运作、传统节庆活动的策划和组织以及社区群众文化交流与巡演。同时，建立了由群众、运营单位和街道三方代表组成的管委会和联席会议制度，负责项目审批和确定公共文化服务的基本方向。该中心还十分重视绩效评估工作，在接受打浦桥街道办事处的部门代表、群众文化团队联合会和人大、政协等多方评估之外，还成立了由12名社区居民组成的群众评议工作组。

3.混合管理模式

是政府主导与市场化运作相结合的模式，政府自主管理社区文化活动中心的主要项目运作，同时委托具有专业管理资质的单位，合作运营社区文化活动中心的部分项目。

以上海康桥文化活动中心为例，该中心所属康桥镇人民政府通过与锦辉公司签订合作协议，在经费管理上，由康桥镇政府每年补贴锦辉团队60万元；在行政管理上，由企业与政府共同负责中心的产业运作、物业管理、团队培养和文化服务。其中，政府主要负责制定年度文化工作要求，并设立管委会，锦辉团队则主要通过市场化运营方式整合社会性文化资源，开展文化活动的策划和执行，实现活动载体的创新。

——《典型实例6-3》——————————————————————

成都曹家巷地瓜社区：用产消者计划和活动促活社区

从成都地铁3号线红星桥站出来，走进金牛区恒大曹家巷广场，一栋非常亮眼的现代化建筑映入在眼帘，这里就是著名的曹家巷地瓜社区（DIGUA Community）所在地。作为曹家巷社区党群服务中心，曹家巷地瓜社区在社区公共文化空间设计和社区治理方面在全国享有很高知名度和良好口碑。

图6-2　成都曹家巷地瓜社区外观

曹家巷修建于20世纪50年代，处于成都一环核心位置，三层红砖房是当年成都市的首批楼房，但随着时代变迁、产业结构转型，曹家巷逐渐破败。

2019 年，地瓜受邀为曹家巷社区党群服务中心做整体设计，并建立了成都第一个地瓜社区。地瓜社区创始人、中央美术学院教授周子书认为，"尊重当地真实的生活实践，对社区营造来说极其重要"。通过引入咖啡、酒吧、盖碗茶、糖油果子等业态入驻，地瓜社区对各种群体尤其是年轻人都有一定的吸引力。目前，在社区活动方面，地瓜社区开设有早教、美术、音乐、舞蹈、瑜伽、脱口秀、swing 摇摆舞等项目。

产消者计划是曹家巷地瓜社区保持活力的重要保障，并成为社区的黏合剂。该计划致力于帮助社区居民利用自己的技能为社区提供服务，反过来，又从其他社区成员那里获得其他服务，每个人既是生产者也是消费者，大家都利用自己的技能、经验或资源为社区创造更大的价值，从而形成"社区小经济"治理模式，并增强居民对社区的归属感。换句话说，地瓜社区成功的关键是通过改造闲置的空间，创造更多的公共产品，并打造丰富多彩的活动，吸引更多不同年龄层次的人来到空间。

在社区构建之初，地瓜社区就通过不断地沟通与交流，找到能促活社区的产消者，进而打造各种富有活力的小空间，Mamaland、北门书会、小剧院等都是产消者计划的直接成果。其中，Mamaland（麻麻地）是地瓜社区妈妈们的快乐田，社区里的妈妈们经常在这里组织瑜伽、亲子教育、心理沙龙等各种活动；北门书会是一处具有吸引力的阅读空间，社区甚至周边地区的阅读爱好者在这里定期举办读书交流会；小剧院是社区里最热闹的空间，白天，这里是社区老年合唱团的舞台，叔叔阿姨们会穿上专业的表演服装在聚光灯下排练，晚上，则变成了年轻人跳摇摆舞的舞池、讲脱口秀的场地。

资料来源：

上海格物文化发展研究院 . 格物案例 | 成都地瓜社区——公共文化空间如何成为网红打卡地？［EB/OL］. https://www.163.com/dy/article/H2O5AOK00538K2VR.html，2022-03-18.

一条 . 敢称全国第一的成都社区：大爷街头喝咖啡，大妈和年轻人一起蹦迪［EB/OL］. https://baijiahao.baidu.com/s?id=1711615108823342800&wfr=spider&for=pc，2021-09-22.

中篇　社区活动策划与组织

第 7 章

走进社区
活动

在单位制解体后，居民之间日益陌生，相互之间的关系也变得越来越淡漠和疏远。在这种情形下，社区居委会可以在社区动员中利用关系、感情、互惠和信任来争取人们合作与支持（马明娥，2021）。在一个社区发展的早期阶段，活动和互动不仅产生价值，并且有可能为社区的进一步发展衍生出新的活动与互动（谢雅妮，2020）。

国际著名活动管理专家乔·哥德布莱特（Joe J.Goldblatt）在其代表作《特殊活动：新一代与下一个前沿》（第 6 版）（Special Events：A New Generation and the Next Frontier）的开篇便提出，"正是通过各种特殊活动和庆祝仪式，我们才能持续记录大家共同的历史、我们的朋友和家庭"。通过参与和组织活动，个人能够重塑与群体中其他成员之间的关系，群体也通过活动和互动对个体带来影响。正如一些学者所言，各种庆祝活动好似灵丹妙药（Derrett，2004），具有黏合社区和促进社区复兴的功能，并有利于建立合作、友好、互惠互利、归属和友谊的感觉（Arcodia & Whitford，2006，p.2）。由此可见，活动对于社区建设和治理具有不可替代的重要性。

第 1 节　社区活动的定义

关于社区活动，不同定义所强调的重点不同。有的定义强调社区活动的公共性及其可能给社区带来的整体利益。例如，在著名合同数据与资源平台 Law Insider 上，将"社区活动"（community activities）定义为"面向公众开放，并经由城市管理者批准使用城市街道和人行道区域，或者经所有者或实体同意的，在私人或公共财产上举行的活动。社区活动必须由城市管理者决定，并以提供整体社区利益，并且必须由服务团体或其他组织赞助，而不是由个体企业赞助"。

有些定义则强调社区活动的组织者身份。例如，Townsend（1999）认为，社区活动是由非政府组织组织的小型活动，如社区组织、会员组织。Taks 等学者（2014）将社区活动定义为"尤其是社区组织举办的活动，它们主要依靠当地社区的资源。因此，当地居民在分配资源或接受志愿者项目培训时，必须参与面对面的决策过程"。在某些情况下，当地居民不一定会参与社区活动前一阶段的决策过程，但他们确实参与了活动。例如，一些中小型体育活动旨在吸引社区参与体育运动，这类活动的重点是通过提供适当的活动，吸引残疾人等普通参与者参加社区生活建设（Misener，2015；Taks 等，2014）。

在城市层面，举办大型活动可能会对主办城市的经济、社会等产生持久而深远的影响，如提高城市形象和全球意识、推动旅游业发展、吸引新的投资和创造更多就业机会等。同样，社区活动对于社区建设与发展具有重要意义。Algesheimer 等学者（2005）提出，社区活动最大的特征就是身份认同和联系，高质量的活动可以将社区成员聚集在一起，帮助社区成员找到彼此的共同点，让成员感到共同实践的价值，这有助于建立社区成员之间的联系，帮助社区成员提高对特定社会问题的认知，并自愿为社区贡献个人的才能与资源。

此外，当一个社区的品牌活动拥有较高知名度后，不仅可以作为社区居民共同庆祝的传统活动，还可以变成一种吸引更多投资者或游客参与的工具，从而促进社区的更新。

—《 典型实例 7-1 》—————————————————————

艺术触手可及——东昌新村"艺术进社区"

位于上海浦东新区陆家嘴街道的东昌新村建于 20 世纪 80 年代，是离陆家嘴金融区最近的一个老旧小区。通过开展"艺术进社区"活动，这里发生了巨大变化。

东昌新村的"星梦停车棚"又脏又乱又差，居民路过唯恐避之而不及，如今它以一个崭新的姿态重新出现在居民面前，成为社区的一大亮点。2021 年 1 月 22 日，上海大学博物馆"三星堆：人与神的世界""同款"特展以一种特别的方式出现在东昌新村的停车棚，许多居民都被内部景象吸引了：太阳神鸟金饰、铜兽面、石璧、铜瑗、玉璋……在展架灯箱的照明下，4000 多年前辉煌灿烂的三星堆文化呈现在眼前。

此外，被玻璃罩罩起来的"星梦停车棚"5 个大字和统一更换为白色亚克力立体字号牌的车位号码牌、室外的展览海报巧妙组合，小小的停车棚瞬间拥有了博物馆气质。

除了"星梦停车棚"的展览，距离停车棚几分钟路程的东昌大楼的 7 层也办了一个楼道美术馆。三十多年前，13 层高的东昌大楼是当时陆家嘴的制高点，被作为东昌消防队的瞭望塔，如今，这里已经大变样。策展人王南溟为了这个 50 平方米左右的楼道空间，请来了专业美术馆常用的布展团队，并按照标准美术馆来打造，给楼道天花板铺设电路轨道，装上射灯、电子屏（见图 7-1）。

图 7-1 "星梦停车棚"外景

"楼道美术馆的灵感来源就是想通过这栋楼的变化，反映浦东的发展，唤起居民的共同记忆。展览的主要内容是当时的消防瞭望兵赵解平拍摄的 20 张老照片以及口述史料等。"（见图 7-2）

图 7-2 "粟上海"社区美术馆的彩虹廊道

"通过艺术家的介入，一方面，让居民更能接近艺术，原来艺术高高在上，现在艺术就在身边，触手可及。另一方面，也帮居民解决了一些现实需求，比如停车棚经过整修，空间更加多了，也更亮堂了。这些艺术家的行为反过来促进了居民自我管理意识和家园意识的提升。现在，停车棚的管理和周围的绿化都是居民自发的。"陆家嘴街道社区管理办相关负责人极大地肯定了文化类社区活动的意义（见图 7-3）。

图 7-3　东昌新村小区外的墙绘

第 2 节　社区活动的类型

活动是一个五彩斑斓的世界。尽管所有活动都代表了一种为了一个特定的目的、在特定的时间和地点将人们聚集在一起的场景，但业界和学术界仍根据目的、性质、规模等不同标准，提出了不同的活动类型划分。例如，国际著名节事旅游与活动研究专家 Donald Getz（1997）把经过事先策划的活动（planned events）分为 8 种基本类型，即文化庆典、艺术娱乐活动、会展及商贸活动、体育赛事、教育科学活动、休闲活动、政治／政府活动和私人活动。社区活动一样，也可以按照不同标准进行相应的分类。

一、按活动主题划分

按照活动主题，社区活动主要分为社区文化活动、社区体育活动、社区娱

乐活动和社区教育活动等类型。

1. 社区文化活动

社区文化活动是社区在环境文化、行为文化、制度文化与精神文化等领域开展的活动，常见的形式有文化庆典、科普讲座、书画展、演讲等。通过对《城市社区文化建设与社会主义和谐社会的构建》等相关文献的梳理（杜立捷，2006；张春燕等，2007），可以得出一些基本结论：

社区文化活动本质上属于我国文化事业的范畴，广泛开展社区文化活动，既能烘托城市文化氛围和提升城市品位，还可以在潜移默化之中增强居民对社区的文化认同（谢国峰和韩光武，2021）。社区文化活动往往是由街道和社区自上而下推进的，其中也包括一些由社区组织和居民自发组织的活动，例如社区内定期开展的公益科普讲堂、生活技能培训或心理健康辅导等。

2. 社区体育活动

社区体育活动是社区开展的，以社区自然环境和体育设施为物质基础，以满足社区居民体育需求、增进社区居民身心健康为目的的区域性社会体育活动（肖娟，2009），常见的形式包括广场舞、羽毛球、乒乓球、足球、篮球、登山、趣味运动会等。

社区体育活动鼓励人们参与体育运动和体育实践，能在一定程度上促进居民健康生活，同时有助于增强社区居民之间的社会联系（宋宝婵，2016）。因为其大众性、娱乐性，社区体育活动往往能够吸引众多社区居民参与其中，人们通过在体育活动中相互配合、公平竞争，有助于建立起良好的人际关系。

3. 社区娱乐活动

娱乐是社区活动吸引居民参与的重要因素，也是推广和普及社区文化的催化剂，其主要形式有露天电影、民俗节庆、舞台剧、各种比赛和游戏、音乐舞蹈表演等。而且，在我国人口老龄化程度不断提高的背景下，以社区居家养老为主的老年人群对社区娱乐服务的需求日益增加，老人逐渐成为社区娱乐活动的主要参与者（徐嘉晨，2021）。

4. 社区教育活动

社区教育活动是指面向社区全体成员，旨在提高社区居民整体素质和生活质量的一种有计划、有组织的教育实践，其内容和形式没有固定的框架，可依活动的对象、目的、特点等进行相应设计（林燕玲，2019）。目前，社区经常开展的科学普及和宣传教育活动包括健康咨询、科普讲座、科普图片展、安全讲座、党政思想学习、道德讲堂、生活经验分享等。

大量国内外社区教育的实践经验表明，组织面向社区成员，以促进人的发展为目标的各种社区教育活动，有助于满足人们的多样化教育需求和解决相应的社会问题。

二、按活动性质划分

从活动性质来看，可以根据组织者的公益性和商业性，将社区活动大致分为社区公益活动和社区营销活动两类。

1. 社区公益活动

在社区公益活动策划和组织中，各类非营利组织起着非常重要的作用。作为区别于政府和市场的第三部门，非营利组织正是以公益性和志愿性为其显著特征，其天然使命之一就是策划和组织各类公益活动（李伟梁，2022）。同时，在符合公益性、安全性等前提下，一些企业也通过举办社区公益活动来扩大品牌影响力和提高美誉度。

通常来说，社区公益活动的内容或主题主要包括社区服务、环境保护、知识传播、公共福利、帮助他人、社区援助、社区治安、紧急援助、青年服务、慈善活动、社团活动、文化艺术等。

2. 社区营销活动

在大中城市，市民居住相对集中，大多数居民的日常生活范围都在社区内及附近，这非常有利于企业开展宣传推广活动（陈军等，2004）。因此，"营销活动进社区"逐渐被一些企业视为一种全新的分销方式，越来越多的企业选择在社区开展各类营销活动，作为线下传播的有效手段和线上营销的重要补充。

与其他营销模式相比，开展社区营销活动最接近终端消费者，这使得目标定位更准确、更灵活，市场反馈也最直接（张浩岩，2021）。

三、按参与人群划分

按照活动的参与人群，可以将社区活动分为面向全体社区居民的活动和面向社区特定人群的活动。

1. 全体居民参与的活动

大多数社区活动的参与主体面向全体社区居民。此时，活动参与范围涉及个人、家庭、邻里、朋友、单位、社区等多个层次，参与者在信仰、价值观、行为规范、历史传统、风俗习惯、生活方式、地方语言等方面可能均存在差异，单位与单位、组织与组织、个人与个人、家庭与家庭之间的构成关系较为复杂。

因此，这类社区活动的选题一般要建立在广泛的群众基础上，既有一定代表性，主题鲜明，又具有广泛的群众基础，能适应社区的经济、人群、文化等实际情况，并满足不同类型居民的需要。

2. 特定人群参与的活动

一些指向较为明确的社区活动往往只针对社区中的特定人群，如儿童、青少年、老年人、残疾人、矫正对象、优抚对象、救助对象、流动人口等。这些社区活动的开展与社区的居民特征、社会结构、组织者性质及设施条件等都有一定关联。

这类社区活动的形式和内容取决于特殊群体的实际情况，总体操作原则是要因地制宜，创造独特的活动形式，以满足特殊人群的需要。

—≪ 典型实例 7-2 ≫————————————————

社区活动助力建设儿童友好城市

2022年10月，国家发展改革委等23部门发布的《关于推进儿童友好城市建设的指导意见》提出，到2025年，通过在全国范围内开展100个儿童友好城市建设试点，推动儿童友好理念深入人心。而在全国开展儿童友好城市试点前，浙江省的宁波市北仑区、温州瑞安市等地先行探索儿童友好城市（区）建设，取得了较好效果。

例如，2021年4月18日，儿童议事会在宁波市北仑区新碶街道凌霄社区宣布成立，旨在通过学习交流和参与实践，加深孩子们对公共事务、议事决策、民主制度的理解，并通过家庭参与，增强社区的归属感、获得感与幸福感，进而推动儿童友好型社区建设。13 名儿童代表通过推荐或自荐产生成为首批成员，他们来自社区 4 个居民小区，最小的年仅 6 岁，最大的也只有 14 岁（见图 7-4）。

图 7-4　凌霄社区儿童议事会

"你认为可以怎样发动儿童的力量来推动家庭垃圾分类？""利用现有场地，如何打造儿童成长空间？""你认为社区（小区）里有安全隐患吗？你建议怎么完善？"在一次活动中，区党委书记陈雪波接连抛出多个议题和小朋友们讨论，这些议题涵盖儿童安全、空间友好、文明实践、快乐成长等方面。

"车辆停在地下车库可以避免受风吹雨打。但出入口处存在盲区，车辆驶出时特别危险。我建议在出入口安装凸面反光镜，减少安全隐患。""现在空间有限，可以考虑在绿化带中建设景观小品"……

孩子们根据自身在前期调研中的发现畅所欲言，提出自己的建议与措施，社区会认真考虑孩子们提出的意见和建议，并评估可行性，进而推动有建设性的想法落地。陈雪波认为，儿童是社区的小主人，成立儿童议事会能让孩子们真正参与到社区发展中，不仅可以培养儿童的公民意识和独立思考能力，还能让儿童影响家庭，带动家庭参与社区自治。建设儿童友好城市的受益者不仅是儿童，也有利于吸引和留住越来越重视子女幸福的创业者和建设者，从而造就

更多未来人才。

资料来源：浙江融媒体.北仑新碶有了儿童议事会，小朋友为社区发展提建议［EB/OL］.https://k.sina.com.cn/article_7505202169_1bf584bf902000uee6.html，2021-04-18.

第3节　社区活动组织者

在社区活动管理中，涉及相关机构的策划、组织、宣传动员及执行等诸多工作。总的来说，社区活动更侧重于集体参与，依靠社区成员团结一致的行动，而非个人的号召和指挥，因此，社区活动的组织者往往是与社区居民具有强联系的团体或组织。

一、常见的社区活动组织者

1. 居委会

居民委员会或村民委员会是城市和农村按居民居住地区设立的基层群众性自治组织，主任、副主任和委员由居民选举产生，具有办理本居住地区的公共事务和公益事业，调解民间纠纷，协助维护社会治安，并且向人民政府反映群众的意见、要求和提出建议的职能。

通常来说，社区活动的组织者以当地社区的居委会或村委会为主。在城市，社区居委会是国家的一个单元，是国家治理机构在基层的延伸（马明娥，2021），作为基层群众的自治组织，居委会理应满足当地社区居民的需求，开展相应的社区活动。

2. 社区社会组织

在推动现代公共文化服务体系建设进程中，随着基层社区广泛调动社会力量和非营利性组织参与公共文化服务（陈世香，王余生，2017），越来越多的外部机构和非政府组织积极参与到社区活动的策划和组织中。不同组织机构参与，除了能为社区活动带来资金支持外，也会由于组织理念的不同，为社区活动创造不同的意义。

例如，社区图书馆或社区文化活动中心因为具有丰富的书籍资源、比较完善的硬件设施和多样化的合作渠道，在社区活动的统一规划、宣传、组织中起着积极作用，成为社区活动最常见的组织规划方之一（向子怡、金武刚，2022）。

3. 社区志愿者团体

我国许多城市已建立起社区服务志愿者组织体系，并制定了有关章程和管理办法。各种社区志愿者团体也是开展社区活动的重要力量，常见的活动形式有：（1）社区关爱活动，定期向困难家庭、残疾人和孤寡老人开展打扫卫生、料理家务活动，以体现社会的关怀和社区的温暖；（2）社区清洁活动，定期开展白色垃圾清理、"牛皮癣"清除、不文明行为劝阻和公共设施及绿化的维护等活动；（3）平安社区活动，即各居委会组建义务巡逻队，组织志愿者参加小区和楼栋义务安全巡逻，促进社区的平安和谐；（4）社区助学活动，组织志愿者向留守儿童、贫困儿童开展一对一助学、帮扶活动，并以小学青少年宫为基地，建设农民工子女关爱示范点。

4. 居民自发组织

一些社区居民除了参加社区活动外，也经常会扮演活动组织者的角色。这些社区活动的自发组织者一般是非正式的，是以一定的共同兴趣为基础所组成的团体，往往不以营利为目的，开展公益服务性、文体娱乐性等活动，且在号召力和灵活性等方面更具优势（毛迪，2019）。

居民自发参与社区活动的策划、筹备和服务等工作，能有效调动居民参与社区公共事务的积极性，从而有助于增强社区的吸引力、凝聚力和创造力，推动社区发展和提高居民的社区感（sense of community）。

二、社区活动组织者的主要工作职责

合则立，分则豫。在社区活动领域，虽然有许多不同类型的组织，但社区活动组织者的主要工作是面对居民痛点、策划合适活动，并吸引居民参与和形成社区合力，进而帮助社区居民解决问题和实现共同的目标。

根据 Brightest 组织的观点，社区活动组织者的主要职责包括以下几个方面：

（1）识别和理解社区的问题以及探明现有体系是如何造成这种问题的。

（2）针对社区问题制定一个共享的解决方案。

（3）制订一个周密、可行的活动计划，通常通过行政系统和关系网络来获取集体的力量，以实现预期的目标。

（4）通过相应手段，建立关系，将人们聚集在一起，并指导他们更好地执行计划。

（5）通过培训、行动、媒体关系、建立团结和联盟等策略，使活动计划朝着预期目标前进。

三、社区活动组织者存在的问题

随着社区活动日益受到重视，越来越多的机构和组织参与到社区活动工作中来，社区活动的组织也在逐步完善。然而，我国社区活动组织者仍存在一些问题，主要表现在以下几个方面：

1. 社区活动组织制度化不足

当前，我国社区组织建设体系不健全的现象依旧明显，社区组织建设的制度尚未完善，普遍存在被动、形式化等问题。有些社区虽然在逐步推进社区营造并取得了一定成果，但也存在主要依赖党员、群众力量发挥不足的现象。这容易造成社区活动变成少数人的事，或者为了举办而举办。

2. "关系式" 动员较多

囿于中国城市化现阶段所处的半熟人化甚至陌生化的关系状态，社区内部成员的松散性被加大，从而容易导致居民参与社区活动的积极性不高、社区动员难度大等问题。因此，为了吸引更多居民参与到社区活动中来，许多活动组织者不得不进行 "关系式" 动员，这可能会导致社区活动参与的持续性不强，社区活动参与者缺乏变化和活力等问题。

3. 组织内部成员存在差异性

目前，我国城市社区活动的组织者大多是以居委会为主，而工作人员的背景、技能、年龄阶段不同，甚至观念差异都很大，这就容易导致组织内部人员在活动管理的相关事宜上出现争议，在决策上难以议定，从而降低行动的效率。

四、给社区活动组织者的建议

一个社区要搞好，一定要有非常强的党组织领导的基层组织，把社区各方面的服务搞周到，把群众自治性的事情组织好（习近平，2021）。社区活动的开展是一项复杂的系统性工程，要想把社区活动办得更好，组织者可以从以下几个方面去努力：

1. 与居民进行广泛交流

要想更深入地了解社区的问题所在，知道居民对活动的真正需求，社区活动组织者需要与居民加强沟通交流，明确他们的诉求是什么以及他们面临的痛点。其中，与居民面对面的交谈是最有效的，因为亲自的聆听和交谈可以表明活动组织者是真正关心他们，是值得信赖的。

2. 明确活动与组织的目标

在组织社区活动之前，活动组织者必须明确自己的使命以及活动的目标。目标一般可以分为两类：内部目标专注于组织或社区活动，涉及诸如举办什么样的活动以及活动如何吸引更多人等方面；外部目标侧重于组织希望通过此类活动带来怎么样的变化、解决什么样的问题等方面。

3. 强化组织运行新机制

目前，社区活动组织普遍存在组织秩序欠缺、成员差异较大、制度化不够等问题，因此，构建合适的组织结构、加强组织的规范性运作尤为重要。组织结构过多可能会降低决策效率，组织结构太少又会造成分工不明确等问题，找到组织的领导者与执行者之间的平衡，会让社区活动的开展更加游刃有余。

4. 寻求专业指导

一些社区活动的组织者在开展活动时存在专业素养不足的问题，这时可以借助第三方人员，在专业指导下把活动办得更好。例如，上文提到的上海市浦东新区东明路街道的社区花园营造活动就是引入了第三方的力量，通过专业合理的设计，形成更易操作、环境友善、景观良好的花园建设方案。

—《《 典型实例 7-3 》》—————————————————

多元主体协同治理——日本诹访市"社区营造"活动

诹访市是位于日本长野县南信地区的地方自治体，因为有山有湖有温泉，因而主要产业是旅游业，并有一个知名的酿酒厂。在 20 世纪的社区营造规划中，和日本大多数城市一样，诹访市以铁道枢纽站为中心，建造了一个中心商业街。然而进入 21 世纪后，伴随日本经济不振和少子化老龄化时代的到来，城市中心商业街开始出现萧条，到了 2011 年，诹访中心商业街最大的百货商店及相邻的商业大楼相继关闭。在这种背景下，诹访市社区营造活动的目标开始从街区规划转向城市复兴。

诹访市的社区治理主体多元，并形成了一个 NPO 组织主办、政府和市场提供支持、社区居民为主体、吸引社区外居民参加的开放协同治理体系。可以将活动参与主体分为四类：第一类是活动主办机构，主要包括各类 NPO 组织，如观光协会、诹访姬协会（诹访姬是诹访市吉祥物）、中小企业协会；第二类是活动支持机构，主要包括市役所（自治体的官方机构）、商店街（提供配套商业服务）和酒藏（酒厂）；第三类是活动的关键支持者，主要包括诹访市民、文艺团体、高中生等，负责提供宣传接待、导游解说、纪律维持、安全保障、文艺演出等支持；第四类是活动参与者，包括本市市民、"御柱祭"祭祀活动所影响地区的周边市民以及旅游者。

随着未来城市的进一步开放和流动，除了街区内部的融合力，城市的吸引力还需要表现出对街区外部人与资源的聚合力，因此，诹访市的社区活动积极探索对内对外的更多开放形式，并通过多元主体协同治理不断增强社区吸引力，促进城市社区的进一步发展。

蔡杨. 日本社区参与式治理的经验及启示——基于诹访市"社区营造"活动的考察［J］. 中共杭州市委党校学报，2018（6）：41-45.

第 8 章

社区活动
策划

为什么面对面的连接在互联网时代依然重要？因为有温度的人际关系与接触，能让人们感受到如村落生活般的归属感，它是一个人免疫力、复原力和影响力的真正来源。……我们过去一直轻视的消遣时光——比如跟朋友们在门廊或者餐桌旁谈天说地并非毫无价值，它其实具有极其重要的生理功能（Pinker，2014）。

在社区工作中，往往通过社区活动来解决社区问题并达到工作目的，而一次成功的社区活动需要精心策划。所谓社区活动策划，就是基于对主客体情况的分析，对社区活动进行精心周密的构思和设计，进而全面整合和配置各项资源的过程。一般来说，一次社区活动从策划到实施需要经历 5 个阶段：前期调查研究—确定社区活动目标和主题—策划社区活动方案—具体实施社区活动—总结和评估。如图 8-1 所示：

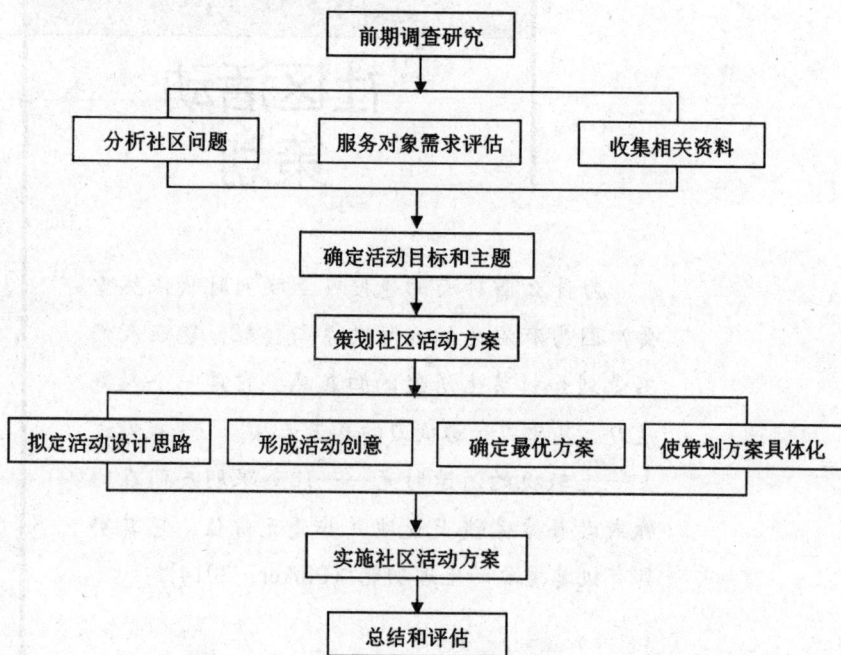

图 8-1　社区活动实施流程

第 1 节　社区问题分析与活动目标

根据活动管理的关键成功要素（KSF），社区活动也要从"为什么"（why）出发，这个"why"就是社区在运营和发展中遇到的问题，它对应的是社区活动要达成的目标。

一、社区问题分析

1. 社区问题的概念、特征及类型

参照社会问题的定义，社区问题（community problem/issues）是指在社区运行过程中，影响社区全体成员或部分成员健康生活，阻碍社区协调发展，引起社区居民普遍关注的一种社区失调现象。社区问题具有区域性、普遍性、社会性、复合性和时间性等基本特征，如表 8-1 所示：

表 8-1　社区问题的基本特征

特征	基本含义	举例
区域性	社区问题往往产生于一定的空间范围内，若超出其特定社区，问题可能就不存在了	小区拆迁问题、产权纠纷、赌博等
时间性	社区问题是随着时间的变化而演变的，在社区改变和发展过程中会不断产生、发展和消亡	城中村的出现、农村社区的空心化等（注：都是在特定时代背景下出现的）
普遍性	社区问题充满了社区的时间和空间，具有一定的普遍性	社区失业问题、不文明行为、物业纠纷等（基本存在于全球各地）
社会性	社区问题就是社会问题在社区层面的表现，其影响对象往往是社区内全体成员或部分成员	社区噪声扰民、环境污染和治安混乱等
复合性	又称多因性，即社区问题经常在一个复杂的环境中产生，不是一个而是多个原因造成的	停车难等问题

关于社区问题的分类，有很多不同标准。比如，按照成因，可以分为社区内因问题和社区外因问题；按照外在表现，可以分为社区人口问题、社区物业问题、社区管理规划问题、社区服务保障问题和社区自治问题等，如表 8-2 所示：

表 8-2　社区问题的主要类型

分类标准	类型	主要内容	举例
成因	社区内因问题	主要是社区要素和社区功能问题	社区房屋、人口、组织和设施设备等不健全或功能失调等
	社区外因问题	主要是指由外部自然和社会等环境引发的社区问题	自然环境、地理区位、经济发展、阶级关系变化等原因引发的问题

续表

分类标准	类型	主要内容	举例
外在表现	社区人口问题	主要是人口变动问题和人际关系问题	社区空心化、社区人际关系疏远化和社区阶级对立等
	社区物业问题	主要存在于新建住宅型社区的物业管理纠纷和房产纠纷	房屋产权及质量纠纷、物业管理水平较差且价格偏高、基础设施配套不全等
	社区管理规划问题	主要体现在拆迁规划、环境卫生管理、治安管理和城市管理等方面	社区布局不合理、环境卫生脏乱差、小区犯罪率高和违章建筑多等
	社区服务保障问题	主要有社区便民利民服务、失业、社区贫困、社区养老、社区医疗和最低生活保障等问题	社区就业难、低保人数多和文体娱乐活动组织不到位等
	社区自治问题	主要表现在社区行政化、居民参与不足和合作治理水平低等方面	居委会行政色彩浓厚

2. 社区问题分析的主要内容

社区活动策划是一个理性的过程，在策划之初，需要对社区问题进行科学分析和评估，特别是要广泛征集相关社区居民或服务对象的想法和建议。总的来说，社区问题分析主要包括以下内容：

（1）描述社区现象。在真正了解社区问题之前，往往需要对社区内存在的不正常现象进行简要、客观的描述，以初步了解存在的问题及所涉及的目标群体。通常可用"5W1H"的方法来概括，其中，"5W"为：What，什么事情或问题；Who，跟谁有关；When，什么时候发生的；Where，发生的地点在哪儿；Why，为什么会出现这种事情或问题；"1H"即How，怎么解决。

（2）开展社区调查。在初步了解"非理想的社会情况"之后，还需要进行进一步的社区调查，其目的在于找出社区问题的症结所在。主要调查内容包括社区地理环境、人口状况、社区资源、社区权力机构、社区文化特色、社区问题和居民需要等。

概括而言，社区调查可分为6个步骤：第一步，确定调查对象，选择调查主题。第二步，制定调查方案，一般包括目标要求、调查内容、调查对象、调查方式、调查时间、资料来源等。第三步，确定调查方式，常用方法包括问卷调查、文献研究法、参与式观察法、访问调查法和焦点小组法等。第四步，组建调查队伍，进行调查培训。比如，可以邀请志愿者、社区领袖、普通居民等参与调查工作。第五步，实施社区调查，收集相关的信息和数据。第六步，对收集到的资料进行汇总分析，起草调查报告。其中，比较常用的社区调查方法有以下几种（如表 8-3 所示）：

表 8-3　常用的社区调查方法

社区调查方法	定义
问卷调查法	问卷是社会调查中用来收集资料的一种常用工具，其用途是测量人们的行为、态度和社会特征
文献研究法	搜集各种与调查内容相关的文献资料并摘取有用信息的方法
参与式观察法	调查者根据工作需要，深入调查现场，通过对调研对象进行直接地察看或测量（通过自身的感觉器官，如眼看、耳闻，或借助各种仪器，如照相机、摄像机等），以获取第一手资料的方法
访问调查法	也称访谈法，就是访问者通过口头交谈等方式直接向被调查者了解社区情况或探讨社区问题的调查方法
集体访谈法	即开调查会，就是调查者邀请若干被调查者，通过集体座谈方式了解社区情况或研究社区问题的方法

（3）界定社区问题。在完成社区调查后，需要根据调查发现对社区问题进行界定，以明确并总结社区问题。界定社区问题的步骤如下：第一步，初定目标群体和问题。其实，在描述社区现象和社区调查阶段已初步确定目标群体和大致问题。第二步，锁定目标群体。可以借用洋葱模型（见图 8-2），由外到内，逐步聚焦和界定目标群体。第三步，通过分析在社区调查中搜集到的数据和资料，验证目标群体及问题。第四步，把社区内存在的问题真实、客观、聚焦地陈述出来。在此，可以借鉴问题陈述 "QQA" 书写组合框架，包括：质性陈述（Qualitative），即问题的具体内容；量性陈述（Quantitative），即问题的严重程度；采取行动的有力依据（Action），即针对问题应采取的行动。

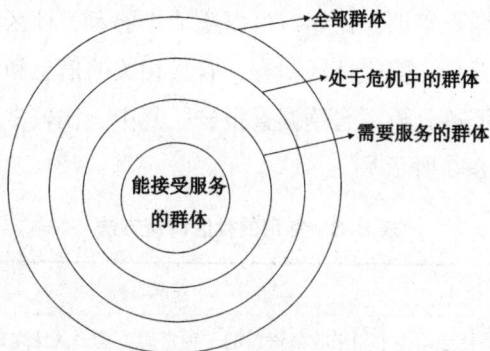

图 8-2　目标人群聚焦同心圆

（4）分析问题原因。即逐层分析问题产生的原因和可能导致的长远恶性后果。这个步骤可以采用"问题树"分析工具，聚焦核心问题，层层分析问题产生的原因，识别重要成因，找准实际需求。同时，分析问题的影响及后果，判断和选择介入方向和策略。

二、社区问题分析与活动目标

1. 活动目标的设定

活动目标为整个活动的策划指明了方向。一般来讲，社区活动目标的设定应建立在以下两个基础之上：一是通过前期的社区调查，对社区存在的问题进行分析，确定社区活动要解决的具体问题；二是通过分析组织者的意愿以及社区居民的价值诉求，来确定社区活动的定位。

如何设定社区活动目标，可以遵循普遍适用的 SMART 原则：

（1）具体性（Specific）。指要用明确的语言清楚地说明社区活动举办要达成的效果。活动目标可以分为总体目标和具体目标，在总体目标统领下，具体目标要细化。例如，如果活动目标是"促进社区居民参与社区治理"，这种描述就很不具体，因为能够促进居民参与社区治理的表现和方式有很多，如参与社区志愿服务活动、为社区建设出谋划策等。

（2）可测量性（Measurable）。对于社区活动目标的可测量性，可以首先从数量、质量、成本、时间、上级或客户满意度 5 个方面来进行。如果仍不能衡量，可考虑将目标细化成分目标后再衡量，如果仍不能衡量，可以将工作流程化，通过流程化使目标变得可测量。例如，活动目标为"加强宣传，进一步壮大社区志愿者队伍，力争将志愿者队伍扩充至 50 人"，若在活动结束后，志愿者队伍的人数增加至 50 人以上，就认为达成了活动目标。这样的目标是可衡量的。

（3）可实现性（Attainable）。指在执行人或社区活动管理团队付出努力的情况下，活动目标是可以达到的。为此，设置活动的目标时，要尽可能团队参与、上下沟通，从而使拟定的目标在组织和个人之间达成一致，保证目标的可实现性。例如，在上班族群体居多的社区举办居民读书分享活动，要考虑诸多问题：他们有没有空闲时间？他们喜不喜欢读书？在空闲时间，他们是不是更倾向于外出游玩？因此，最好的办法是提供相应反馈途径，让居民自下而上地参与目标的制定。

（4）相关性（Relevant）。指社区活动目标与主办方的其他目标是相关联的。如果活动目标与社区发展的大方向完全不相关或者相关度很低，那么即使活动目标达到了，意义也不大。因此，活动目标的设定要切实考虑社区服务对象的需求，使社区工作者、社区居民和社区服务机构之间达成一致。

（5）时限性（Time-based）。指实现社区活动目标的特定期限。社区活动目标的设定要有时间限制，即根据工作任务的轻重缓急，拟定出活动管理的时间要求，并定期检查完成进度，以掌握进展情况和及时调整工作计划。没有时间限制，就会造成考核流于形式或不公平等问题。

2. 社区活动的常见目标

活动目标是对整个社区活动的指引，但不管确定怎样的目标，都必须与社区所处的内、外部环境以及所要解决的社区问题相适应。设定社区活动目标的常见切入点如下：

■ 解决社区面临的紧迫问题；

■ 募集资金等经济效益；

■ 提高社区知名度等社会效益；

■ 活动参与人数、展品数量等规模的增长；

■ 提高社区活动的质量，比如参与者的满意度；

- 推动地方产业发展；
- 带动旅游业发展；
- 促进教育发展；
- 增强参与者的社区认同感、归属感、责任感和参与感；
- 活动的可持续发展（包括绿色活动）。

《典型实例 8-1》

几个社区活动的目标比较

以广州市白云区景泰街道曾组织的一次"珍爱生命，远离毒品"社区宣传活动为例，其目标是"通过此次宣传、预防教育工作的开展，使社区居民对传统毒品和新型毒品有进一步的了解，加深社区居民对毒品危害的认识，并自觉预防毒品犯罪；同时，收集社区中因吸毒滋生的个人及家庭问题，并为之提供支援服务"。该街道举办的"景泰一家亲"亲子活动的目标则是"放松人们忙碌的心情，培养孩子的创造性，促进家庭内部的互动，使亲子关系更加密切；促进邻里关系的发展，营造社区的和谐氛围，加深居民对社区的认同感和归属感"。

同样是禁毒宣传活动，白云区永平街道禁毒办曾经联合永平司法所、晨朗社工在广州市白云区华师附中实验小学开展过一次禁毒主题宣传活动，其目的是"进一步加强校园禁毒宣传力度，让在校学生深入认识毒品的危害，也为广大在校学生牢固树立'珍爱生命，远离毒品'的自我保护意识"，面向的主要对象是华师附中实验小学的学生。

第 2 节　社区活动主题

一、什么是社区活动主题？

对于社区活动而言，主题（theme）就是所办活动要表现的中心思想，它往往是活动策划的开始，有时也泛指活动的主要内容。社区活动的主题好比一个原点，一旦确定，接下来所有的活动环节和元素都要围绕这个主题展开。所以，活动主题往往和活动的目标（why）息息相关。好的活动主题，不仅能赋予活动更多内涵和意义，也可以增强活动对社区居民的吸引力。

例如，2022 年 8 月，首届上海市民社区花园节的主题是"绿草盈盈，飞花入户"，旨在向市民深入科普园艺知识和生态文化，同时增强人人参与实践的技能，提升社区治理水平。同年 9 月，由上海市委党的建设工作领导小组办公室指导，上海广播电视台、新华社上海分社等联合主办的 2022 上海市"美好社区　先锋行动"活动的主题是"我的城，我的家"。活动选择了 16 个典型的基层"急难愁盼"问题，然后由 16 个居村党组织作为行动团队，上海大学专家组成 4 支赋能团队，通过上下联动、条块结合、政学合作、媒体推动等方式，探索破解难题的不同方法。

二、社区活动主题设计的原则

社区活动主题设计就是确定整个活动基调的过程，它关系到活动的整个流程。设计得当的活动主题，有助于反映活动的中心内容。概括而言，社区活动的主题设计应当遵循如下原则：

（1）层次性。由于社区成员的结构、年龄、职业等不同，活动主题的设计和社区活动形式的层次自然也各异。因而在设计社区活动主题时，要充分考虑社区特点和活动目标以及社区成员不同层次的需要。

（2）差异性。在现代社会，随着各式各样的活动不断举办，独具特色的主题才能够吸引更多参与者。这要求社区活动组织者关注社区特点和目标人群诉求，做到因地制宜，设计出独特的主题，以扩大社区活动的吸引力。

（3）前瞻性。对于社区而言，活动主题的前瞻性主要体现在两个方面：一是发现新的活动需求。因为活动需求和社区问题是相辅相成的，发现新的活动需求并及时应对，有助于预防社区问题恶化或产生新的社区问题。二是对未来一段时期内社区变化的科学预测。在进行活动定位时，一定要综合考虑各种要素。

三、社区活动主题设计的常用方法

一个特色鲜明、内容突出、通俗易懂的主题能够直接显现出社区活动的核心价值和主要内容，起到开门见山的作用。总的来说，社区活动主题设计的常用方法主要有以下几种：

1. 与传统节日相结合

这是最常见的社区活动主题设计方法之一。传统节日是珍贵的民族文化遗产，历史悠久且类型丰富，每逢传统节日，民众都会开展与节日主题相符的活动。利用传统节日开展社区活动不仅可以有效促进社区居民进行文化交流，还能增强社区凝聚力。

将社区活动与传统节日相结合时应注意以下几点：一是在保留传统节日特色的同时，要抓住时代潮流，将创新意识融入传统节日中。二是不同社区的文化特色各异，因而要学会因地制宜，尊重并结合社区特有的传统文化。三是要结合社区特点和社区问题。社区活动的根本目的是满足居民需要、解决社区问题和促进社区健康发展，因此在开展此类社区活动时，不仅要结合传统节日的特定活动，还要考虑存在的社区问题。

2. 与各类社区问题相结合

通过社区活动来解决一些常见的社区问题，具有明显优势，并往往能获得较好的回应。因此，社区管理者经常将社区活动与社区问题相结合来策划主题，如"珍爱生命，远离毒品"主题活动、"反家暴，说出来"主题活动、"它，很可爱，可怜没人爱"流浪猫狗救助主题活动等。

此外，为了让居民能够跟上时代发展和变革的步伐，社区还会定期组织一些与近期社会热点有关或突出相关社会问题的活动，如浦东新区惠南镇VR元宇宙体验活动、"分类垃圾，保护环境，打造生态广州城"垃圾分类回收环保活动、"社区防火，关乎你我"主题活动、老年人养生保健知识讲座活动、"爱眼日"主题社区活动等。

3. 与社区辖区内其他组织、机构相结合

在策划社区活动主题时，可以动员、组织和协调各类社区资源，譬如有些社区活动会采取联合组织的方式，与辖区内相关机构合作。例如，与辖区内的医院合作开展"温暖义诊进社区"义诊活动、与政府及居委会联合组织以"弘扬法治精神，推进依法治国"为主题的法制宣传活动、与社区妇女联合会共同开展"迎三八，魅力巾帼巧手插花"妇女节主题活动以及与社区消防部门合作的"社区防火，关乎你我"消防主题活动等。

其实，设计活动主题还有其他一些方法，这些方法不仅有助于社区活动策划者找到更多增强活动吸引力的思路，还能大大提高活动策划的工作效率。例如，David 策划网提出了构思活动主题的 6 种方法，即谐音替换法（一语双关）、品牌词提取法、产品特点提炼法、中英文结合法、笔画设计改变法、场景化表达法。以一语双关法为例，2019 浙江消费促进月启动仪式的活动主题是"浙里来消费　生活更美好"。

≪ 典型实例 8-2 ≫

主题各异的邻里节

邻里节，通常以居住在某个社区及附近的居民群体为活动主体，以促进邻里和谐、推动邻居互动、倡导互帮互助为宗旨。随着我国社会治理水平逐渐提高，各个城市和社区都纷纷举办各种类型的邻里节来丰富社区居民的生活，但因为目标和定位不同，邻里节的主题也各异。

例如，2015 年，福建宁德东侨开发区举办首届邻里节，本次邻里节的主题是"弘扬婚育新风，促进邻里和谐，共创健康幸福生活"，希望通过开展丰富多彩的文化娱乐和宣传活动，营造社区里人人支持和参与生育文明和幸福家庭建设的良好氛围。

2021 年 11 月，黑龙江佳木斯市某社区开展了主题为"邻里和睦、社区和谐"的邻里节活动，旨在弘扬中华民族邻里互助、和睦相处的传统美德，积极倡导健康、和谐、文明、科学的生活方式，为居民提供一个增进了解、联络感情、融洽邻里关系，推进和谐社区建设的重要平台。

2022 年北京第四届"社区邻里节"的主题是"共建和谐美好家园 喜迎党的二十大召开"。丰富多彩的活动在全市同步开展，例如，大兴区以社区治理品牌"家里人"为引领，在全区 259 个社区陆续开展 600 余场活动，引领社区生活新风尚。西城区则以"新邻里"关系为主线，活动内容涉及疫情防控、应

急救灾、议事协商、心理健康、社区文化交流等。

2022年9月，浙江省杭州市上城区举办了以"邻里共富·你我共享——五社联动下构建新型社区邻里关系"为主题的上城首届邻里节。11月，由上城区丁兰街道和杭州市城市土地发展有限公司联合主办的首届桃花湖邻里节活动在丁兰新城拉开帷幕，此次邻里节的主题是"非遗进社区　邻里暖人心"。

第3节　社区活动策划方案

一、社区活动策划的主要内容

在了解并明确社区问题后，社区活动主办方就需要根据社区发展及社区居民的需要策划社区活动的具体内容。总的来说，社区活动策划的主要内容主要包括以下8个方面：

1.社区活动的目标

在设计和策划社区活动时，一定要有明确的活动目标，并在整个活动过程中贯彻既定目标。具体要做到以下几点：（1）清楚界定整个活动方案的服务对象；（2）列出活动的大致内容；（3）明确期望的活动成效，如服务对象参加该活动后产生正向的改变、存在的社区问题得到了缓解或解决等。

社区活动的目标可以分为两类：一类是任务目标，即活动拟解决的特定社会问题，包括完成一项具体的工作，满足社区需要，达到一定的社会福利目标等，如开展垃圾分类知识教育、组建社区志愿者队伍、举办健康知识讲座、为社区独居老人送温暖等。另一类是过程目标，如增强居民解决社区问题的能力、信心和技巧，发现和培育社区居民骨干参与社区事务，增强社区居民合作能力，加强社区居民对公民权利和义务的了解，建立社区内不同群体的合作关系等。

在策划活动目标时，可以先写出此次社区活动的任务目标，再根据活动进程写出社区活动的过程目标；也可以先写此次活动的总目标，再列出每个阶段的分目标。

2. 社区活动的主题

为组织一次有影响力、效果好的社区活动，首先要策划一个特色鲜明的主题。正如上文所述，主题设计的常用方法有与传统节日相结合、与各类主题相结合、与社区辖区内其他组织和机构相结合等。在具体操作时，要注意以下几点：一是要强调前瞻性和先进性，要时刻关注社会热点，以新观念、新道德和新规范为活动内核；二是要考虑社区居民需求，满足其不同层次的需要；三是既要关注特殊性，又要强调广泛参与性；四是要贴近社区居民生活。

3. 社区活动的举办时间

举办时间的选择对活动的成功举办至关重要，因为一旦日期确定，活动筹备就开始进入倒计时，而且时间选择还会影响活动参加人数多少、活动效果的好坏等。在确定举办日期时，要仔细考虑可能存在的所有风险要素。在选择社区活动的时间时，主要的风险要素如下：

（1）社区活动的性质和目的。

主要应考虑以下问题：是否是户外活动（outdoor event）或者有户外的环节？活动是否必须在特定的季节或节日举办？比如中秋节活动应选择在中秋节前；迎新春活动应选在春节前，但不宜选在大年三十、初一等日子。

（2）天气情况。

天气状况对活动带来的影响是不言而喻的，特别是那些户外活动。社区活动策划人要借助权威部门的天气预报等途径，预测所选时间段举办地可能面临的天气状况，分析不同天气情况可能对活动造成的影响，并制定相应的应急计划。

（3）目标观众或听众。

即明确活动希望吸引的目标受众，分析可以通过哪些途径接触到这些目标群体。例如，针对老年居民的社区活动，应选在天气晴朗的日子；针对儿童和青少年的社区活动，一般应选在周末或傍晚。

4. 社区活动的举办地点

对于社区活动举办地点的选择，应优先考虑本社区的辖区内，因为具有距离近、社区居民熟悉当地环境、便于开展活动筹备工作等优点。部分社区设施完善，拥有中心花园、文化活动中心、咖啡厅甚至社区图书馆等，这些都可以作为开展社区活动的场地。

此外，还可以根据社区活动的目标人群和内容，调整活动场地，如开展清明祭奠烈士活动，就可以把地点定在烈士陵园、英雄纪念馆。同时还要考虑目标人群的需求，如举办老年人活动的场地应该具有出入方便、地面平坦等基本特点。

5. 社区活动的创意、形式和内容

活动策划的内容必须新颖、奇特、富有创意，这样才能扣人心弦，吸引足够数量的观众并给他们留下深刻的印象，进而实现活动的预期目标。

（1）社区活动创意。

是活动策划者对活动的总体构想，主要包括社区活动的定位、规划、组织机构、时间、地点、主题、框架、内容等，好的社区活动创意可以为活动设计润色。创意策划是一个再创作的过程，其基本表现是对现有信息进行删减、重新定位、变换个别切入点或注入新的灵感和思想。在这个过程中，需要重点做好原策划、可视化及创意时刻设计等工作。同时，创意策划要充分考虑到前期调研的具体情况，并围绕社区问题及活动目标展开，避免"文不对题"。

（2）社区活动形式。

社区活动策划者可以根据社区活动目标、活动性质、活动对象、具体内容等方面来确定社区活动的形式。常见的有以任务为主题的活动、以游戏为主题的活动、以问题为主题的活动和以项目为主题的活动等形式。其中，以任务为主题的社区活动，目的是让社区居民在单独或彼此协作的情况下完成相关任务，从而提高他们的个人技能。以游戏为主题的社区活动，主要是借助益智性的游戏来开展活动，让参与者在游戏的规则、过程中发现问题、解决问题并有所感悟，同时有助于提升社区凝聚力。以问题为主题的活动是将社区活动置于相关的问题情境里，让居民采用合作的方式解决复杂的问题并获得感悟，形成解决问题和自主学习的能力。以项目为主要形式的学习活动，是将社区居民置身于现实情境中，学习活动背后隐含的知识和解决问题的思路，并以团队合作的方式完成社区活动。

（3）社区活动内容。

社区活动的内容和形式必须与社区的社会、经济、文化等状况相适应，并与社区活动目标相一致。首先，社区活动内容要响应社区居民的实际需要，特别是各类急、难、愁、盼问题。由于社区居民的年龄、职业、爱好、需要等不同，要根据具体情况来设计活动内容。其次，社区活动的内容要以吸引居民参与为前提。能够在实际工作中动员和吸引社区居民参与的活动，才是真实有效的社区活动。

此外，社区活动的内容应该贴近社区居民生活，不仅要雅俗共赏，而且要体现社区特点，这样能够吸引更多的活动参与者，从而促进社区凝聚力、社区认同感和社区归属感的提升。

6.社区活动的宣传

在对社区活动进行宣传时，首先要清楚要实现怎样的目标，宣传对象是谁，要传递什么信息，并利用合适的宣传方式，以达到广泛传播活动信息、树立良好形象并获得更多支持的目的。

主要做法是：运用多种传播媒介和沟通手段，进行多途径传播，让各类公众充分了解社区活动的目标群体、活动形式、活动内容和参与方式，激发公众对社区活动的兴趣。其中，比较常见的社区宣传形式有以下几种（如表8-4所示）：

表 8-4 常见的社区宣传形式

分类标准	类型	主要形式
传播媒介	文字宣传	社区公众号、社区读物、宣传栏/阅报栏、传单、横幅等
	口头宣传	座谈会、入户访谈、报告游说等
	音像宣传	社区广播、音乐、楼宇电视、电梯广告等
	实物宣传	向社区居民发放印有活动相关信息的小礼品等
宣传对象	对外宣传	主要利用一些大众媒介，如微信平台、电视媒体、报刊、相关网站等传播渠道
	对内宣传	社区读物、社区广播、社区网站、社区宣传栏、座谈会等

由于社区活动的针对性较强，因此根据宣传对象来选择合适的宣传方式往往能收到更好的效果。其中，对内宣传的主要对象是社区居民，主要目的是让居民及时准确地了解本次社区活动的主要内容、组织进展和参与方式等情况，以获得社区居民的理解和支持。对外宣传的主要对象是与本社区有关的一切外部公众，主要目的是使其获得关于此次社区活动的相关信息，以形成良好的舆论和社会形象，并为社区争取所需的外部资源。

7.社区活动的物资和经费预算

在策划社区活动过程中，要清晰地列出此次活动所需物资和经费详情，做好物资管理和经费管理。

所谓物资管理，是指在筹备和举办社区活动过程中，对此次活动所需物资的采购、使用、储备等行为进行计划、组织和控制，其主要目的是保证物资充足且能够灵活调动，以保证社区活动的顺利进行，同时又不浪费。为此，需要根据活动的具体内容和参加人次等情况，详细列出所需物资。

社区活动的经费管理主要包括经费筹措和支出预算，应本着节约和"量入为出"的原则，详细记录活动的收入和支出。在经费筹措方面，主要途径有申请政府资金资助、寻求赞助、向社会筹款等，有些发展型和娱乐性项目也可以向服务对象合理收取一定的费用。在支出预算方面，主要包括场地租金、宣传费用、活动道具和材料费、游戏奖品费用、纪念品费用、志愿者午餐补贴和交通补贴及其他杂项等。

以下是 2010 年广州市某社区举办一次迎亚运主题活动的物资和经费预算表（见表 8-5）：

表 8-5　某次社区活动的物资及经费预算

大类	项目	数量	单价（元）	总价（元）	备注
宣传用品	宣传手册				
	横幅				
	海报				
	传单				
	指示牌				
	图片和 X 展架				
	会员通知单				
场地布置	气球				
	透明胶				
	油性笔				
	彩带				
	帐篷				商家提供

大类	项目	数量	单价（元）	总价（元）	备注
游戏用品	飞镖和飞镖板				协会借
	胶圈				
	乒乓球				
	摊桌				
	知识问卷				
礼品	小礼品				
	各种品种饮品				商家提供
工作人员餐饮	矿泉水				
	工作餐				
不可预计支出					
合计					

8. 社区活动应急方案

受各种不确定性因素影响，在举办社区活动过程中可能会出现一些突然发生并需要立即处理的事件，如设备故障、气候突变、安全问题等。因此，提前预测并制订详细的应急方案是非常必要的。社区工作人员在制定活动策划方案时，要充分考虑到各种可能的突发事件，并采取相应防范措施，以确保社区活动能顺利进行。

二、社区活动策划方案（书）的撰写

社区活动策划书是为了使社区活动顺利有序地进行，对社区活动的全部过程和具体实施策略所做的安排的书面化表达，它是实现社区活动预期目标的指南。从一定意义上来讲，策划书就是一次活动的具体流程，即变现活动的策略与计划，因此活动中可能出现的所有因素都要列入策划方案中。

1. 撰写原则

社区活动策划书在社区管理和服务过程中的使用频率较高，是社区成功举办活动的重要保障。在撰写社区活动策划书前，要做好调研工作，对社区情况

有全面的了解。

在撰写社区活动策划方案时，要遵循以下 6 个基本原则（王方，2006）：

■ 主题要单一，与总的社区工作思路相一致；

■ 清晰地说明合作方、参与者、赞助商等利益相关者能从活动中获得的回报；

■ 活动要围绕社区问题和鲜明主题进行，并尽量精简；

■ 策划方案要具有良好的可操作性；

■ 发挥创意思维，让策划方案常变常新；

■ 切忌主观言论。

2. 主要技巧

（1）撰写策划书的准备工作。

撰写策划书的实质就是用现有的知识开发想象力，想清楚在可利用的资源条件下怎样能最好、最快地达到目标，并通过精心组织的文字和图表等表达出来。通常来讲，在撰写社区活动策划书之前，策划人员需要弄清楚以下问题：

■ 社区活动策划的目标是什么？

■ 社区活动策划的依据是什么？

■ 为谁策划（策划的对象）以及谁来策划（策划的有关人员）？

■ 在何处策划（策划的场所）？

■ 什么时候进行策划以及策划的日程安排？

■ 所选择的策划方法是什么，步骤和表现形式如何？

■ 社区活动策划涉及的预算情况怎样？

（2）策划书的封面。

一般来说，社区活动策划书主要分为封面、正文和附录三个部分。其中，封面主要包括 4 个方面的内容：策划书的标题，将策划主题体现出来，让使用者一目了然；策划者姓名，策划小组名称及成员姓名列示出来；策划书编写时间；策划书的编号。

关于社区活动策划书的标题，主要有三种写法：

一是由单位名称＋活动内容＋文种三部分构成，如"××社区元宵游园活动策划书""××社区义卖活动策划书""××社区爱眼日义诊活动策划书"等。

二是由活动内容＋文种构成，如"志愿者服务社区活动策划书""流浪猫狗救助活动策划书""垃圾分类回收环保活动策划书"等。

三是由主标题和副标题构成，其中，主标题是能够突出活动主题的短语或句子，副标题则是注明活动的内容和文种。例如，"关爱进社区，携手创温情——××社区长者活动策划书""奠卫国烈士英雄续中华儿女深——××社区清明活动策划书""梦想社区，在我笔下——儿童书画比赛活动策划书"等。

此外，撰写活动名称时需要注意以下几点：第一，活动名称要紧扣活动主题。第二，活动名称要新奇和富有创意，并充分结合社区特点和居民需求。第三，活动名称要依照对偶、对仗等格式，具有一定文学色彩。

（3）策划书的正文。

社区活动策划书的正文没有定式，但一般包括序言和主体两大部分。其中，序言要概括性地介绍举办活动的背景、策划方法、重要性等；主体主要包括策划过程、活动目标、活动内容（详细方案的构思，如活动名称、活动主题、活动时间、活动地点、活动对象、活动宣传、物资计划、经费预算以及应急方案等）、执行计划、主要创新点、注意事项等。

（4）策划书的附录。

策划书的附录主要是为了补充介绍与活动策划有关的资料，以及其他与策划内容相关的事宜，常见的包括参考文献、案例研究及访谈记录等。如果有第二、第三备选方案，也可以在附录中列出其概要。

── **《典型实例 8-3》** ─────────────────────────

"心系社区，互帮互助"社区活动策划方案

一、活动背景

海晏路社区位于青海省西宁市城西区，该辖区内老人和青少年居多，还有刚从玉树新迁的玉树同胞。为此，我们想通过社区活动，帮助玉树新村的同胞尽快适应当地生活，丰富居民的日常生活，增强他们的幸福感，从而增强社区凝聚力。

二、活动理念

社区优势资源，居民互动参与，畅享幸福晚年，乐享快乐时光，能力建设与提升。

三、活动名称：心系社区，互帮互助

四、活动主题：关心·关爱·帮助

五、活动时间

×年×月×日——×年×月×日

六、活动地点

西宁市城西区虎台街道办事处海晏路社区

七、活动对象

全体社区居民（主要针对老人、孩子和玉树新村居民）

八、活动目标

整体目标：通过活动丰富当地居民的日常生活，提升老人们的生活幸福感，孩子们的生活热情和玉树新村村民的生活信心，增加社区居民之间的交流和互动，增强社区凝聚力。

具体目标（具体内容略）：

1.通过健康知识讲座，丰富社区老人们的保健知识，正确养生。

2.通过手工大赛，激发孩子们的创作热情和积极性。

3.为玉树新村的孩子们安排每周一次的免费课业辅导，夯实他们的学习基础并提高学习成绩。

……

九、活动招募与宣传

招募对象：全体社区居民、辖区机关、社区退休人员、（高校）志愿者

宣传（每种方式的具体内容略）：

1.海报宣传。

2.分发传单。

3.横幅宣传。

4.宣传栏公告。

5.召开居民代表大会。

6. 电台广播宣传。

十、活动内容及形式（具体内容略）

1. 幸福老人服务区：老人健康知识讲座、老人书法比赛、老人象棋技能比赛、老人舞蹈兴趣班、老人互助小组等。

2. 快乐青少年儿童成长区：社区亲子趣味运动会（父母和孩子同时参加）、青春期健康知识讲座、手工制作大赛、走进绿色网吧、走进动画等。

3. 玉树新村关爱区：走进新玉树图书展、民族电影周、课业辅导班、民族舞蹈队等。

4. 分享交流周：畅想幸福晚年、展望美好未来、坚定生活信心等。

十一、预计困难及应变计划（具体内容略）

1. 老年人在参加活动时感到身体不适。

2. 礼品数量有限，难以做到面面俱到。

3. 刮风下雨。

4. 现场秩序混乱和其他意外。

十二、活动评估

围绕活动参与程度、活动效果、居民的反映及态度，采用定性（深度访谈）定量（调查问卷）方法相结合，对本次活动进行综合评估。

十三、经费预算

大类	项目	金额（单位：元）	备注
礼品	纪念品		
	奖品		
宣传用品	海报		
	宣传单		
	横幅		
设备租赁	设备租赁费		
工作人员	午餐费		
	交通费		
	通信费		

续表

大类	项目	金额（单位：元）	备注
	其他		
	合计		

资料来源：谭洛明，庄丽华.社区活动策划［M］.南京：南京大学出版社，2013：78-80.

第 9 章

社区活动
筹备

凡事预则立，不预则废。活动的过程是一次性的，一旦开始就不可从头再来，领导、嘉宾、观众和媒体代表都在现场，出现任何一点小差错都可能让活动效果大打折扣。要避免任何常规性错误，特别是尽可能地避免活动执行过程中可能遇到的各类风险和突发事件，促使活动达到预期效果，就必须认真做好活动的前期筹备工作（王春雷，2018）。

美国项目管理协会（American Project Management Association，APMA）认为，活动部署（event deployment）即根据活动管理计划而开展的实际准备工作，这个阶段的主要内容包括行政部署范畴（administrative deployment）的团队组建（员工获得）、人员培训、设备采购，运营部署范畴（operation deployment）的场地布置、基础设施安装、节目排练，营销部署范畴（promotion deployment）的广告、许可、赞助，安全部署范畴（safety deployment）的合规申请、保险、安全演习等。参照上述知识体系，本章将重点介绍社区活动筹备中的管理团队组建、资金筹措、宣传推广与居民组织、场地选择、物料准备和风险管理计划 6 个方面的内容。

第 1 节　管理团队组建

对于社区活动组织方而言，人力是最宝贵的资源。为此，首先要组建高效融洽的管理团队，以利于发挥团队成员的积极性和创造力，从而为社区活动的开展打下良好基础。对于活动组织机构，人力资源管理就是通过建立一个人力资源规划、开发、利用与管理的系统，帮助实现活动的预期目标，提高活动组织者的竞争力。

一、活动人力资源规划

1. 活动人力资源规划的定义

所谓人力资源规划，是指确定举办一次社区活动对人力资源的需要以及确保社区活动组织者在恰当的时间里在恰当的工作岗位上有一定数量的合格人员的过程。也可以说，人力资源规划是把人员的供给（包括内部和外部）在给定的时间范围内与组织预期的空缺相匹配的系统。对于社区活动，人力资源规划的实施步骤为：

（1）确定活动目标对组织中具体工作的影响。

（2）确定实现活动目标所要求的技能和知识（对人力资源的需求）。

（3）根据目前的人力资源确定追加的人力资源需求（净人力资源需求）。

（4）开发行动计划满足预期的人力资源需求。

通过确定社区活动组织管理的人员需求，人力资源规划可以帮助活动组织方根据规划要求招募活动所需的人员。合理的人力资源规划有利于活动的组织与展开。

2. 工作分析

工作分析是确定并报告与活动的某一项具体工作的本质相关联的有关信息的过程，它能明确工作所包含的任务以及工作承担者成功地完成任务所需的技能、知识、能力和责任。在进行工作分析时，要列出所包含的工作任务并确定成功完成这些任务所必需的技能、个性特征、教育背景和培训。表 9-1 说明了通过工作分析可以获得的一般信息。

表 9-1　社区活动工作分析的基本内容

信息类别	信息内容
工作名称和位置	工作岗位名称和所处的位置
组织关系	对所督导人员数量（如果有）和所督导职位名称的简要说明
与其他工作的关系	描述和概括工作所需要的协作
工作概要	工作内容的简要说明
关于工作要求的信息	通常包括设备、工具、材料、智力上的复杂性以及所需的注意力、身体要求和工作条件等方面的信息

工作分析不仅涉及对社区活动管理工作内容的分析，也涉及对分析结果的报告，这些通常以工作说明书和工作规范的形式呈现出来。表 9-2 概括了社区活动管理工作说明书中通常需要包含的信息：

表 9-2　社区活动管理工作说明书的内容

工作说明书是一种正式的书面文件，通常 1~3 页，主要包括以下内容：
● 编写日期
● 工作状况
● 职位名称
● 工作概要（工作职责提要）

续表

● 工作职责和责任的详细清单
● 所受监督
● 重要联系
● 要参加的有关会议和需要归档的报告
● 能力或职位要求
● 所需的教育和经验
● 职业流动（工作承担者以后可以胜任的职位）

资料来源：Delapa J A. Job descriptions that work［J］.Personnel Journal，1989（6）：156-160.

二、主要角色与分工

对活动服务（event service）的理解有两种：一种是面向活动主、承办方的与活动生产有关的服务，往往由专业服务公司完成，如策划、承办、技术、现场管理、清洁、安保等；另一种是在活动中提供给参与者的各项服务，如餐饮、接待、问询、文印、住宿、旅游、急救等。其中，很多服务要由专业人员来完成，典型的人员包括志愿者、主持人、演讲人、口译人员、速记人员、模特、礼仪小姐（或礼仪先生）、演艺人员、安保人员、清洁人员等（刘春章，2016）。下文主要讨论第一种情况。

在组建社区活动团队时，既可以参考公司活动策划的架构，由社区工作人员组成；也可以雇佣专门的活动／会议管理公司或独立策划人。一旦确定了活动中所需要的工作角色，最好编制一张组织机构图（organizational chart）或者一份员工计划（staffing plan），以设定活动管理团队的结构。这样能让团队的命令链（chain of command）一目了然。

例如，苏格兰城镇视觉艺术节（X-Town Visual Arts Festival）的组织结构如图 9-1 所示：

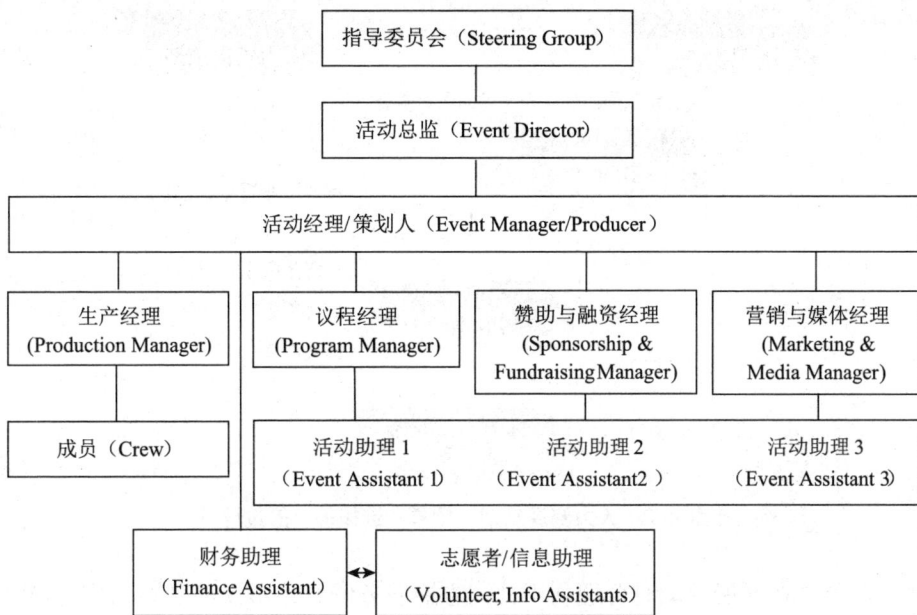

图 9-1　苏格兰城镇视觉艺术节组织结构

三、人员遴选与管理

所谓人员招募，是指在社区活动管理中，寻找、吸引和挑选能胜任工作空缺的合格候选人。图 9-2 是活动项目人力资源规划、招募和选拔的一般过程，说明了工作分析、人力资源规划、招募和选拔过程的关系。社区管理者既可以从现有人员中选拔人员来填补某项职位的空缺，也可以从组织外部招募人员来满足岗位需求，外部招募来源包括社工招聘、工作人员推荐、志愿者招募等。

在招募工作人员时，应严格遵守任人唯贤和量才适用原则。其中，"量才适用"是指根据每个人的专长和能力、志向和条件做到才以致用，各得其所。因此，要对活动管理任务和员工进行研究，明确特定工作岗位对工作人员的要求，并掌握每个员工的能力与志向，使得两者相互匹配，从而使人力资源发挥出最大的效用。

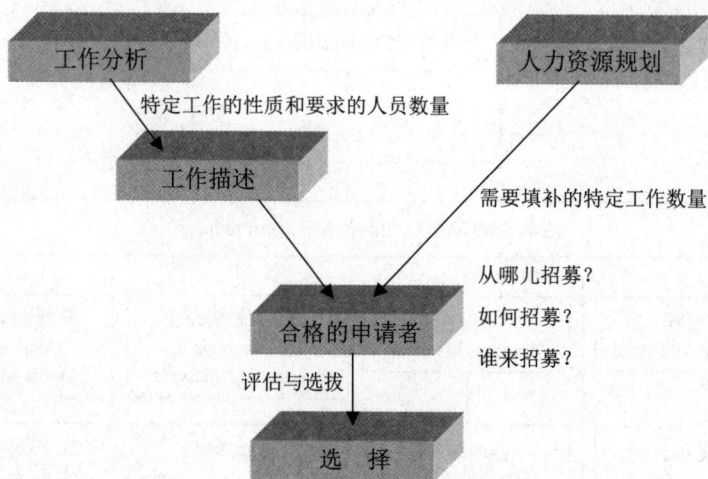

图 9-2　人力资源规划、招募和选拔的一般过程

此外，在开展活动时合理利用社区志愿服务资源，不仅可以提高社区居民对活动精神和志愿服务的认同，更可以加强社区各系统要素之间的互动融合。在志愿者招募文案里，要写清楚志愿者的具体岗位职责、服务形式，服务时间、服务地点、特殊技能等。可以尝试在活动参与者里招募，尤其对活动团队的人和内容比较熟悉的伙伴。

以 2021 年上海市长宁区北新泾街道举办的苏河源·社区美好生活创想节为例，为了推进活动的顺利举办，并吸引更多居民关注和参与，主办方特别制定了本次社区创想节的活动清单和志愿者规则，其中，基本要求包括参加活动启动仪式、至少参与两次活动、至少志愿服务一次活动。

── 《典型案例 9-1》 ──────

2021 上海城市空间艺术季青年志愿者培育计划

为了吸引更多有识之士参与城市理念宣传，彰显志愿服务的公益精神，2021 上海城市空间艺术季特别发起"社区更新种子"青年志愿者培育计划（见图 9-3），旨在以社区作为学习场景，并通过专业培训与朋辈交流，充分发挥青年志愿者们的主动性，为市民提供展览导赏、艺术解读服务。为此，本届艺术季特在上海志愿者网成立"上海城市空间艺术季志愿服务总队"。

为了全力举办好空间艺术季（SUSAS），并给有志于公益活动的青年提供回馈社会、共享交流、展示才华的平台，新华社区的志愿者计划详细阐述了服务地点、岗位职责、服务时间、"我们需要什么样的你"等信息，并且还突出了志愿者收获部分——你将收获什么。

1. 服务地点

上海市长宁区新华路街道（7 个场景体验馆具体位置、公共艺术品位置将在后续详细说明）。

2. 岗位职责

（1）体验馆导赏员。与观众互动，讲解展览，引导参观流线、维护秩序，必要应急处理。

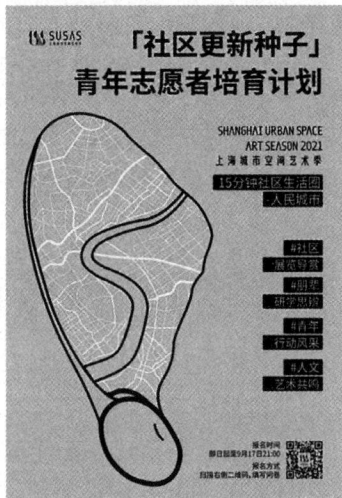

图 9-3 2021 上海城市空间艺术季青年志愿者培育计划海报

（2）公共空间中艺术导赏员：社区公共空间中的艺术作品导赏、巡视维护。

3. 服务时间

9 月 25 日—10 月 7 日（每天有志愿者服务），10 月 8 日—11 月 30 日（双休日有志愿者服务），每日分为 10：00—14：00，14：00—18：00 两场（报名者可自选上岗服务日、场次）。

4. 你将收获什么？

（1）专业赋能、大咖导赏。

你将学习导览礼仪与规范，提升展场服务技能，提高沟通表达能力；

你将与大咖策展人近距离接触，倾听建筑师、规划师、社区营造师的策展思路，提升艺术鉴赏力，了解社区更新与治理的专业知识。

（2）朋辈交流、共学成长。

你将和一群有社会洞察、有公益情怀、有专业素养的青年共同成长；共创导赏词，共商社区生活圈议题，在交流中碰撞火花，在共学中持续进步。

（3）风采舞台、行动天地。

你将成为 SUSAS 的窗口，让更多人了解社区生活圈的上海样本与中国

智慧；

你可通过 SUSAS 平台分享自己的导赏感悟、社区议题的思考，开展社区调研、公众参与活动。

（4）专业认证、适当补贴。

完成 4 场 /2 天志愿服务（时长不少于 16 小时），可获得由上海城市空间艺术季志愿服务总队颁发的志愿者证书和上海志愿者网的积分认证；参与每场志愿服务可获得 SUSAS 定制工作服和适当的餐饮、交通补贴。

5. 我们期待怎样的你

（1）积极主动，热情大方，愿意与人沟通交流。

（2）认真负责，能履行志愿者职责，展现青年风采。

（3）关心城市发展、社区营造、15 分钟社区生活圈相关议题，热爱艺术，有相关专业背景或有意愿学习相关知识。

（4）有类似志愿服务经历者优先（高中生、大学生均可报名）。

第 2 节　资金筹措

社区活动的资金来源渠道是多元化的，其中，政府财政资助和赞助是最常见的。在许多发达国家，来自企业或民间机构的赞助是举办社区活动的主要经费来源，国内社区活动在寻求赞助方面还有很大发展空间。

一、收入来源分析

举办一次特殊的和负担得起的活动是一个复杂的过程。社区活动的资金来源渠道多样，活动策划人必须在预算范围内开展工作。其实，除了政府财政拨款，还有许多可能的资金来源，包括：

（1）公司或协会类基金会。

（2）企事业单位赞助。

（3）来自私人的捐助。

（4）销售有商标的（或特许）商品。

（5）广告费用，如在会议中的横幅广告。

（6）注册费用。

（7）销售横幅广告、官方网页的链接或者当地的媒体平台。

（8）同其他公司建立官方伙伴关系，从而提高他们的产品价格或收益百分比。

通过第一轮的盈亏分析可以完成支出和收入预算，换句话说，即必须明确需要多少收入才能抵补费用。

二、活动融资渠道

常见的活动融资方式有政府财政资助等方式，其中，商业赞助和政府财政资助的使用频率较高：

1. 政府财政资助

财政资助是社区活动最为直接和理想的经济来源，具有安全性、稳定性、可靠性等诸多优点。大型公众活动和小型社区活动得到政府的财政资助是完全可以理解的，因为这些活动在带来经济效益的同时，也会带来明显的社会效益，例如，为所在街道赢得美誉度，为社区营造和谐的气氛等。所以，主办单位可以名正言顺地从政府那儿得到相应"资助"。

2. 企业及民间机构赞助

赞助行为看似是一种非营利形式，但本质上是一种利益交换关系。要想寻求企业和民间机构的资金支持，首先，社区活动要和这些企业、民间机构拥有相同的宗旨、理念和目标，其次，主办方也要提供一定的方式满足赞助人在广告宣传等方面的特殊商业利益。

另外，基金会也可能成为社区活动的重要资金来源。在我国，各类官方、半官方、民间性质的基金会越来越多，大多数基金会不以营利为目的，但每个基金会都有自己的宗旨和目标，活动主办方要以此为切入点，取得他们的支持。

有实力的行业协会有时也会有一些经费为他们的会员提供服务，活动主办方不妨和他们联系，既能争取一部分资金支持，又可以在组织工作中得到协会

的帮助，可谓一举两得。

3. 银行贷款

对于社区活动而言，基本不会遇到需要银行贷款这类情况。

银行贷款主要分为两种：抵押贷款和信用贷款。主办单位一般不像工厂企业那样拥有高额的固定资产，因此要得到抵押贷款基本不可能，除非是由政府主办的大型公众活动。

取得信用贷款的前提条件是寻找担保人，如果一时找不到合适的担保人，可行的办法是主办单位以未来可以预计的收入作抵押向银行申请贷款，如门票收入权、活动场地广告发布权（以相应合同为依据）等。通常，贷款银行可以要求主办单位在其行内设立专用账户，银行将贷款打入此账户，所有支出专款专用，由银行把关；同时，主办单位的相应收入也汇入此账户。银行通过这种办法监督资金的进出，以提高资金的安全性。

三、赞助机会分析与赞助形式

活动赞助是指企业或组织为了扩大影响、增加宣传机会而向社区活动组织者提供资金、实物或服务等支持，而社区则以广告、冠名权、演讲机会等无形资产作为回报的一种商业行为。通过制订和销售赞助计划，社区活动组织者能赢得更多收入。

1. 市场调研与需求分析

作为赞助工作的第一步，活动组织者应从活动的内容、行业关联等角度入手，分析可能对活动感兴趣的企业或组织及其需求，评估其提供赞助的可能性。即站在潜在客户的角度，确定赞助的目的或公共关系等目标，并据此判断活动是否对某个企业或组织有吸引力。在此基础上，研究赞助项目的可行性和有效性，以保证活动主办方自身和客户都能获益。

2. 赞助企业与活动的关联性要素分析

为了优化活动赞助的效果，企业必须将自身的品牌个性和社区活动的精神相结合，只有两者之间有足够的关联，才能使得居民或参加者把对活动的情感转移到企业或产品上来，如果关联度不够，则很容易被受众遗忘，甚至会让彼此的品牌价值产生冲突和抵消。因此，找到品牌与社区活动的联结点是活动赞助能否取得成功的关键（谢耘耕、刘淑云，2008）。

　　3. 活动赞助的常见形式

　　企业或组织赞助社区活动的原因很多，常见的有直接接触目标市场，提升品牌、产品或服务的知名度，塑造形象、推介产品，促进产品销售，建立社区关系等。相应地，活动组织者能给潜在的赞助商提供不同形式的回报。常见的回报方式如下：

　　（1）冠名（title sponsorship）。

　　（2）排他性（exclusivity）。

　　（3）品牌展示（brand exposure）。

　　（4）公众号、社区报纸等媒体宣传（media exposure）。

　　（5）社区报纸、社区电子显示屏、楼宇电梯等广告机会（advertising）。

　　（6）产品销售特权（merchandising rights）。

　　（7）允许发放样品（sampling opportunities）。

　　（8）提供建立关系网络的机会（networking opportunities）。

　　（9）建立长期关系（long-term relations）。

　　（10）招待计划（hospitality opportunities）。

　　（11）准许提供特别制作的产品（product creation）。

　　（12）允许发放额外的资料（additional literature）。

四、赞助方案撰写

　　无论是什么类型的社区活动，赞助方案的内容设计与撰写都要紧密围绕潜在客户的利益而展开。概括而言，一份优秀的社区活动赞助方案需要清晰地回答以下问题：活动举办的背景及主要内容；活动的宣传推广计划；活动赞助方案所针对的对象；赞助的形式及价格；联系方式和签署合同等事宜。

　　此外，工作人员要考虑活动自身的成本。譬如，对于一次总费用为 1800 元的茶歇，至少要将它翻一倍作为赞助支出（注：可能是以现金或实物等形式）。另外，占用员工时间以及使用相关设备的费用也应考虑在内。在实际工作中，许多活动组织者在制定赞助价格时，都偏向于将赞助作为支付成本的方式，而不是考虑以何种方式来增加收入。

第3节　宣传推广与居民组织

酒香也怕巷子深。对于"社区活动"这种特殊产品，要提高其参与性并更好地实现活动目标，需要做好宣传推广工作，而且，如果一个社区活动能抓住其中的某一点予以放大，进而达到广而告之的目的，应该是活动主办方和运营机构都希望达到的目的。

一、宣传推广计划制订

1. 由谁制定

活动的规模与性质将决定由谁来参与营销计划的制订，以及最终将由谁来负责执行该计划。对于一次小规模的活动而言，可能是某一个人全面负责计划的制定，而对于一项大规模的活动，可能需要一个富有专业技能的营销团队。一份成熟的活动营销计划需要责任人与上级组织、资助者及其他合作伙伴进行交流，并寻求合适的建议。

2. 目标市场分析与市场定位

首先，要在市场调研与分析的基础上，确定与活动主题、项目等相匹配的受众。其次，要通过一些关键词或信息的传达，让客户知晓参加社区活动将会得到什么。因为每个活动都有它的亮点，如活动的知名度、核心项目、特殊价值及差异性、活动体验以及特色元素（如场地）等，明确活动的核心优势，然后集中精力突出这一优势，定位才能得以有效开展。

3. 资源分析

制订社区活动营销计划时，要明确可用的资源，主要包括：资金——做出最低的营销预算；时间——因时制宜，在有限的时间内做恰当的事；人力——分工明确，确定相关负责人及可用外援。

4. 确立宣传推广目标

一旦确定了目标受众和可用资源，就可以着手制订详细的营销执行计划，并确立具体的宣传推广目标。此时，可以遵循普遍适用的 SMART 原则：

（1）具体性——目标是否具体？

（2）可测性——怎么衡量目标是否完成？

（3）可操作性——是否有足够的人力、物力及财力支持？

（4）现实性——不要高估任何目标，特别是收入目标。

（5）时限性——能否在有限的时间内完成目标？

5. 制定活动营销策略

活动内容、参与费用、便利性、促销等因素将在很大程度上影响居民的参与意愿和行为，因此，在制定活动营销策略时，对这些因素都应有所考虑，即要制定最为有效的市场营销组合（marketing mix），如表 9-3 所示：

表 9-3　一个社区活动宣传推广计划书范例

前言
活动介绍
➢ 活动名称、Logo，举办日期，地点 ➢ 日程安排 ➢ 组织机构（利益相关者及合作伙伴）
市场分析
➢ 市场调研与评估 ➢SWOT 分析 ➢ 竞争者分析
目标受众
➢ 现有参与者分析 ➢ 潜在参与者分析
宣传推广目标
➢ 简述具体的目标及实现方式、完成时间、完成标准等
营销组合
➢ 简要说明活动的内容、费用、便利性及促销等
推广方法与策略
➢ 简述客户的来源及相应的宣传推广方法 ➢ 审视相关条件（资金、人力及时间）是否能够保证活动的正常进行
意见与建议

二、选择合适的宣传推广工具和媒体

接下来，活动管理团队要做的是选择合适的宣传推广工具，包括相关宣传材料和具体行动等，这取决于活动的营销目标、营销组合以及社区活动组织者对人、财、物资源的拥有情况。常用的工具包括印刷品（海报、传单、议程等）、直接邮寄、媒体广告、网站和公众号通告、户外广告、新闻发布会、宣传大使计划、促销活动和媒体赞助等。

在工作过程中，除了要与设计团队或供应商精诚合作以确保能及时获得各类设计物料外，还需要特别注意以下几点：

1. 制造新闻

在社区活动策划中有一个重要的方法论——借势和造势。简单地说，就是寻找和创造机会，并利用一切主、客观条件借用形势、发挥优势，从而为活动开展营造良好的局面。一个出色的活动策划人懂得如何借势造势，突发的政治事件、公众关注的热点新闻等都能为精明的活动管理专家提供素材。

关于新闻宣传，首先要看是否有必要进行新闻宣传或邀请新闻界人士参加活动。如果有必要，在具体邀请时，应充分考虑宣传推广目标和不同新闻媒体的优缺点。其次，应当协调好主办单位与新闻界人士的关系。

2. 广告宣传

许多社区活动还需要适当投放部分广告，以扩大活动影响力，让更多人了解活动的具体情况。常用的广告媒体主要包括电视广告、户外广告及公众号、DM 传单、印刷品、平面媒体广告等，活动组织者应根据广告目标和活动的具体情况合理选择媒体。

3. 社交媒体

社交媒体（social media）已经成为人们工作和生活中不可分割的一部分。在国内，随着移动互联尤其是微博、微信等社交工具的迅速普及，越来越多的活动组织者开始重视和使用社交媒体，特别是在观众／听众邀请工作中已经积累了不少实践经验。

有效开展社交媒体营销，重在持续生产和传播对受众有价值的内容。此外，社区活动组织者要通过社交媒体，营造适时、实用且对参与者的诉求反应迅速的正面形象。

三、组织居民参加

社区不仅是个人和家庭的社会生活场所，也是较为基础的活动开展地区。因此，如何组织居民参与社区活动，让社区居民参与到社区活动中，是活动组织方需要考量的重要问题。

1.充分发挥头羊的引领带动作用

在组织居民参与的时候，要特别注意社区居民中"领头羊"的存在，引导他们积极参与活动，从而带动起更多居民参与到活动中。同时，在运用社交媒体组织社区居民参与时，要特别注意意见领袖等人群对社区活动的评价，包括介绍、推介甚至抱怨等。

对于处于不同层次、抱有不同目的参与社区活动的居民，应该采取相应的动员方法，如图 9-4 所示：

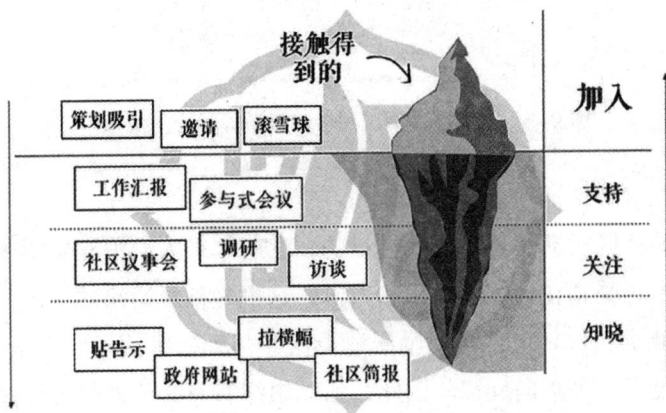

图 9-4　动员居民参与社区活动的常用方法

2.建立长期的居民沟通机制

组织居民参与时要注重沟通的效率和效果。首先，利用社区内的广告牌、阅报栏、宣传栏以及居民间的非正式沟通等方式对活动进行宣传。其次，论坛、微博、微信群、公众号等正在变成社区居民沟通的新媒介，它们在构建新的社区成员关系的同时，也编织起一种新的基层沟通网络（刘淑红，2017），为此，可以通过建立社区居民微信群等社群，及时发布活动信息。同时，要及时答复有关活动的疑问和建议，积极和居民们沟通。图9-5是上海某小区居委会为征求居民对空间改造的意见和建议，邀请居民参加线下讨论会的海报。

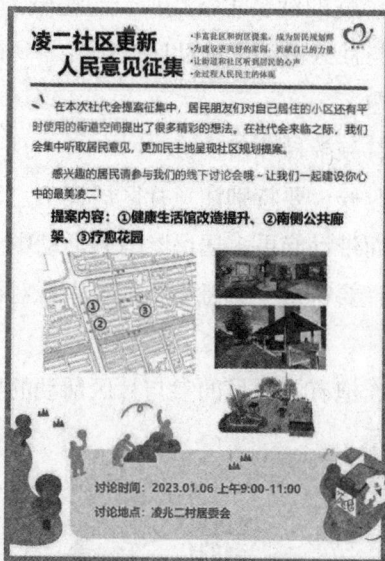

图9-5　某小区邀请居民参加线下讨论会的海报

3. 注重挖掘社区活动的后续效应

一个好的社区活动是可以长期进行的，它能帮助人们消除生活中的压力和痛苦，让居民感受到在集体的欢乐和力量，这也是社区情绪的一部分。社区活动所产生的此类积极效应，将激励居民再次参与到社区活动中来，与此同时，对其他居民也是一种正向反馈。因此，活动组织者有必要通过各种途径，对活动的效果和居民反馈进行宣传。

──《 **典型案例 9-2** 》──────────────────────

用社区活动引导青年发展

2005年，卡特里娜飓风袭击了新奥尔良，人们在灾后重建社区，并且参与各种活动。

在Bauche街的一个节日里，我在一家便利店外遇到了Bouncy Bling先生。

他露着四颗门牙上的金色烤漆跟我打招呼，手里拿着一个小信封。"这是一张免费 CD，亲爱的"，他说。我问他那是什么样的 CD。"哦。这是一个街头说唱的集合，你知道的。"他把长发辫绑在头顶，尝试把手里的一张 CD 递给别人。"我只是在这里传播这个消息罢了。这是一个很好的项目，它有利于青年发展。"

这张 CD 是该市一些青年项目合作计划的一部分，也是一个更大的组织——沉默就是暴力（Silence is Violence）的附属项目。自从 Bling 的朋友几年前因毒品交易失败而被枪杀后，他就一直积极参与这个音乐项目。他是在参观 Bauche 街的社区中心时被引荐参与这个项目的。Bling 意识到，如果他继续之前的"街头生活"，很快也会像他的朋友一样死去。他通过这一社区活动找到了一份兼职工作，顺带做做自己的音乐。

Bling 告诉我："这是一种治疗，你知道的，玩耍和写作。"他喜欢在音乐节的场地上散步，与人交谈，有时还会和在那里遇到的其他音乐人一起进行即兴表演说唱。他说："我很喜欢这种感觉，我还会继续参加社区活动的。"

资料来源：Korsbrekke M H. Taking It to The Streets：Community Events in Post-Katrina New Orleans［D］. University of Bergen，2013，95-96.

第 4 节　场地选择

作为举办社区活动的基础条件，一个与活动匹配度高的场地无疑会让活动本身增色不少。活动场地选择，要根据社区活动的性质、参与者构成、活动规模等因素来确定。例如，针对老年人群体的社区活动需要选择安全、舒适的场地，针对儿童群体的社区活动需要选择好玩、有趣的场地。

一、活动场地的类型

1. 活动场地的分类

正如著名活动管理专家约翰·艾伦（Allen et al.，2005）所说，所谓场地满足活动的需要，不仅体现在观众人数上，还要与活动的风格和氛围相适应。按照功能，可以将活动场地大致划分为 4 种基本类型，每种类型的场地优缺点都不一样（见表9-4）：

表 9-4　常见的活动场地类型

类型	定义	优点	举例
标准场地（standard venues）	为了举办活动而特别设计的场馆和设施	● 成本效益较高 ● 便利（配套服务完善） ● 专业的物流管理 ● 能满足大规模用电需求 ● 配套餐饮服务 ● 有经验的员工	会议型酒店，会议中心，会展中心，体育馆
专用场地（purpose-built venues）	为了某个（类）特定的活动而专门修建的场馆	● 成本效益较高 ● 举办某活动的历史 ● 便利（配套服务完善） ● 为解决特定活动的物流问题而进行专门的设计 ● 通常有大型的电力来源 ● 有经验的员工	网球场，赛车场，交响音乐厅
非标准场地（non-standard venues）	为特殊目的而设计的地方（通常是公共的），但不专门用于举办特殊活动	● 具有美学或历史吸引力 ● 有趣的设计 ● 适中的成本效益（建设目的往往和旅游业有关） ● 训练有素的员工能支持活动的成功举办	博物馆，历史遗址，餐厅，俱乐部
特殊场地（unique venues）	日常可用于举办活动的地方	● 可能位于人流密集的地方 ● 可见性高 ● 可以提供具有设计感或历史意义的环境 ● 拥有一种特殊的氛围 ● 区位得天独厚	住宅，街区，购物综合体

资料来源：Singleton Council. Event Management Best Practice Manual［R］. 2009；EventScotland. Events Management：a practical guide［EB/OL］. http://www.eventscotland.org，2006.

2. 常见的社区活动场地

社区活动的参与者主要是社区居民，因而往往选择社区内的场地，如社区内的文化活动中心、图书馆、咖啡厅或附近的公园、体育馆等。这些场地具有距离近、社区居民对环境熟悉以及便于开展活动筹备工作等优点。常见的社区活动场地有以下 4 种：

（1）社区公园。社区公园或小区中心花园、中心广场等往往具有休闲、娱乐、运动等功能，可供社区及周边居民在闲暇时间进行集会、体育锻炼等活动，且功能也呈现出多样化趋势。社区公园能够为社区居民提供一个促进交流以改善邻里关系的场所，并促进居民身心健康发展，因而经常被作为开展社区活动的场地。

（2）社区体育场。随着社区体育场朝着多功能方向发展，原本简单乏味的单一功能场地模式正转变为可用于承担体育运动、休闲娱乐、艺术展览、交流活动等功能的区域。例如，上海徐家汇的康健社区体育场，拥有"乐活空间"、智能健身苑、智能体测、健身房等空间，并对社区体育场进行了数字化升级，能为社区居民提供便捷、智能、多用途的日常活动场地。

（3）社区图书馆。作为可供社区居民进行资料收集、阅读分享、传递信息的信息交流中心和文化教育中心，社区图书馆具有传播文化信息、开展社区教育、建设社区文化等功能。例如，杭州西湖区杨家牌楼社区文化家园图书馆致力于打造全民阅读"最后一公里"，空间充足、环境优美、藏书量大，经常和其他机构联合举办文化交流等活动。

（4）社区文化活动中心。社区文化活动中心是为了满足社区居民物质生活和精神文化需要而建设的综合体。随着我国城市更新和社区建设的发展，社区文化活动中心所包含的功能和内容越来越多，往往集社区服务、医疗、办公、健身、阅览、咖啡厅、电影、幼教、多功能室等于一体，能为社区居民开展活动提供理想的场所。

《典型实例 9-3》

南龚居民区的多功能社区活动中心

南龚居民区位于上海市长宁区程家桥街道东部地区，管辖 15 个小区，包括 1 个售后公房小区、1 个普通商品房小区、2 个酒店式公寓、1 个将军楼以及 10 个高级公寓别墅区，其中居民多为境外人员。周边还有花园、图书馆、中学、大厦以及丰富的文化资源。

基于社区特点，南龚居民区于 2020 年推出了"南书苑"自治沙龙，积极联动社区居民和资源优势，提升社区服务能力。自"南书苑"成立以来，已经组建了"七彩"物业、"妈妈"议事会、"绿萝"自治小组等自治团队，吸引社区居民参与到活动中来，成效显著。但随着"南书苑"自治沙龙的壮大，活动场地变得越加匮乏。因此，该街道借鉴《上海市 15 分钟社区生活圈规划导则》提出，计划打造一处社区活动中心，以缓解活动场地匮乏的现状。

因为南龚居民区的整体布局呈发散状，所以新建的社区活动中心选址在居民区的中心地带，这样有助于达到辐射整个居民区的效果。该社区活动中心共 300 平方米，设计了户外花园、多功能活动室、图书室、助餐室等空间，以满足"南书苑"沙龙各项活动及居民日常生活的需求。为了打造南龚居民区的独特风格并传播好南龚故事，社区活动中心还将打造一面智慧墙，上面有居民区的地标地图以方便大家了解各类设施布局，旁边还有供居民休息的座椅。此外，社区居民还可以扫描墙上的二维码，了解南龚的故事。

总的来说，这个社区活动中心设施齐全、功能多样，是社区居民开展活动的一个理想选择。待建成开放后，将进一步完善"15 分钟社区生活圈"，为当地居民提供更加安全、舒适、友好的活动和生活空间。

图 9-6 位于上海市长宁区的南龚居民区社区活动中心

资料来源：徐梦露.长宁这个居民区将打造一个多功能的社区活动中心〔N〕.上观新闻，2021-04-06.

二、社区活动场地考察与选择

1. 活动场地选择的基本原则

场地条件将在一定程度上影响活动效果，不同类型的社区活动对场地的要求也有所不同。因此，社区活动策划人员要根据活动的目的、性质、形式和目标人群来选择场地，并详细考察活动场地情况及设施条件。在选择场地时，社区活动组织者应重点考虑以下原则：

（1）场地功能是否可以满足社区活动内容的要求。

（2）活动场地的外观和环境氛围要符合活动的特点。

（3）活动场地的布局要适合活动的组织和管理，并与活动的规模相适应。

（4）活动场地应优先考虑本社区辖区内的场地，且出入要方便、位置要好找。

（5）场地在处理火灾、断电等意外事故方面有必要的应对措施和相应的管理经验。

（6）场地能提供更多综合性服务。

2. 选择社区活动场地的基本流程

活动场地是社区活动构成的主要部分，是吸引社区居民参与活动的重要原因。活动场地的选择和布置是否恰当、是否能够引起居民的兴趣，将直接影响活动参与人数的多少。社区工作人员在选择社区活动场地时，应遵循"以活动目的和目标人群需求为导向"的理念，做到"为社区居民服务"，以吸引更多居民参与到社区活动中来，以提升社区凝聚力、归属感和认同感。

概括而言，社区活动组织者选择场地的过程大致可分为7个步骤，如图9-7所示：

```
┌──────────────┐      ┌──────────────┐      ┌──────────────┐
│  明确活动的目的  │─────▶│   确定活动形式   │─────▶│   明确活动需求   │
└──────────────┘      └──────────────┘      └──────────────┘
                                                    │
                                                    ▼
┌──────────────┐      ┌──────────────┐      ┌──────────────────┐
│   开展实地考察   │◀─────│   拟定备选场地   │◀─────│  考虑社区居民的期望  │
└──────────────┘      └──────────────┘      └──────────────────┘
        │
        ▼
┌──────────────┐
│  评估选择的正确性 │
└──────────────┘
```

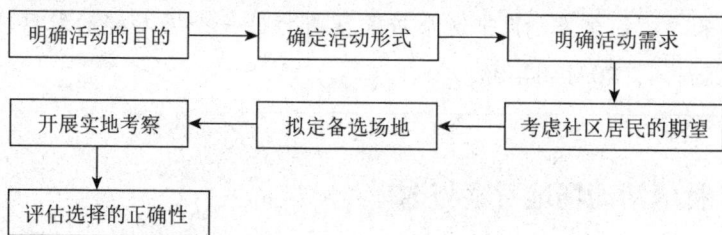

图 9-7　选择社区活动场地的工作步骤

3. 初步选择社区活动场地

即根据社区活动的性质、目的、规模及参与者的需求等因素，初步选择活动场地。其中，要着重考虑活动场地的区位特点、环境状况、设施条件及个性化特色等因素。

（1）区位特点。首先要考虑社区活动举办地的地区特点是否和活动的主题相符。例如，举办开斋节的活动场地适宜选择在回族人口占居民大多数的社区周围；如果是一个涉及多民族的活动，就要注意所选择的场地要避免各民族的禁忌。

（2）环境状况。要考虑场地的环境情况，包括自然环境和人文环境。该地的气候状况、地势状况、治安状况、自然风光、文化特色等都是在选择场地时需要考虑的因素。例如，举办老年人活动的场地应该具有出入方便、地面平坦、自然景色较好等特点。

（3）设施条件。场地的基础及服务设施是在选择社区活动场地时必须要考虑的内容，不同形式的社区活动对场地的设施条件要求不同。例如，以会议为主要形式的社区活动，需要具备投影仪、音响等视听设施。

（4）对场地的个性化要求。不同的社区活动形式和内容设计对场地有个性化的要求，活动组织者应根据社区活动的具体特性，并结合参与者的需求，选择最合适的场地。

4. 社区活动场地考察

对社区活动场地进行初步选择后，下一步就是进行实地考察。考察的主要内容有以下 5 个方面：

（1）基础设施。硬件设施是选择社区活动地点必须要考察的内容，如活动场地的容量是否足够大，是否有活动所需要的各类器材，是否有齐备的照明、视听等现代化设施等。

（2）服务设施。考察内容主要有是否有种类齐全的娱乐设施，公共卫生间及其他公共区域是否干净整洁等。

（3）安全。安全性是考察活动场地的重要内容，主要内容包括：室内活动场地是否设置了火灾报警系统，是否配备灭火箱，是否公开了撤退程序；安全通道状况；安保能力等。

（4）工作人员。主要内容包括：询问处是否全天有人值班；活动对场地工作人员是否有特殊培训要求；警卫人员与服务人员是否友好；场地员工的工作效率如何等。

（5）费用。主要内容包括：考察活动场地的各类收费标准及收费方式，工作日与周末的收费标准是否有所不同；是否可以提供免费使用的工作房间等。

第 5 节　物料准备

物料准备是社区活动顺利举办的重要环节之一。社区活动组织者需要根据活动内容合理预测物料需求，列出详细的物料清单，在后期进行物料制作或采购时要控制好预算。

一、物料的类型

开展社区活动所涉及的物料众多，常见的包括桌椅、桌布、场地装饰等场地用品，易拉宝、展架、海报、条幅、手册等宣传用品，以及灯光、话筒、音响和投影仪等视听设备。出于活动需要，除了这些，社区活动所涉及的物料可能还有很多方面，如表 9-5 所示：

表 9-5　社区活动常用物料类型

分类	主要内容	举例
基础物料	最基本且必不可少的物料，通常只需要向社区提交使用申请即可获得	桌椅、台布、签到本/表、签到笔、地毯等
宣传物料	指在活动前、举办中以及活动后向大家展示活动相关信息的材料	背景板、海报、易拉宝、展架、宣传彩页、横幅、KT板等
设备物料	为了增加活动效果或功能所需要的一些专业设备，大多数需要专门租赁	舞台设备、灯光、音响、摄影、摄像、投影仪等
道具和装饰	用于相关环节和场地布置的器材和物品，对其巧妙安排可以烘托活动的主题和气氛	各种装饰道具、手执道具、消耗道具、实用道具等
礼品	用于游戏环节或向参与者发放的各种物品	奖状、奖杯、伴手礼等
餐饮	为活动参与者和工作人员所准备的饮用水、食品	纯净水、点心、水果、工作餐等

二、社区活动物料准备

1. 预测物料需求

物料需求预测是进行物料制作和采购前的一个必要工作环节，工作人员不仅要考虑所需物料的类型，还要合理预测所需物料数量。准确的物料需求预科既能够保证活动顺利开展，还可以有效控制成本和减少浪费。具体来说，需要考虑以下4个方面：

（1）社区活动内容和环节。需要根据活动的具体内容和环节来确定所需物料，并将每一环节所需要的物料都考虑在内。

（2）社区活动规模。活动规模是影响物料需求的重要因素，主要体现为活动的面积、参加者人数等可以量化的指标。只有确定了活动规模，才能合理预测出所需物料数量。

（3）社区活动的潜在风险。为了保证活动顺利进行，需要认真分析和评估活动的潜在风险，并在物料上做好预防工作。比如，在举办户外活动时，当存在降雨可能时，需要提前准备一些雨伞、雨衣等防雨用品。

（4）工作人员的经验。不妨询问有经验的社工，他们可以为物料的准备工作提供有用建议。

2.社区活动物料清单与预算

接下来，工作人员可以将所需的具体物料、所需数量、库存数量、需采购数量和注意事项等详细列出来，方便同事进行采购。表9-6是社区活动物料准备清单的一个样表：

表 9-6　社区活动物料准备清单

物料大类	库存物品			本次活动需使用	本次活动需采购	单价（元）	总价（元）	备注
	项目	单位	数量	数量	数量			
基础物料								
宣传物料								
设备物料								
道具和装饰								
礼品								

续表

物料大类	库存物品			本次活动需使用	本次活动需采购	单价（元）	总价（元）	备注
	项目	单位	数量	数量	数量			
餐饮								
其他								
不可预计支出								
合计								

需要注意的是，在制作社区活动物料准备清单时，要在保证物资质量达标和数量充足的同时，秉持节约和"量入为出"的原则，避免预算超支。

第6节　风险管理计划

有活动，就有风险。自然灾害、意外事故以及其他未知风险都会影响社区活动的正常举办，因此对风险的识别、分析、评估以及应急方案的制定显得尤为重要。

一、风险管理的总体要求

对于社区活动，风险是指在社区活动举办过程中可能出现各类意外事件或因素，进而导致活动的预期效果与实际效果发生背离的情形。风险可能发生在活动的任意阶段，因此风险管理应该贯穿社区活动策划和组织的全过程，社区活动工作团队的风险管理能力也至关重要。有经验的团队通常能预测到某次活动的常见风险范围、风险发生的可能性，并在此基础上制订出风险管理计划。

所以，在活动策划初期，就要制定好风险管理方案，一旦出现风险，可以立即实施应对，在对风险进行评估和分析的基础上，采取接受、管控、避免、转移等管理措施。

二、社区活动风险管理的基本流程

根据澳大利亚 / 新西兰风险管理标准（Risk Management，AS/NZS4360：2004）等文件和标准，活动风险管理的基本流程包括计划和准备、风险识别、风险承受能力与控制能力分析、风险可能性评估、风险后果评估、风险等级确定、对策建议、反馈与更新 8 个环节。社区活动风险管理也可以参照此工作流程，如图 9-8 所示：

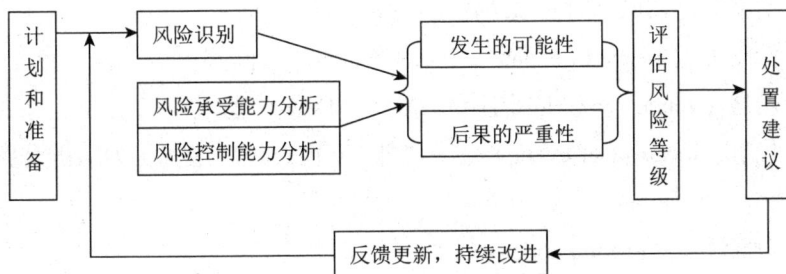

图 9-8 活动风险管理的基本流程

概括而言，可以将社区活动风险管理过程分为 3 个阶段：风险识别与分析、风险评估以及风险防范与控制。目的是尽可能降低风险给活动带来的损失。要想正确预计风险并制定应对措施，要清楚社区活动可能出现的风险、出现的概率有多大、危害有多大，然后才能制定有效的管理方案。

三、社区活动的常见风险与识别

1. 社区活动常见风险

风险具有客观性和必然性、偶然性和不定性、可变性等特点。具体而言，在举办社区活动中，常见风险主要有以下几个方面：

（1）时间方面。主要是特殊节假日、天气因素及上下班时间等对社区活动的影响。

（2）场地方面。比如，空间设置不合理、场地搭建质量不合标、临时构筑物塌方、绊倒等。

（3）人员方面。例如，因为内部工作人员分工不明确造成的影响，与合作方的沟通不一致、宣传不到位导致参与人员数量过少等。

（4）内容方面。例如，社区活动的流程、形式、时间、环节设置等未与相关人员协调一致。

（5）资源方面。例如，奖品及物资准备不足，灯光、舞台音响、投影、话筒等设备故障。

（6）安全方面。例如，火灾、漏电、安保不到位、水电路线故障等。

苏格兰活动办公室（EventScotland，2006）提出，以下因素是活动组织者在分析活动的潜在风险时必须考虑的：

- 活动类型（type of event）——内容特点、时间等；
- 场地（venue）——固定座位 / 站立、容量、通达性 / 出口；
- 位置（location of event）——户外 / 室内、地理区位（如靠近公路、铁路等）；
- 地面环境（ground conditions）；
- 人群（crowd）——基本情况、历史、习惯、无序、蜂拥而来、特殊需要、福利等；
- 天气（weather）——不利条件，如太热、太冷、太湿等；
- 现场内外的车辆运行（vehicle movement）；
- 供应商（contractors）；
- 高空工作（working at height）；
- 结构（structures）——永久和临时性的构筑物、塌方、绊倒等；
- 隔离、障碍墙（barriers）；
- 设备（equipment）——机器生产、设备安全等；
- 电力设备及供电（electrical equipment and supply）；
- 人流管理（traffic management）；
- 停车（car parking）；
- 噪声（sound and noise）——场馆内外、活动前、现场及活动后；
- 烟火（pyrotechnics）；
- 火灾（fire）；
- 爆炸（explosion）；

- 恐怖主义（terrorism）；
- 紧急情况告知（emergency announcements）；
- 安全（security）——观众、员工、场地、现金交易等；
- 药品（drugs）——反兴奋剂、观众情况等；
- 动物（animals）；
- 著名艺术家、高官或其他重要嘉宾（VIP）。

2. 风险识别

作为风险管理的起点，风险识别（risk identification）就是对活动举办过程中可能发生的各种风险进行系统归类和全面分析，以确定风险的来源，并查明何种风险可能影响到活动的正常举办，并将这些风险的特性整理成文档，以揭示潜在的风险及其性质。社区活动风险识别的一般过程如图 9-9 所示：

| 收集记录资料 | ⇒ | 风险的定义及分类 | ⇒ | 制作风险清单 | ⇒ | 填写风险管理表 |

图 9-9   风险识别的基本流程

要想制定科学的风险管理计划，首先需要全面识别社区活动可能存在的风险。具体的，可以根据社区活动的具体内容制定出潜在损失一览表或者风险分析调查表，罗列出在举办活动过程中可能面临的各种常见的潜在损失和风险因素。此外，还可以通过以下 3 种方法来识别主要风险：

（1）流程分析法。即通过一系列流程图来描绘整个活动的全过程，进而借助上文所说的潜在损失一览表，对流程图所展示的各种活动所涉及的财产、责任、人身等方面的潜在损失逐一进行调查分析，从而帮助活动组织者有效识别和鉴定风险，并及时采取相应的对策。

（2）环境分析法。即通过分析内外部环境条件对活动举办的影响，发现风险因素及可能发生的损失。在对各种内外环境因素进行分析时，重点要考虑的是它们相互联系的特征以及一旦因素发生变化可能产生的后果，这样有助于识别活动举办所面临的风险和潜在损失。

（3）分解分析法。是指在活动举办过程中，将大系统分解为小系统，将复杂的事物分解成简单的易于认识的事物，从而识别风险及潜在损失的方法。

除上述几种风险分析方法之外，社区活动组织者还可以采用德尔菲法、头脑风暴法、情景分析法、访谈法、问卷调查法、财务报表法及其他有举办过类似活动经验的组织的记录和文件等来对风险进行分析。

总的来说，组织策划过程、环节内容设置、内外部环境和沟通过程等都有可能造成社区活动的潜在危险，因此要从多个层面进行系统的思考和整理，并倾听各方参加者的看法，尤其是具有丰富经验的社工。对潜在风险进行归纳整理，以便于后期进行风险的评估与防范。

四、风险的评估与防范

1. 社区活动风险评估

风险评估有助于了解风险发生的概率及危害程度，以帮助活动组织者判断各类风险的严重性，并选择有效的应对方法。

对于社区活动而言，风险评估主要包含以下步骤：（1）对活动风险可能发生的时间进行分析，即分析风险可能在哪个阶段、哪个环节上发生。（2）对风险的影响和损失程度进行分析。如果某个风险发生的概率不大，可一旦发生后果十分严重，则须对其进行严格控制，譬如人员风险和灾害风险。（3）对风险发生的可能性进行分析，通常用概率来表示风险发生的大小。（4）对风险级别的判定。导致风险的因素非常多，但活动组织者不可能也没有精力对所有风险予以同等重视，因此就十分有必要对风险划出等级，分清轻重缓急。（5）对风险起因和可控性进行分析。其中，风险起因研究是为预测、对策、责任分析服务的，而可控性分析指有的风险是可控的，如活动的组织风险可以通过周到细致的准备工作来规避或缓解。

社区活动组织者可以运用风险危害分析等级矩阵、故障树分析法、层次分析法、蒙特卡罗模拟法、外推法、计划评审技术、概率分析法等方法来衡量和评估风险，综合判定最值得关注的风险因素，进而制订科学可行的社区活动风险管理计划。

2. 社区活动风险管理计划

活动风险管理计划的基本原则是"内容是可操作的，并在文字上表达清楚"。美国著名活动管理专家泰拉·赫利尔德（Tyra W. Hilliard，2014）博士认为，一个切实可行的活动风险管理计划至少应包括 3 个部分，即风险计划综述、应急预案和支持性文件。

（1）风险计划综述。主要包括社区活动风险计划的目的及目标、风险团队的组成、防范风险的措施、应急团队的组成、备用场地方案、应急团队的培训演练安排等。

（2）应急预案。对潜在风险清单上的任一风险，一旦决定应对的话，就要有相应的应急预案。通常来说，一个应急预案首先需要把各种风险按类型罗列清楚，然后清晰而有条理地阐述对这些风险计划采取的应对办法。

（3）支持性文件。不管是突发情况、危机或灾难，一旦发生，就会对社区活动本身、活动组织方、场地方等带来不同程度的冲击。一个可操作的风险管理计划，能让活动风险管理团队快速找到对策并作出反应，因此，支持性的文件包括但不限于紧急联络人员名单、场地平面布置图、安保措施列表、潜在风险列表、风险资源列表等内容。

3. 社区活动风险管理应对措施

究竟如何处理风险是社区活动组织者最关心的问题。要制定好社区活动风险管理措施，减少事故发生的概率并降低损失。最常见的活动风险管理措施有两大类（见表 9-7）：

表 9-7　常见的活动风险管理的主要措施

方法	分类	主要内容	举例
控制法	风险规避	指有意识地回避某种特定风险的行为，其作用在于它可以将风险降为零	降雨概率较高时，将活动场地改为室内
	损失控制	指通过降低频率或者减少损失来减少期望损失成本的各种行为	活动前进行消防器材检查、应急预防演习等
	风险转移	主要包括出售、分包和签订免除责任协议	将设备的安装、调试和运输等分包给专业公司
财务法	财务型	指通过事故发生前的财务安排，使风险发生后能够得到及时补偿，保证活动顺利进行	提前规划好应急资金
	保险	保险是对付可保的纯粹风险的一种重要风险控制工具	出现风险高的情况下可以考虑购买人身保险

　　上文只是列举了一些常见的风险规避及控制方法。对于社区活动组织者而言，风险管理的经验和技术是在不断实践和总结的基础上逐步积累起来的。在每次社区活动结束之后，工作人员应该认真复盘和总结经验、教训，为之后的活动开展提供相关参考。

第 10 章

社区活动
现场管理

    活动现场管理犹如足球赛场上的临门一脚。然而，无论我们做了多么仔细的计划和准备，各种意外总是不可避免地发生。例如，航空公司的空乘人员决定罢工，一个参会者在舞池里昏倒了，酒店的一间会议室被超额预订了，参加晚宴的人比预期的多……像这样的"危机"随时都会发生，我们必须做好应对的准备（GWU，2005）。

现场管理环节，是活动取得圆满成功的关键。所谓活动现场管理，是指运用科学的管理制度、标准和方法，对活动现场的人力、设施设备、物品等要素进行合理有效的计划、组织、协调、控制和检测，使其达到良好的组合状态的管理过程。活动现场管理、控制和协调的内容十分庞杂，如果处理不当，任何一件小事都有可能引发更大问题。

第 1 节　现场管理的主要内容和基本方法

长期以来，对于活动组织者而言，现场管理一直是一个令人头疼的问题，因为尽管前期做了大量准备，仍然有可能在现场发生一些意想不到的事件。社区活动现场管理计划能否顺利进行，与前期的组织设计、任务分工和风险防范以及现场的分工协作、事故处理等密不可分。

一、现场管理的主要内容

社区活动现场管理具有灵活性、即时性和专业性特点。其中，灵活性指活动现场经常突发一些小事故，因此必须灵活处理，不能影响活动的正常进行；即时性指问题发生和解决的瞬时性；专业性是指专业问题由专业人员解决，比如灯光、音响等设备。

那么，具体要管什么呢？其实，制造行业的相关经验可以供社区活动组织者借鉴。在制造企业生产现场，主要对 6 类对象进行管理，可以概括为 4MEI：（1）人员（man），包括人员的数量、岗位、技能和资格等。（2）机器（machine），包括检查、验收、保养、维护和校准。（3）材料（material）：纳期、品质和成本。（4）方法（method），包括生产流程、工艺、作业技术和操作标准。（5）环境（environment），即作业、施工的环境。（6）信息（information），指作业过程中的信息传递和人员交流[1]。

社区活动管理者可以参照上述框架，对活动现场的人员、设施设备、物料、

---

[1]　资料来源：王春雷，陈小连.活动管理原理、方法与案例［M］.北京：清华大学出版社，2013.

计划、场景和信息等进行合理有效的计划和安排，以保证活动的顺利执行。以下是某次社区活动组织者对活动现场执行管理任务的安排，具体内容包括：

——明确各人员的任务安排

包括志愿服务团队、社区负责人、社区物业以及专业人员等。

——居民参与者的身份核实和活动资格审核

——活动场地布置

包括：宣传布标悬挂、活动位置指引、活动区域划分、音响灯光设备调试等，并结合活动各环节步骤，分别做好对应的区域布置，如桌椅摆放、道具到位、材料分发等。

——现场人流和物流管理与协调

动态疏通现场通道，避免出现人流拥挤、交通堵塞情况，以防止出现踩踏等危险事件。

——协调各项现场餐饮服务及安排

根据活动实际进程，动态调整餐饮准备环节。

——现场突发事件管理

——活动全过程宣传

对于规模大、持续时间长的社区活动，需要安排全过程性宣传，动态性展现社区活动吸引力。

——做好媒体接待与服务

——活动结束后场地撤除与复原

在活动结束后做好场地复原工作，统计活动耗材和物资并且清点入库。

——答谢相关方

在活动现场环节顺利完成之后，要及时答谢活动的主办方、赞助方等，以保持资源的长期有效性。

——活动复盘

及时进行活动复盘，记录实际进行中发生的事项，总结活动经验。

二、现场管理的基本方法

虽然活动现场管理工作的内容庞杂，但仍然是有规律可循的。要做好现场管理工作，社区负责人需要掌握以下基本方法：

1. 编制活动纲要

所谓活动纲要（event rundown 或 onsite work sheet），就是活动现场的详细执行计划或工作流程表（见表 10-1）。编制活动纲要的主要目的是明确活动现场的流程安排与关键工作的分工及相关注意事项，以便指导活动的稳步推进。

表 10-1　一个活动纲要的基础模板

活动基本信息：				
活动名称				
主办单位				
日期				
时间				
地点				
具体日程安排：				
× 年 × 月 × 日（星期 ×）				
时间	工作任务	负责人	检查人	备注
7：30	所有工作人员到位			
08：30—09：00	参与者签到、领取资料			
08：40—09：00	活动开幕式、领导致辞			在活动前一天要再次与第二天早上的致辞嘉宾联系
……				
16：50—17：15	闭幕			
17：15	工作人员告知后续安排			
相关联系人：				
联系人	主要职责		联系方式	

在实际社区活动管理中，很多社区工作人员直接将活动纲要视为经过细化后的"活动日程安排"，如表 10-2 所示：

表 10-2　某社区举办市集活动的日程安排示例

市集名称	浓浓邻里情，年货带回家			
市集主办方	×××			
市集协办方	×××			
市集负责人		联系方式	市集日期	2022.12.13　14：00—19：00
	活动流程		项目分工	
			项目细节	负责人
12：00	引导员签到		设置签到桌，用于志愿者、摊主签到	
12：00—13：00	场地布置。张贴海报、布置地标、摊位号和二维码		志愿者签到，并领取物料和徽章/证书，负责人统筹安排，进行场地布置，市集入口以及特定角落放置社区宣传海报	
13：00—14：00	摊主签到		摊主签到，领取出摊须知	
	店铺引导和布置		场地布置结束，引导员领取摊位图，引导参与者签到并确认自己的摊位位置，帮助布置好店招，提醒参与者扫公众号和小助手	
	主持、摄影、采访签到		主持人领取设备，进行调试，播放暖场音乐。摄影可采集市集前精彩画面	
	主持人预热、音乐就位		主持人热场，做好出摊宣传	
14：00	主持人主持		主持人开场，介绍市集，明确市集意义，鼓励捐赠公益项目	
	摊主集体合影		选取有横幅、背景板的位置集体拍照	
	主持人宣布开市		主持人宣布活动正式开始	
14：00—17：00	深度访谈各位摊主		收集市集现场有趣的故事，为居民撰写赞美文章，鼓励邻居们继续参与，着重了解居民愿意参与的原因、参与的感受等	
	主持		向大家介绍摊位商品，烘托市集气氛，宣传社区小助手和公众号	
	市集直播		直播市集趣事	
	摄影		抓拍摊主家庭的美照、视频、突出邻里互动等	
	引导		引导参观者了解市集	
17：00—17：30	主持人主持颁奖仪式		邀请×××颁发证书	
17：30—18：00	主持人宣布闭市，号召大家清理现场，签到处退还押金，并登记营业额和捐赠额		宣布闭市	
	签到处退还押金并登记		签到负责人，扫码并登记	
18：00—19：00	店铺及场地清理		摊主清理好店铺，志愿者清理场地	

资料来源：如何办好一场社区市集［EB/OL］.https://www.thepaper.cn/newsDetail_forward_4803073.

2. 做好关键角色管理

所谓角色管理，即根据前期的社区活动计划，划分参与本次活动的人员身份，并将其与社区活动现场工作相匹配。一般由活动主办方或社区工作负责人来完成现场人员协调和控制工作，以保证活动顺利进行。

对除居民外参加活动的全体人员进行科学的角色划分，是实现角色有效管理的前提。例如，一次社区活动的主要参与人员大致可分为 7 大类，即活动组织方，社区物业，社区工作志愿者，演员／主持人，舞台／灯光／音响／摄影管理公司等供应商，嘉宾／观众，以及媒体记者。其中，活动组织方包括活动的主办方、承办方和协办方等参与社区活动策划和运作的所有单位和个人；社区工作志愿者主要是社会志愿组织、个人或者是当地居民；社区物业一般能够提供场地、社区设备以及活动安保等服务。无论是从社区活动的顶层设计考虑还是各类事务的具体处理过程中，各角色都需要紧密合作。

一般而言，各类角色的负责人主要完成以下工作：

（1）监督和控制各类人员到场和准备情况，例如，舞台灯光音响是否已经安装调试完毕，演员是否就位，媒体记者的接待是否已安排妥当等。

（2）负责各角色人员之间的信息沟通。

（3）负责解决群体提出的各种要求和出现的各种问题。

（4）及时向项目负责人或现场管理总指挥报告工作进展情况。

（5）处理现场出现的其他相关事务。

对于社区定期开展的活动项目，可提供一个包含不同角色的行动指南，以帮助工作人员明晰自身职责，提升工作效率。以下是一份模板（见表 10-3），活动管理团队可以在此基础上做适当增减：

表 10-3　社区活动现场工作人员行动指南模板

构成	主要内容	备注
封面（cover page）	活动及文件名称、管理团队、举办时间和地点	—
目录（contents page）	—	目录和页码应自动生成
正文（main body）	—	—
目的（statement of intent）	向读者陈述该行动指南的目的	—

构成	主要内容	备注
岗位说明（who's who）	提供不同工作岗位清单甚至所有工作人员的名单，说明各自的角色、职责和指挥系统	
活动介绍（event description）	—议程或活动秩序安排 —平面图 —特别注意事项	场地平面图应说明场地布局、活动场地安排以及厕所、紧急救助、饮用水等设施设备的位置
健康与安全指南（Health & Safety Guidance）	—详细预防措施 —处理健康和安全管理问题的一般流程（具体要根据活动的性质和内容而定）	常见的安全问题有火灾、踩踏、摔跤、紧急疏散等
相关格式报告（pro forma reports）	指服务人员必须完成的相关报告，而且对每份报告的填写、汇报和归档要求有明确的说明	常见的格式报告有： —时间表（time sheet） —物料签收归还表（event property sign in/out sheets），包括工作服、设备等 —意外事故报告（accident /incident report） —其他相关报告（根据具体要求而定）

在社区活动现场工作人员行动指南中，还有一些很实用的表单，如工作岗位说明（见表 10-4）、物资领用清单表格（见表 10-5）等。

表 10-4　活动现场管理工作岗位说明（示例）

岗位名称	主要职责	要求	上级人员
主持人	i.配合并协助节目策划、组织、准备及维护 ii.按照计划，控制节目进程	i.熟悉主持人工作的具体内容，能根据现场情况即兴发挥、调动气氛 ii.普通话标准，口齿伶俐，思维敏捷，有较强的记忆力和应变能力 iii.具有职业道德，台风稳健、大方得体，综合素质较高	舞台导演
活动引导员	i.提前 2 小时到达活动现场 ii.布置场地标识、明确引导路线和需要介绍的活动内容 iii.关注现场人流涌向，动态引流，避免拥堵 iv.遇到突发事件以参与者的安全为第一位，及时处理并上报直属负责人	i.男女均可，23~28 岁 ii.思维敏捷，具有良好的沟通技巧、人际关系处理能力 iii.有处理突发事件的应变能力，有较强的独立工作能力 iv.鼓励社区居民报名参与	现场运营经理
……			

表 10-5　物资领用清单表格（示例）

序号	活动区域	负责人	领用物	数量	领用人	备注

3. 重视工作人员培训

培训旨在帮助社区工作者和临时聘用人员掌握活动管理中所需要的专业知识或技能。此外，当有志愿组织成员参与社区活动时，一般会为志愿者们组织专题培训会，帮助他们充分了解社区情况、活动工作内容、注意事项等，以保证活动顺利进行。

在开展培训前，需要进行需求分析，以明确培训的目的、确定参加培训的人员及数量。就现场管理工作而言，培训的侧重点是针对特定人员的工作内容、标准及技能。

── **《典型实例 10-1》** ─────────────────────────

上海市民政局设立上海市民政干部学校

上海市民政干部学校（上海市社会工作培训中心）是上海市为提升上海社区工作者的知识储备、技能水平和文化素养，从而更好地服务社区而建立的。培训内容种类繁多，依托社区工作者的种类、层级、工作任务的不同而开设对应的课程，并设置考核体系和职业技能鉴定，以推动社区工作者主动参与、积极学习。

据官网显示，该培训中心平均每年培训人数超过 1 万人次，每期培训都邀请党校领导、社区工作专业对口老师或者专业机构领导等为学习者提供高质量的教学。主要培训内容包括：

（1）面向上海民政行业、社会管理和服务、社区建设领域从业人员的继续教育任务。包括岗位培训、业务培训和技能实训等，课程主要划分为党政负责人培训班、处级干部培训班、中青年干部培训班、中层管理人员继续教育班、街镇居村委会主任培训班等。

（2）承担社会工作者的岗位知识培训、实务技能实训等继续教育任务。

（3）承担上海民政行业特有工种职业技能站（所）建设任务。

（4）承担民政相关的课题研究。

资料来源：上海市社工培训网〔EB/OL〕.https://mzj.sh.gov.cn/sg/index.html. 2022-12-16.

4. 选择优质的供应商团队

常规性、小规模的社区活动需要专业供应商参与的可能性较小，一般只需要社区工作者和志愿者即可完成。但当社区活动规模较大，涉及舞台、灯光、摄影、直播等工作时，则需要依托相应的专业人员。如何挑选优质的专业团队？在活动策划和筹备过程中，如果有供应商请求参与到活动中来，此时活动主办方要制订公开严格的资质审查标准，择优录取符合条件的供应商。

大型社区活动需要的专业人员繁多，包括广告设计与印刷、灯光、舞台、试听设备、餐饮、运输、场地搭建、安保、保险、医疗等。因此，当需要服务外包人员时，社区活动主办方需要与其签订有效的服务合同，清楚阐述供应商需要提供的服务内容及交付要求，确保实现预期活动效果。

第 2 节　场地布置与撤除

社区活动现场工作从场地布置开始，到场地复原结束。虽然在日常、小规模的社区活动中，现场布置工作并不烦琐，但精心准备的场景会让居民们耳目一新，从而感受到浓烈的活动氛围。对于社区策划的大型活动，现场布置需要多方面的沟通协调，并依据活动计划把控每一个环节，确保活动正常进行。

一、场地布置

一般而言，社区活动中心、社区公园、社区体育场以及周边广场等空间是社区活动的主要举办场地。依据社区活动类型，场地布置可划分为有座位和无座位两种。此外，活动规模、对专业设备的需求（如直播、投影仪、无人机）

等因素也会影响设备安装等场地布置工作。

（一）常规性社区活动

无论是举办知识讲座、趣味课堂，还是专题展演，首先，社区需要根据活动的主题、内容及目标人群等设计并打印活动主 KV、海报、易拉宝等宣传品，从整体上烘托活动气氛。其次，这类活动需要根据预估参与人数设置座位，并灵活摆放桌椅，确保场地出入口通畅、观众视野清晰。常见的场地布置形式有 6 种（见图 10-1）：

1. 剧院式

剧院式的摆放方式与电影院基本相同，正前方是主席台，面向主席台的是一排排的观众 / 听众席，观众席座位前一般不设桌子。剧院式的布置适合于演出活动、电影放映等不需要书写和记录的活动类型。

2. 课桌式

课桌式与剧院式相似，不同的是课桌式的座位前方会摆放桌子，以便参与者书写、操作或摆放物资。也有一些剧院式场地采用座椅边折叠式写字板为参与者提供方便，我们把这种形式的布置也归于课桌式。课桌式的布置方式一般适用于具有培训、科普等性质的讲座、技能课堂（如编织、陶艺、插花、茶艺、绘画等）等活动。

3. 宴会式

宴会式一般由若干大圆桌组成，每个圆桌可坐 5 ～ 12 人。宴会式布置一般用于中餐宴会、团拜会等团体活动。在社区举办类似共享午餐、花样面点比拼等团体活动时，圆桌能够摆放物品的空间大，而且更易于互动交流。

4. 董事会式

董事会式也称为中空形，即会议桌摆成一个封闭的"口"字形，椅子放置在"口"的外围。董事会式的布置一般用于小型活动，如社区老人慰问活动、小型研讨会等。

5. U 形

U 形是指把会议桌摆放成一面开口的 U 字形状，椅子放置在 U 字形办公桌周围；如需投影，投影仪可以放在 U 形的开口处。在同一面积的会议室，这种形式的布置能够容纳的人数最少。U 形布置一般适用于专家研讨会、社区议事厅等小型讨论活动。

6. 回形

指将桌子摆成方形中空，前后不留缺口，椅子摆在桌子外围；桌子通常都会围上桌裙，中间放置较矮的绿色植物，在前端还有一个专用的小桌子用于放置投影仪。这种布置常用于各类研讨会，另外，可分别在各个位置上摆放麦克风，以便处于不同位置的参会者发言。但这种布置方式容纳人数相对较少，对会议室空间有一定要求。

此外，还有 T 形、E 形、鱼骨形等会场布置类型。无论采用何种形式，都要为活动服务，为居民提供舒适的空间氛围和良好的互动体验（见图 10-1）。

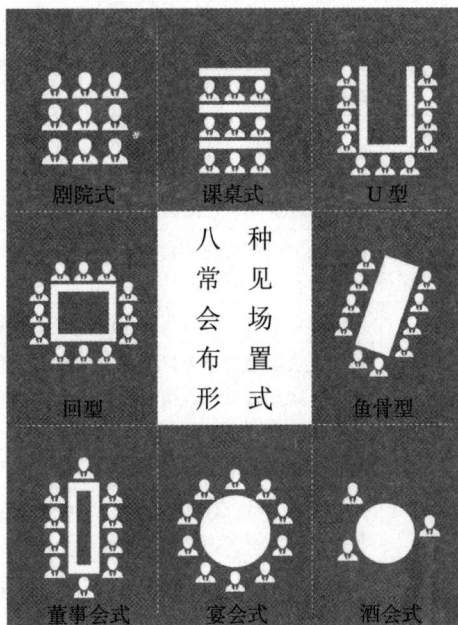

图 10-1　常见的会场布置形式

资料来源：上海环球礼仪企业管理有限公司

在举办居民健身、舞蹈教学、文化展览等活动时，往往不需要摆放桌椅，这时，合理安排设施设备、道具材料、场地装饰、场地平面图、路标指引、安全标识及应急场所是场地布置工作的重点。

（二）特殊性社区活动

有些时候，社区还会联合社会组织、企业等单位合作举办规模较大、内容比较复杂的社区活动，这类活动的场地布置往往需要外包人员的参与，场地布置也会耗费更多时间。以某社区举办某次大型中秋晚会为例，活动的筹备需要3~4个月时间，现场布置需要2~3天时间。场地的区域划分在筹备阶段已经设计完成，在正式布置时，主办方需要监督供应商按照计划布置场地，并高效协调各部门工作。其主要工作内容如表10-6所示：

表10-6　某社区大型中秋晚会场地布置的主要工作内容

	工作项目	工作描述
场地布置之前	到管理部门办理相关手续	到物业、公安、消防等部门报批和备案，并办理有关手续
	与会展设计公司等协调	共同讨论和规划舞台搭建（包括灯光舞美设计、物料运输、会后撤除事宜）
	招募义工、志愿者等服务人员	吸纳社区居民、社会服务者为活动主力，帮助完成现场服务工作
	争取其他机构的支持	争取新闻媒体、社区医疗等机构支持
场地布置期间	场地规划	根据表演内容搭建舞台和布置场景；划分表演区、观看区、候场区、物料区、应急区等区域
	现场施工管理	完成舞台搭建、桌椅布置和话筒、音响等设备接入
	签到台/签到板	根据人员类型设立不同签到处/签到方式：为老人、孩子设立签到处；服务人员、表演团队可采用提前签到时间、电子签到、负责人签到等方式
	张贴标识、海报	对场地划分区域贴有明显标识、路引标识、安全提醒；活动海报
	物品摆放	明确领导人数，合理摆放席卡；每个座位摆放节目单、赞助商宣传手册、矿泉水、果盘、小礼品等物料
	现场安全保卫工作	做好场地布置期间的相关安保工作，如巡逻、执行出入会场管理制度等
	消防和安全检查	当场地布置完毕后，主办单位应陪同消防、安保部门进行全面检查，以便及时发现和处理安全隐患
	清洁工作	间隔安置垃圾投放处，并及时清扫和处理布置中所产生的垃圾
	接待媒体	布置期间可能会有部分媒体前来采访，因而主办方还应安排专人负责媒体接待工作

注：以上工作范围包括室外场地

资料来源：关于大型活动设计的经验清单［EB/OL］.https://www.sohu.com/a/211720230_491282.

二、场地撤除与复原

闭幕式标志着一场活动的结束，但社区活动管理还有一项重要收尾工作——场地撤除与复原。为保证场地能够被重复使用，撤除工作完成后要满足 3 个基本要求：

（1）所有设施设备、临时电源、租借服装等要由对应负责人完成归还交接工作。

（2）分类回收和清点活动消耗的物资，并装箱入库。

（3）将活动场地恢复为原来的样子。

仍以社区大型晚会为例，由主办方委托服务商设计搭建的舞台、背景板、灯光、音响等由服务商统一撤除；社区负责人需要安排志愿者对活动现场海报、桌椅、指引标识等物资进行归纳整理，回收可循环使用物资并入库登记；消防、安保、医疗急救等服务部门及时撤除本部门负责的设施设备；最后的场地清洁工作由社区物业、义工、志愿者等共同完成，并恢复那些因活动而临时搬离、撤除的设施。

三、配套服务

在场地布置和撤除期间，活动主办方应该积极与场地方协调，为服务商、观众、媒体记者、表演团队等活动参与者提供相关配套服务，如出入门证管理、餐饮服务、保安服务和消防管理等。

值得强调的一点是，许多活动组织者容易忽视活动布置和撤离期间的餐饮服务，认为活动还没有正式开幕，这些事情应由活动参与者自己解决，但完善的配套服务管理是活动顺利举办的有力保障，并可赢得良好的口碑，培育忠诚的活动参与者。

第 3 节　人流与物流管理

有趣的活动往往会吸引众多居民参与，人群分布可能会产生局部密集的现

象，有产品展示和销售性质的活动还涉及展品、物料等物品的运输问题。因此，要合理规划活动中的人流、物流通道。马拉松比赛等大型群众活动的人流、物流管理能为社区活动提供经验借鉴。简单地说：首先，明晰人流、物流来源和类型、场地交通道路分布；其次，细分人群和物品类型，提供专属服务，提升活动效率；最后，活动管理团队需要规划人流和物流指引，设置应急疏散通道，并且让每位工作人员都知晓。

一、报名和签到管理

1. 报名管理

社区活动通常会提前 1~2 周甚至更长时间进行预告，并发布活动预约二维码或提供线下报名渠道，报名截止时间通常是活动正式开始前 2~3 天。有时因为场地制约、活动类型等原因，会设定参与门槛或限制参与名额。报名表的内容通常包含：

（1）姓名。

（2）年龄。

（3）职业。

（4）联系方式。

（5）居住小区/楼栋/室。

（6）一同参与活动的成员。

（7）具体活动项目的选择。

通过活动前期宣发，活动组织者可以初步确定参与社区活动的人员名单，进而提前沟通和核对报名成员信息、告知活动相关事项，并确定最终参与名单。

2. 签到服务

签到服务会直接影响参与者对活动的第一印象。活动管理团队需要提前做好签到的相关准备工作：

（1）准备好签到桌、签到表、签到笔、易拉宝及活动手册、纪念品、资料袋等物料。

（2）安排足够的工作人员，并分发志愿者服装。

（3）如有必要，提前安装电子签到设备。

活动当天，在签到服务区需要大量工作人员进行签到引导、物料分发和活动讲解，一般由在筹备期招募的活动志愿者、社区义工或本社区居民负责。为方便活动参与者，签到类型可根据参与人群划分特定签到处，或采用多样化的签到方式，以有效分流人群，避免活动入口拥堵。在签到服务中可能还涉及演讲人、新闻媒体等嘉宾的餐饮和交通等安排，此时需要工作人员提前进行沟通和确认。

二、人群管理

1. 密集人群安全管理

人的好奇心和从众心理会驱使其走向人群密集的活动区域，在社区活动中也会出现人群分布不均甚至拥堵等现象。最典型的事故就是群体性踩踏事件，人们往往是因为不知道前面发生了什么，出于好奇而盲目往前拥挤，一旦发生危险或者感知到危险，又会慌不择路地逃离。另外，社区活动中有低价限时销售、免费领取等环节时，也会引发大量居民聚集，当商品售空 / 礼品送完时，排队的人群就会不欢而散，对活动整体印象也会大打折扣。

社区活动的密集人群管理涉及人群预测、人流引导、项目预估、预警系统和应急疏散等工作。为此，活动主办方要提前做好风险评估，对活动场所的容量进行估算，对可能参加的人群规模进行预测，为吸引力强的项目分配更多现场管理人员，同时充分运用实时视频监控系统等科技手段，一旦人流通道发生堵塞，就要迅速通过现场指引、广播等方式，及时引导人群疏散。

2. 排队管理

排队管理是指控制和管理服务等待的时间，包括针对预期的参与者数量和到达时间，配备必要的服务设施，确保必要的服务接待能力，尽量缩短活动参与者等待时间，努力满足其等待的心理需求和期望。在社区活动中，排队管理可能涉及签到、领取物资 / 装备、餐饮服务或参加娱乐项目等环节。

Metters 等学者（2004）认为，对于顾客来说，人们感知到的等待通常比实际等待时间更重要。例如，空闲无聊的等待比有事可做的等待时间显得更长，不确定的等待时间比确定的时间显得更长，单独等待的时间比群体等待的时间感觉更长，不公平的排队规则会让等待时间显得更长。因此，应当通过创新方式来减少参与者感觉中的等待时间。对于社区活动的排队管理，现场管理人员需要综合考虑以下因素：

（1）将会出现多少队列？

（2）队列何时形成，是立即形成，还是经过一段时间以后形成，是规律性的形成，还是只在高峰期形成？

（3）如何减少可觉察的等待时间？

（4）是否安排了足够的接待人员、人群控制人员、安全保卫人员？

（5）在活动现场有哪些急救措施？紧急通道在哪里？

（6）各种标识是否清晰？

（7）遮阳（雨）等防御设施是否齐备？

（8）人群友好路障和隔断是否就位？

3.特定群体服务

（1）演讲嘉宾接待与服务。

对于社区活动，嘉宾一般是指致辞嘉宾和专家、演讲嘉宾。致辞嘉宾一般是社区管理层、社区所属上级领导或联合主办单位领导；专家或演讲嘉宾则是应邀参加活动的各行业主管部门、科研院所、协会/机构或企业等单位的专业人士。大多数情况下，社区会争取获得嘉宾的公益演讲，无须支付演讲费，但为保持长期稳定的合作关系，活动主办方会准备活动礼品、给予交通补贴费用、提供午餐等服务。

以社区科普活动为例，社区活动负责人应根据活动专题需要提前邀约嘉宾，并告知相关信息：

—— 活动举办背景及主办方；

—— 活动日期和地点；

—— 彩排日期和地点；

—— 演讲日期、时间、地点；

—— 演讲主题和持续时间；

—— 出席活动的观众数量统计和估算；

—— 场地视听设备安排和演示要求；

—— 个人简介；

—— 如果合适，提供其他演讲者的名字；

—— 互动性环节设计；

—— 准备摘要或提交最终文稿的说明；

—— 交通信息；

—— 着装要求；

—— 为演讲者准备的讲前练习或休息区域的位置；

—— 所有材料提交的最后期限。

对于社区邀请的嘉宾通常会安排专人对接和现场接待。有时还需要请演讲者签署相应的协议，如演讲者合同和录像、网络授权和转让协议等。其中，如果演讲内容将以数字格式记录并在网络或在线视频平台上发布，那么必须通知并征得演讲者允许。

（2）媒体接待与服务。

社区活动宣传通常只需要活动负责人安排志愿者或社区工作人员进行拍照记录和推文撰写，能够吸引媒体到访或采访的情形一般是社区联办、区域协同的大型活动。新闻媒体报道有助于促进社区活动品牌的打造、展现居民风采和社区良好氛围，因此，如果有媒体采访，必须安排专人接待和提供服务。服务内容主要包含：

—— 与媒体沟通活动主题、目的、流程等情况，便于媒体撰写文稿和宣传报道；

—— 对于有多家媒体报道的重要活动，需要提供新闻通稿；

—— 确定媒体到访时间、地点、采访类型（前采、后采、现场实时报道等）及采访问题细节等事宜；

—— 准备媒体人员证件、活动礼品（有时需要安排前排席卡）；

—— 帮助媒体熟悉场地分布、与邀约嘉宾会面；

—— 及时沟通和跟进媒体报道的相关内容，满足媒体人员的专业需求。

相关内容将在本章下一节做进一步介绍。

三、物流管理

城镇社区在举办农产品展销、节庆表演、友谊联赛等活动时，可能会有多种产品以及物资、器械或道具等物品需要顺利运入活动场地，在活动结束后也

要安全有序地撤除。

一般来说，由活动管理团队工作人员与场地物业管理方沟通协商后，委派物业安保人员或志愿服务人员负责物流运输进出审核，指引参展商的摊位及服务商的舞台搭建。以农产品展销会为例，所有展品都需要提前完成入场申请，并通过安保检查或食品检验检疫后方可进入场地。申请表包含的主要内容有：

—— 申请单位 / 企业；

—— 申请人及联系方式；

—— 申请入场产品 / 物品名称；

—— 申请入场产品 / 物品数量；

—— 申请入场产品 / 物品类型；

—— 产品 / 物品入场时间；

—— 摊位 / 场地编号；

—— 产品 / 物品预计撤场时间。

各类产品 / 物品申请进场时需要提前告知场地负责人，场地负责人会根据活动布置要求、场地功能区域规划，合理排序各产品 / 物品的入场时间，防止出现入口道路拥堵而影响居民日常出行和活动整体筹备进度。

当活动结束后，各类展品、设备、器械等需要有序地撤离场地。事实上，在活动开始前，就会制订详细的撤除计划，在活动举办过程中，需根据实际各类物品入场数据、消耗数量、拆卸难易程度、位置距离等情况调整撤除方案。负责人在活动快结束时，告知各摊位撤除顺序并给予整理装箱的时间，同时检查各摊位场地清理情况，只有满足场地复原标准的摊位才允许登记离场。

《典型实例 10-2》

2019 年上海虹口区对口帮扶地区农副产品街道巡展

本次市集活动是以上海市虹口区交流办为主办单位、珍滋味农业和 IDEA 文化传媒承办、虹口区江湾镇、北外滩等八个街道办事处联合协办，以"精准扶贫，万家帮万户"为主题、在上海市虹口区鲁迅公园举办的农副产品街道巡展。展出总面积超过 2000 平方米，汇聚了 50 多个参展企业和品牌，活动期间吸引了大量周边社区居民逛展，平均每天人流量在 2 万人次左右。

在开展当天，因逛展人数远超出预期，活动主办方灵活调整执行方案，分散人流。主要采取了以下措施：

——八个街道办事处特别增设分会场，分会场产品均为主会场畅销产品，并且各分会场安排在不同时间举办，不仅有效地分解人流，也为更多社区行动不便老人提供参与的机会。

——活动现场安排多种吸睛的小活动：少数民族歌舞、公益促销、食谱搭配等，动态地调动人群流动，避免拥挤。其中，公益促销活动是倡导"以购代捐"，即居民购买自需品的费用会分配一部分捐赠给贫困地区，这样的方式能让居民感受到物质和精神上的双重满足。

——活动现场有街道办民警、物业保安、志愿者共同维护活动现场秩序，特价商品促销区设置排队警戒线、单独安排人员维护，并且告知居民库存充足，避免拥挤（见图 10-2）。

图 10-2　2019 年虹口区对口帮扶分会场安排和海报宣传

资料来源：精准扶贫·万家帮万户 – 虹口区对口帮扶地区农副产品展销推介会 _ 大申网 _ 腾讯网［EB/OL］.https://sh.qq.com/a/20191022/007490.htm；"鲜市集"进社区［EB/OL］.https://mp.weixin.qq.com/s/gNW2MFPyFQs9GWeleZOcBQ.

第4节 媒体接待与服务

利用新闻媒体对社区活动进行宣传推广既能节省费用，又容易取得较好的宣传效果，因为新闻报道一般是免费的，而且在公众心目中的可信度高。因此，媒体策略受到绝大多数社区活动主办方尤其是缺乏促销经费预算的组织者的重视。

一、媒体现场服务

社区活动现场的媒体接待服务与其他媒体接待工作大同小异，主要包括事前准备、注册接待和采访安排等。

1. 事前准备

在活动开始前，应提前与已经接受邀请的媒体确认时间、地点；对于重要媒体，应就活动情况进行必要的沟通，以期为此后的报道做好准备。同时，向财务部门申请相应的媒体费用。

另外，要提前勘查现场，具体包括：（1）确认媒体接待处的具体位置，对细节问题进行设计，包括标识、台布、银盘、台花、签到流程等。（2）确认VIP 休息室的具体位置，为媒体希望采访相关嘉宾做好准备。（3）如果媒体记者是参会人员的一部分的话，需要事先划分出专门的媒体代表区域，并放置较为明显的指示牌。

2. 签到

签到时，特别是在媒体报到的高峰时段，要做到井然有序、流程清晰。一般来说，平面媒体和电视媒体应分别由指定人员接待。

媒体记者签到时，应由工作人员发给相应的资料袋，然后引领至座位，并提醒尽量靠前就座。资料袋里一般包含笔、记录纸、新闻通稿、负责人员名片、活动小礼品等材料。在实际工作中，一般会提供一定的交通费，交通费用一般信封装好，由媒体接待负责人亲自交给对方（签到或落座时发放，并做好记录）。

3. 采访与现场服务

如果时间允许的话，要进行必要的寒暄。特别需要注意的是，此时可能就会有媒体提出约稿或采访的要求，这时要及时记下，在活动期间借机安排采访，或者在活动结束后及时跟进。如果有媒体在活动现场发现其他的新闻线索，希望主办方能安排采访，这时可先和媒体确认具体的时间安排，再联系活动负责人协调采访对象。

活动开始后，除安排有工作人员留守注册处外，其他人员应进入会场做现场支持，包括及时处理问题、在媒体提问时传递话筒等。如果是专业性较强的活动，尽量与到场媒体就活动的理念、主题、社会意义等进行深入沟通，甚至提供详细的新闻通稿，这样可以减少后期的媒体报道一律是短消息的现象。

二、新闻发布会

社区活动组织者常用的媒体策略有举办记者招待会、提供新闻稿件、邀请记者采访等，其中，新闻发布会由于相对正式且影响力较大而被经常使用。对于活动主办方而言，在举办新闻发布会时应注意以下五点：

■ 着重强调本次活动的创新之处，这些创新点往往具有新闻价值；

■ 宣传本次活动对当地经济社会发展的推动作用，以帮助新闻媒体履行为地方社会经济及人民生活服务的宗旨；

■ 突出本次活动将为参加者提供什么特色服务，以增强活动对潜在参加者的吸引力；

■ 选择熟悉本次活动运作并举止大方、善于言辞的发言人，以保证活动的有关信息能被准确、清晰地传达给新闻界；

■ 提供具有专业水平的新闻稿，供记者或编辑直接摘用，因为如果不是重大或特殊性质的活动，记者们往往不会再花费大量时间和精力去对新闻稿加以润色。

第 5 节　餐饮服务

一般情况下，社区活动的举办时间会选择周末或节假日，并常常避开用餐时间，所以涉及餐饮服务的活动并不多。但越来越多的社区为了给老年人提供生活便利而开设共享餐厅，有时在组织活动时也会根据需要提供相应的餐饮服务，有时还会为了促进邻里关系而举办共享午餐会、花样面点制作比赛等活动。根据社区活动的不同需要，餐饮服务在规模、形式和效果上各有不同。

一、茶歇服务

很多社区活动只提供简单的茶歇、饮料等服务，而不安排正餐。然而，即使是茶歇（refreshment break）也可以做得非常专业。一般情况下，茶歇只提供纯净水、热茶、咖啡等饮料，有时也会搭配一些饼干、小蛋糕、面包圈儿、水果等小食。茶歇不止提供饮料和小食，更能给活动参加者一个站起来活动筋骨、上洗手间、打电话、转移到下一个小组讨论会（breakout session）或者与他人交流的机会。

二、助餐服务

针对我国人口老龄化问题，2022 年国务院办公厅印发的《"十四五"城乡社区服务体系建设规划》明确指出，要关注特殊困难人群的需求，大力发展社区助餐、助洁、助浴、助医等服务。各社区纷纷响应，开设共享食堂、邻里助餐点、移动型服务餐点、上门助餐服务等助餐形式。部分社区将闲置空间改造成共享餐厅，并通过优惠的摊位价格和补贴资金吸纳社会餐饮机构/企业入驻。为了切实关怀困难人群的生活，也有社区积极打造"中央厨房＋助餐车＋上门送餐"服务模式，即由中央食堂统一出餐，出餐车配送到各楼栋，针对特殊人群提供上门配送，帮扶到家。

这种助餐服务是长期的、公益性的，社区管理者可以在举办相应活动时合理使用，并号召社区居民、联系学校/机构志愿组织等开展帮扶活动，以扩大助餐服务的社会效益。

三、共享餐饮活动

共享午餐会是社区共享餐饮活动中最典型的形式，是社区工作者与社区居民连接和沟通的桥梁。一般分为配备餐饮和共创午餐两类，活动组织者将根据参与人数和议程安排选择不同形式。最常见的餐饮形式有圆桌餐、套餐、自助餐、手拿食品（takeaway）和快餐等，如表 10-7 所示：

表 10-7　社区活动餐饮服务的常见形式

用餐形式	描述
自助式午餐 / 晚餐 （buffet lunch/dinner）	提供热食或冷食，供应内容有各式色拉、蔬菜、肉类等；熟食自助餐（deli buffet）有时会提供自助制作三明治的区域。目前，市场上有很多提供自助式午餐或晚餐服务的餐饮公司。
盒装午餐 / 晚餐盒饭 （box lunch/supper）	预订距离社区较远的餐饮时，通常会采用盒饭打包配送，适用于人员数量多、需求量大的活动。
主题派对（theme party）	是具有魅力的主题活动，可以采取自助式或服务式的形式。
室外活动（off-site event）	通常在社区以外的地方举行，此时，餐饮可以由参与者自己解决，比如公园野餐。

资料来源：参考乔治·芬尼奇（George Fenich）. 会展业导论［M］. 王春雷，译. 重庆大学出版社，2018. 有删改。

另一种形式则是由参与活动的人员共同完成。在活动前，活动组织者会告知烹饪地点、烹饪设备等信息，参与者将所需食材报给负责人，由工作人员统一采购；或者由每位参加者自行购买食材，工作人员统一采购公用物品，类似国外的夸富宴（potluck）；活动当天，参与者合作完成烹饪并共享佳肴。这种活动能快速打破居民间的陌生感，还能让居民学习到实用的生活技能。

另外，如果社区拥有共享菜园 / 农园，不妨用共享菜园 / 农园里产出的食材举办餐饮活动，也十分有利于建立居民对社区的依恋和认同感。

特别值得一提的是，在新冠感染疫情防控期间，社区还可以举办一些线上活动，以丰富居民的居家生活，避免出现情绪崩溃、抑郁等不良心理问题。以 2020 年 3 月成都市天府新区苏码头社区举办的"面面俱到·家的味道"花样面食大比拼活动为例，活动以线上举办形式开展，居民们报名参赛后，提前自行准备原材料、烹饪器具等材料。活动当天，活动主办方需要限定烹饪时间，由参赛者自行拍摄制作过程和作品照片，并发布在居民群中，以获赞数量作为评选标准。

在整个活动中，居民们积极参与，活动结束后还自愿将面点赠送给社区内的孤困残家庭。对于社区活动组织者而言，现场管理工作比较轻松，虽然设计餐饮但不需要准备物料和场地，其工作重点在于提供有效调动居民积极性的活动构思和设计。

《典型实例 10-3》

Fitzroy 社区每周举办 "Meet&Eat" 午餐活动

1998 年，"培养社区"组织（Cultivating Community）诞生于澳大利亚墨尔本市的科林伍德，其宗旨是与多元化和低收入社区合作，通过创造有营养和教育意义的食品及园艺体验，增强社区居民的幸福感和归属感。"Meet&Eat"午餐活动是 Cultivating Community 推出的一个子项目，希望通过社区活动帮助居民获得新鲜食物、学习如何种植食物，同时为大家提供分享食物的机会（见图 10-3）。

图 10-3 社区儿童参加 "Meet&Eat" 午餐活动照片

"Meet&Eat"活动每周在菲茨罗伊社区食物中心（Fitzroy Community Food Centre）举行，不限制参与对象、不需要参与费用，只要参与者能享受快乐的烹饪过程和美味佳肴，结束后帮助清理场地即可。为调动参与者的积极性，组织者推出了"与孩子一起烹饪（Cooking with kids）"主题活动，父母亲可以在厨房为三岁以上的儿童提供不同类型的烹饪帮助，以呼吁居民培育儿童的动手能力、沟通能力和健康习惯。

资料来源：CultivatingCommunity 官方网站，https://www.cultivatingcommunity.org.au.

第 6 节　物料与设施设备管理

社区活动涉及的物料和设施主要包括活动道具、场地装饰、灯光、投影、音响设备等。社区文化活动中心一般会配备桌椅、台布、固定投影机、文具等常用物品，供日常会议和活动使用，对于简单的社区活动，组织者只需要提交消耗类物资使用申请即可。但一场有趣且令人难忘的活动往往需要采购更多物料和设施设备。

一、道具和装饰

场地布置与活动主题越贴合、活动现场氛围越浓厚，参与者 / 居民参加活动的体验感就会越强。在活动筹备阶段，组织者需要预设活动物料（比如提供给参与者的物资、场地装饰品、游戏道具等）并制作采购清单，由专人负责购买并做好入库登记。

为避免资源浪费，社区活动所需的道具、装饰或材料等的选品需要考虑是否能够循环使用。活动海报、流程手册等包含固定活动信息的物料属于一次性消耗品，其他物料往往能够回收再利用。对于可循环使用的物料，主办方也常常通过租赁方式获取，这样能有效控制活动预算，并免除后续的物料登记入库、日常维护等工作。

关于社区自有物资的管理，则需要制定完善的申领和归还流程，申领时填写社区文化活动中心 / 居民委员会 / 物业物资借用申请表（见表 10-8），归还时需填写回执单（见表 10-9）。

表 10-8　社区物资借用申请样表

借用单位		借用人电话	
物资用途			
借用物资清单	折叠桌 _____ 张；单人椅 _____ 张； 折叠帐篷 _____ 顶；席卡牌 _____ 个； 其他 _____		
借用时间	年　月　日—　年　月　日		
承诺归还时间	年　月　日　时　分		
社区居民委员会／物业 审批意见	审批人（盖章）： 　　　　　　　　年　月　日		

备注：1. 请于借用前 3 天将申请表交到社区服务中心，并做好登记，提出申请后的第二天下午 14：00 后可自主查询审批情况。

2. 借用物资时不需押金，但借出物资如有损坏或丢失，需按原价赔偿。

表 10-9　社区物资借用回执单

申请单位		申请人	
联系方式		领取物资经办人	
物资领取时间	年　月　日　时　分		
以下内容在归还物资时填写			
物资归还情况			
归还日期			
审批人			

备注：请在值班期间归还物资，特殊情况请提前沟通。

二、音响

在社区活动中最常见的音响设备是手持麦克风和移动扬声器，因为大多数活动只需要满足让观众／听众能够听清主持人／嘉宾讲话、播放音乐烘托气氛等基本需求。但如果是组织大型展演、科普培训、体育竞技等活动，对音响设备的要求就比较高，活动负责人需要提前知晓活动场地的设施情况，并考虑是否需要寻求外包服务商的支持。

扩声系统又称专业音响系统。按照用途，可以将专业音响系统分为室外扩声系统、室内扩声系统、流动演出系统、公共广播系统和会议系统。以下是关于活动中音响系统的基础知识：

1. 扩声系统

扩声系统主要由 3 部分构成：（1）无线话筒、会议话筒、DVD 播放器等声源设备。（2）音频处理设备，是扩声系统的核心设备，可进行多路音频信号混合放大和切换、高低音调节和效果补偿控制。（3）功放及扬声器。整个扩声系统的音质及声场均匀性主要取决于扬声器的品质和布置方式，不同类型的扬声器需要配置不同的功放。

2. 视频显示和切换系统

根据活动规模大小及要求，配备相应的投影显示设备和切换设备，使多种视频信号、VGA/RGB 信号都可以通过投影机显示到正投影幕或背投影幕上。必要时，可聘请专业的服务商提供一揽子服务。

三、灯光

事实上，只有社区举行文艺晚会或有舞台表演环节的活动时才会考虑专业的灯光效果，日常社区活动一般不涉及灯光管理。以节日期间的文艺晚会为例，在预算充足的情况下，主办方通常会聘请专业舞美团队或会展、广告等服务公司负责灯光设计及操作。

活动现场灯光主要包含主持人串场灯光、各表演节目的灯光需求等场景，目的是通过灯光为舞台和节目效果增强观众的视觉感知，创造难忘时刻。其中，灯光设计需要主办方、表演者和灯光师仔细沟通，以确保灯光能发挥锦上添花的作用。主要考量因素包括：

- 灯光设计是否与活动主题相吻合，甚至可以加强活动的主题？
- 活动流程需要什么样的灯光变化效果？
- 是否有备用灯光？
- 灯光在电路方面是否会干扰音响等其他系统？

● 在活动现场是否有地方架设这些灯光设备？
● 备选的灯光设计方案对供电有什么要求？

第 7 节　风险处理

第 9 章详细介绍了活动风险的类型、识别、分析、评估以及风险管理计划的制定与执行，目的是为有效降低风险发生的概率和减小活动损失选择最优的处理办法。常见的社区活动风险处理办法主要有 4 种，即风险规避、风险转移、过程控制和保险。

一、风险规避

所谓风险规避（avoidance），就是社区活动管理者偏向于不举办那些极可能带来风险的活动或相关内容。当活动举办之前已经察觉到一些不利因素会对活动造成负面作用时，负责人 / 主办方会根据风险影响程度通过取消活动或更改活动内容的办法规避这类风险，这种方式主要适用于风险危害较大，对活动造成损失难以抗衡的情况。

例如，在 2020 年新冠感染疫情暴发后，社区管理方响应防疫要求，提出居民居家隔离、少聚集、少走动、保持 1 米以上安全距离、取消团体娱乐活动等管理标准，社区活动相继取消或延后举办，或者采取线上举办的方式。

二、风险转移

风险转移（transfer）主要包括出售、分包和签订免除责任协议。其中，分包和签订免责协议是社区活动常用的风险转移方法。

所谓分包，就是通过将带有风险的活动项目 / 环节转移出去以降低风险。例如，社区举办外出踏青、旅行等活动时，活动组织者更倾向选择当地旅行社来提供周全的专业服务；大型活动的运输、现场安全管理、灯光舞美设计等工作，也可通过外包方式将风险责任转移。

签订免除责任协议是指通过签订协议把相应风险转移出去。一般来说，在服务外包合同中也会详细说明甲乙方责任条例，在签订协议 / 合同时一定要注意法律的有效性。

三、过程控制

过程控制（control）是指在活动管理中严格执行活动计划、保持敏锐的风险意识、全过程关注现场动态，以及时消除风险隐患，降低活动损失。在活动正式开始前，要严格执行报名起止时间、审核活动人员信息、配备急救设备设施、统一服务人员沟通渠道，并做好专业人员安全评估等风险控制工作；在活动举行期间，多次提醒参与者注意安全、时刻关注现场人员状况，当出现异常情况时统一行动、及时处理等。

四、保险

保险（insurance）是对付可保的纯粹风险的一种重要风险控制工具，社区活动主办方可通过购买保险的方法来减少风险损失。其实，购买保险也是一种转移风险的形式。按照承保风险范围的不同，保险可分为人身保险、财产保险及责任保险 3 种基本类型。

例如，2018 年合肥市庐阳区海棠街道的五家社区在全省率先启动社区活动场所"意外保险"试点，是承接政府购买服务的社会工作事务所投保，通过商业保险的方式为参加活动的居民提供意外伤害保险；也有社区主办方根据活动性质、参与者数量购买团体意外伤害保险或个人人身意外伤害保险。

活动保是经中国银行保险监督管理委员会批准设立，专门针对户外体育、团建拓展、研学旅行、冬夏令营、会展旅游、职工文体等活动的意外伤害保险和组织者责任保险的互联网保险平台。以下是活动保推出的适用于团建 / 旅游 /研学等活动的保险产品的保险条款和免责说明（见表 10-10）：

表 10-10　活动保部分产品的保险条款和免责说明

保障内容	保险利益	保障金额	保障说明
意外伤害保障	意外残疾、身故	10 万元	活动中遭受意外伤害自发生之日起 180 日内导致身故、残疾，与公共交通保障不叠加赔偿。

续表

保障内容	保险利益	保障金额	保障说明
意外伤害保障	意外医疗	1.5万元	活动中因意外伤害事故产生的就诊费用（含自费项，180天内），100%赔付，0免赔，第三方（包括社保、其他商业保险等）已赔付的除外。镶牙、祛疤、辅助器材、康复训练、美容整形等费用不在责任范围内；因意外导致的骨折治疗费用（含事故发生之日起540天内的拆除钢钉钢板费用）。
	……		
急性病保障	突发急性病医疗（含事务中毒、中暑）	1万元	承保因突发急性疾病产生的就诊费用医保范围内100%赔付（含自费项，180天内），0免赔，第三方（包括社保、其他商业保险等）已赔付的除外，急性病范围请详见保单特别约定及保险条款中释义。
	突发急性病身故（含猝死）	10万元	承保突发急性病并自发病之日起3日内因该急性病导致身故，保险人按急性病身故保险金给付保险金。急性病（含猝死）的范围请详见保单特别约定及保险条款中释义。
食物中毒保障	食物中毒残疾或身故	10万元	适用旅行意外伤害保险（2018）附加突发性病身故保险条款（2018）。
公共交通保障	旅游巴士意外身故和伤残 ……	10万元	承保以乘客身份乘坐经营客运业务机动交通工具（旅游巴士、公共汽车、出租汽车）期间遭受意外伤害事故的身故、残疾，与意外伤害保额不叠加赔偿。
附加保障	救护车费用	1000元	因意外或者突发性病产生的必要且合理的救护车费用。
承保项目	详情		
团建活动研学旅游拓展训练亲子活动冬夏令营军训活动体育活动……	——团建活动、冬夏令营，亲子活动，会议和培训活动； ——境内旅游（研学旅行、红色旅游、春游、秋游、景区游览）； ——场地地面拓展训练（在地面进行的拓展项目，如挑战150秒、七巧板、孤岛求生等）； ——场地中低空拓展训练（高度不超过5米的中、低空拓展项目，如毕业墙、穿越电网等）； ——场地高空拓展训练（高度不超过15米的高空拓展项目，如高空抓杠、断桥、合力过桥、攀岩等）； ——团建拓展主题活动（趣味运动会、员工家庭日、彩虹跑、真人CS、大型充气道具比赛等）； ——室内拓展训练项目； ——室内沙盘模拟项目； ——其他未列明但风险等同于以上项目的活动		

续表

保障内容	保险利益	保障金额	保障说明
户外运动 冰雪运动 水上运动			——场地滑雪、场地滑冰，场地攀冰，冰雪团建活动； ——骑马游玩、马术培训、马术比赛（竞速赛、绕桶赛）； ——定向活动（山地定向，景区定向，城市定向，定向寻宝）； ——速降活动（高度不超过 50 米的天然岩体的速降、水坝速降、高空速降）； ——潜水（下潜深度不超过 18 米）、登山活动、自驾车旅行、自行车骑行、越野车穿越； ——徒步穿越（沙漠、戈壁、古道、原始森林、栈道、景点、草原、森林公园徒步穿越）； ——水上活动（游泳、漂流、溯溪、皮划艇、龙舟、帆船、浆板、摩托艇、汽艇等水上运动）； ——企业员工的休闲体育活动（如乒乓球、羽毛球、健步走等非职业运动员参加的休闲体育活动）； ——经典户外运动（远足徒步、露营、场地滑雪，场地滑冰，场地攀岩，场地攀冰、场地速降、固定路线探洞体验）； ——其他未列明但风险等同以上项目的活动
不承保 项目			职业体育赛事，海拔超过 6000 米的攀登、高山滑翔、极地探险，非固定路线洞穴探险、蹦极、自由式潜水（下潜深度超过 18 米，无水下呼吸设备）、赛车、跳伞、滑翔翼。

资料来源：活动保 . 活动无忧－基础版［EB/OL］.https://166bao.cn/index.php?s=/index/category/index/category_id/57/gc_id/13.html.

第 11 章

社区活动总结与评估

　　评估社区活动的影响有助于让参与者专注于长期目标，这对总体上改进工作十分重要。尽管总是很难精确测算某个具体的变化是由活动直接造成的，但仍然应该尝试评估活动的影响。其中，在活动举办期间和结束后分析一些活动参与者的反馈，是一种行之有效的方法（Wates，2008）。

俗话说"好的开始是成功的一半"，在实际工作中，人们往往更加重视活动的策划与实施，而忽视了对活动及其影响的总结评估。殊不知，"好的结束才是新的开始"。对于社区活动，总结和评估工作同等重要，都是提高活动举办水平的重要途径，但两者侧重点不同。所谓活动总结，就是当社区活动结束时，活动执行团队回过头来对所做的工作进行分析和复盘，总结经验、查找问题，以便进一步做好工作，并把这些用文字表述出来。活动评估则是对已实施的整个社区活动进行综合性、概括性的回顾、评价、归档和改进的工作过程。评估是活动管理工作的重要环节，而且不同规模和性质的活动，评估的工作量大小和侧重点也不一。

第 1 节　活动结束后的主要工作

社区活动管理全过程的最后一个阶段便是评估和总结，主要工作包括召开总结会议（debrief meetings）、收集信息与撰写总结报告、感谢相关机构和重要个人等。这个阶段的主要工作目标包括：（1）为所有参与活动的人反馈体验、意见和建议创造机会；（2）帮助社区活动组织者基于事实甚至是一些逸闻趣事，更真实地评估活动的成功或失败之处；（3）从物理上和情感上，表明或宣布一次活动的正式终止；（4）指导下一届活动的策划。

2012 年 11 月，美国项目管理协会（APMA）在所推出的《活动项目管理知识体系》（Event Project Management Body of Knowledge）中明确提出，作为活动管理的最后阶段，活动完成阶段（event completion stage）主要内容包括活动结束（event closure）和活动评估（event evaluation）。其中，活动结束的主要工作包括场地拆除、账款结清、人员解散、设备撤离、现场清洁以及寄发感谢信等。以会议为例，事后工作主要包括数据库更新、与会者分析、会议评估，以及寄发感谢信、总结、新闻报道、催款、准备下一届会议等其他善后工作，如图 11-1 所示：

美国项目管理协会认为，活动评估就是在活动结束后评判活动是否达到了特定的目标，如参加者人数、售票数量等硬性指标（hard event objectives）以及参加者的满意度、媒体评价等软性指标（soft event objectives），如图 11-2 所示：

合同纠纷

限制&假设

既定流程　输入　活动结束
（event closure）　输出　1.活动完成
2.合同完成

技巧

1.人员解散

2.设备撤离

3.设施清洁

4.场地清洁

5.场地复原

6.寄发感谢信

7.其他

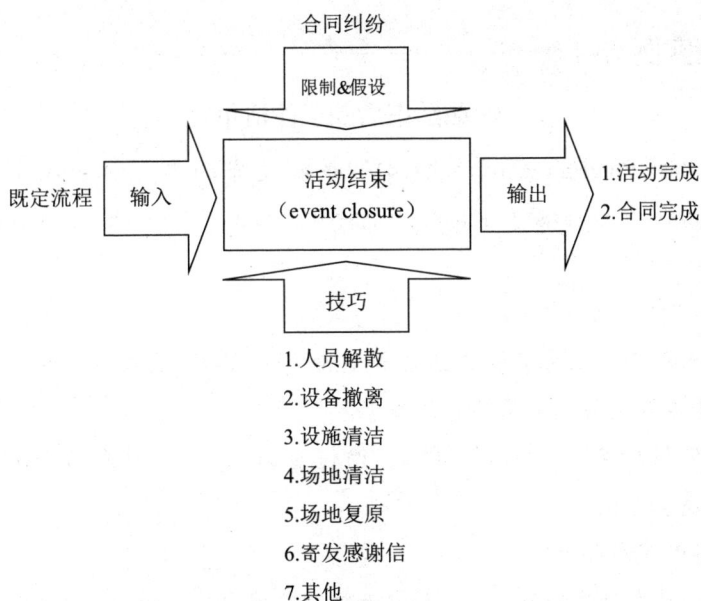

图 11-1　活动结束工作的逻辑 [①]

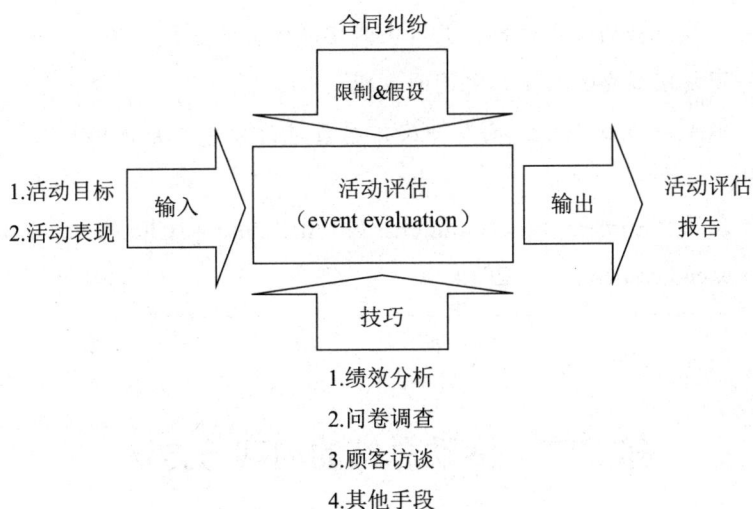

合同纠纷

限制&假设

1.活动目标
2.活动表现　输入　活动评估
（event evaluation）　输出　活动评估
报告

技巧

1.绩效分析

2.问卷调查

3.顾客访谈

4.其他手段

图 11-2　活动评估工作的逻辑 [②]

---

①　APMA. Event Project Management Body of Knowledge. 2012，p.127.

②　APMA. Event Project Management Body of Knowledge. 2012，p.129.

───《 **典型实例 11-1** 》──────────────────────────

活动结束后的工作清单

在 Endless Entertainment 于 2014 年年底发布的 "活动管理工作清单"（Event Planning Checklist）中，就活动结束后的工作（follow-up）而言，主要提到了以下一些：

需要立即完成的：

—— 对观众、供应商和志愿者等发放调查问卷（需要注意的是，很多时候组织者也在活动现场开展问卷调查）。

—— 给供应商、志愿者、媒体、演讲嘉宾、合作伙伴和观众等寄发感谢信（Thank You Cards）。

需要尽快完成的：

—— 与员工分享相关数据，并在开放的氛围中就活动的成功之处及发现的问题进行讨论，在此基础上撰写活动总结报告（post-event debriefing / report）。

—— 将所有情况都记录下来，以便未来的员工知道上一届活动的举办情况。

—— 审核活动的既定目标，并对未能实现的目标进行解释。

—— 审核实际支出与预算之间的差距。

—— 收到观众反馈后，要立即安排人员进行分析，并将相关结论写到总结报告中。

资料来源：Endless Entertainment. Event Planning Checklist［EB/OL］. https://www.endlessbcn.com，2014.

──

第 2 节　活动总结的内容与方法

一、社区活动总结的主要内容

在活动项目总结会上，每一位团队成员都应准备简洁但富有建设性的小结，以详细陈述他们在这次活动中的角色、体验以及对未来活动的建议，这项工作无疑有利于最后的总结报告的撰写。一份好的社区活动总结报告是非常有用的文件，它对一次活动的执行和效果有着清晰的记录，在将来组织活动时可以不时地拿出来参照学习。为此，社区活动总结报告应该包括相关信息[1]，这些信息也是活动总结的主要内容：

■ 活动的总体情况，包括活动类型、主要节目（日程）、日期、举办地点以及参加人数等；

■ 对活动效果的总体描述；

■ 说明预期的目标和行动方案是否得以实现；

■ 哪些人参与了活动的规划和运营，他们在执行委员会（steering-group）以及其他机构中扮演着怎样的角色；

■ 对活动节目（日程）以及辅助性吸引物的总结；

■ 对活动的执行、安全工作进行概括；

■ 对活动营销和沟通计划的效果进行详细分析，包括所使用的营销工具、媒体活动、新闻剪报、观众结构分解、市场研究以及营销活动的优缺点等；

■ 对活动的现场服务与管理情况进行分析；

■ 对照最初的收入计划，分析融资情况；

■ 对所有收支情况进行分析；

■ 针对总结报告中提到的各项主要工作提出意见和建议（可以放在每个部分之后或总报告最后）；

■ 结论和建议。

二、社区活动总结的常用方法

与活动评估相比，活动总结（event debriefing）更加强调内部性，目的在于发现社区活动执行中的问题，并寻找有效的对策。以下是一些常用的社区活动总结方法：

---

[1]　资料来源：EventScotland. Events Management：A Practical Guide. Edinburgh：EventScotland，2006.

1. 复盘 [①]

复盘的概念最早来源于棋界，特别是围棋中的一种学习方法，即对过去所做的事情重新演绎一遍，从而获得对这件事更深入的理解。

一次完整的活动复盘主要包括4个阶段：（1）回顾活动目标。这是复盘的参照物，比如计划新增多少用户、吸引多少家媒体等。（2）呈现活动结果。要把与活动目标及实际表现相关的数据结果呈现出来，让每个团队成员都知晓。（3）对比分析差距，即深入讨论产生差距的原因，比如，是否高估了某个渠道的转化率，是否因为宣传文案没能打动用户。有了这些假设后，就可以通过数据、电话回访用户等方式去验证。（4）导出经验总结。

2. 会议

在社区活动结束后，项目负责人应该尽快召开总结会议，此时关于活动的执行细节和用户反馈仍历历在目，这样做复盘分析的可靠性比较高。上面所提到的"复盘"可以作为总结会议的一部分。

在总结会上，团队所有成员应该彼此坦诚相待，不要互相埋怨甚至推卸责任，而是尽可能呈现一个完整真实的活动过程。每个参与者拥有平等的发言权，都能真实地表达想法。另外，要有专人记录发言要点，以便把下一步的行动建议和经验总结记录下来。

3. 调查法

是指通过书面或口头回答问题的方式，了解被调查者的心理活动的方法。总体而言，调查法易于操作，但在调查过程中往往会因为被调查者记忆不够准确、不愿意回答真实情况等原因使调查结果的可靠性受到影响。常用的调查方法主要有问卷调查法、访谈法、电话调查法、个案法等。

使用调查法进行总结的主要作用包括：（1）为活动策划人提供第一手信息和材料，以发现活动中存在的真正问题。（2）为制定改进策略提供依据。（3）提出解决问题的新见解，并发现新的市场机会。

[①] 飞鱼船长.活动运营之后要做怎样的总结回顾？［EB/OL］. https://www.zhihu.com/question/35056389/answer/60975479，2015-08-26.

4. 深度访谈法

深度访谈法是一种无结构的、直接的、个人的访问，在访问过程中，一名技巧熟练的调查员（一般是专家，需要有相关专业知识）深入地访谈一个被调查者，以揭示对方对某一问题的潜在动机、信念、态度和感情。这种方法适用于分析复杂、抽象的问题，这类问题往往不是三言两语可以说清楚的，只有通过自由交谈和深入探讨，才能从中梳理出所要了解的信息。

5. 专家意见法

又称德尔斐（Delphi）法，是以专家作为获取信息的对象，依靠他们的知识和经验，由专家通过调查研究对问题作出判断和预测的一种方法。这种方法特别适用于客观资料或数据缺乏情况下的长期或总体预测，或运用其他方法难以进行的技术预测。专家意见法能否取得理想的效果，关键在于专家人选及其对所调查问题掌握的资料的熟悉程度，另外，调查主持人的水平和经验也是一个很重要的因素。

在现实工作中，有些社区活动组织者会成立项目专家委员会，其中，可以吸收业主代表参与，活动结束后将召开委员会会议，对项目执行情况进行评估和总结。

——《 典型实例 11-2 》——

青岛 B 社区：让居民活动中心成为文化、关系与情感的三重生产机制

B 社区位于青岛市崂山区东部，隶属 J 街道，是一个集"村改居"社区、城市社区、新建小区为一体的新型街区。为进一步提升社区服务，该社区在原有党群活动中心的基础上打造了一个居民活动中心。

B 社区的文化生产活动安排大多是由社区居民自主决定的，例如，书画爱好者选择书画描摹，器乐爱好者选择管弦乐队，这样能生产出更符合居民喜好的文化产品。此外，B 社区居民活动中心举办的文艺活动都具有鲜明的区群特色，比如，在举办绘画、剪纸等培训活动时，往往选择具有当地某一特色的物体或事件作为主题，从而塑造了 J 街道社区居民对社区公共空间所特有的生活经历、地域想象和文化记忆。

B 社区工作人员表示，每一项活动的组织都不是无的放矢的，它主要包含

了两个目的：一是促进居民与居民之间、居民与社区之间的亲密联系，增强了社区内居民的熟悉度；二是打造B社区独有的特色文化，为建设模范社区奠定文化基础。

资料来源：王印红，卢楚楚．小空间大作为：社区公共空间的三重生产机制——以青岛市J街道B社区居民活动中心为例［J］．党政研究，2022（5）：112-122，128．

第3节 活动评估的内容、流程与方法

活动评估可以是对不同活动方案的预期成本和效果的比较，也可以是对成本和效果的比较。其意义在于：一方面，可以帮助活动组织者客观评价活动执行的效果，发现自身在活动举办过程中存在的问题，从而更好地改善服务和提升自己；另一方面，又可以帮助参与机构了解活动的执行情况。因而活动评估往往具有双重价值，是组织者非常值得去关注和执行的一项工作。

一、社区活动评估的主要内容

概括而言，社区活动评估主要包括4方面的工作，即对活动准备工作的评估；对活动执行情况的评估；对活动成本的评估以及对活动最终效果的评估。

1. 对活动准备工作的评估

活动的相关准备工作主要包括：（1）活动参与人员，即活动负责人、活动执行人和活动监控人（由谁监管）；（2）活动准备事项，包括活动地点、活动的现场布置、活动宣传、活动必备器材设备、活动奖品等，这一切都需要事先与活动负责人提前联系，并准备妥当；（3）广告宣传与信息发布，即说明宣传方式、信息发布人群。对活动准备工作的评估主要是指对以上准备工作是否到位的评价，如说明地点、物资、广告宣传的安排情况，各岗位人员是否到位等。

2. 活动执行情况评估

活动执行情况主要包括以下几项内容：其一，人员安排，即在活动地点安

排各类工作人员的情况。其二，物品调配。举办活动所需的物料是否按照原计划安排，特殊情况需另行说明。其三，活动流程。活动中的工作要依据流程执行，如谁负责接待，谁负责硬件设施的准备，谁负责记录登记活动情况等。其四，活动数据核准，包括宣传、观众数量、销售额等各类数据，并且要提前明确在活动结束后由谁负责审核。活动评估人员应围绕上述内容，对整个活动的执行情况进行总体评价，特别是要分析服务的好坏是否给观众及参与活动的企业带来了不良的影响，或者是特别的优质服务有没有给参与者留下深刻的印象，并评估正负面影响可能带来的后续效果。

3. 活动成本评估

Catherwood & Van Kirk（1992）将举办活动的成本主要分为 4 大类：（1）运营或产品成本，包括活动工作人员的雇佣、搭建、保险以及管理等；（2）场地租用成本；（3）推广成本包括广告、公共关系、促销等；（4）娱乐、特殊活动等相关成本等。要评估活动成本，首先应对各项成本进行说明。例如，硬件设施的准备、活动主持人的邀请、场地租赁费用、广告宣传费用、促销人员工资、帐篷、宣传单、赠品等。在说明费用预算后，再结合实际成本支出进行评估，必要时还可附上表格说明费用项目、预算成本、实际费成本、节约费用等收支情况。

4. 活动效果评估

活动的最终效果是利益相关者最关心的问题，因而对活动效果进行评估往往是活动评估的落脚点，而且评估结论将直接关系到今后的活动是否能更好地开展。

活动效果评估主要包括 3 方面的内容：其一，活动的影响力，即邀请人数、参加人数以及实到人数的数量，包括观众、赞助商、参展商和媒体人员等；其二，活动的辐射力，它反映的是一次活动对举办地及周边地区甚至更远地方的影响程度；其三，活动的扩散力，指活动的开展是否扩大了影响面，提高了知名度，这些对活动利益相关者起到至关重要的作用。毋庸置疑，扩散力强的活动将增强利益相关者对该活动的信心与认可度。表 11-1 是某个社区举办一次嘉年华的效果评估表：

表 11-1　某社区嘉年华的效果评估

主办方名称			填写日期		填写人	
活动创意	活动主题		活动时间		活动目的	
	活动地点		活动对象		活动负责人	
	活动内容简述					
活动传播	媒体名称	传播内容		传播时间	传播方式	新闻/软文字数
活动执行效果	现场观众人数			社区外观众人数		
	项目	活动前一周		活动当周	活动后一周	对比提升率
	拜访社区文化活动中心居民数量的变化					
	社区公众号订阅人数的变化					
	参与社区志愿服务居民数量的变化					
综合评估						

二、社区活动评估的基本流程

　　狭义的活动评估主要是指对社区活动某一方面特别是效果的评估，广义的活动评估涉及社区活动的多个方面。例如，Bowdin 等学者（2001）认为，活动评估是对一次活动的执行进行批判性的观察、测量和监控的过程，以便准确评估其结果。尽管活动评估的内容多而杂，但评估的工作流程基本一致。

1. 明确评估目的

一般来讲，开展活动评估的主要目的就是找出某次活动策划及执行过程中存在的不足，从而为今后举办类似活动积累经验。

2. 确定评估内容、对象和范围

评估内容解决的是究竟评估什么的问题。以活动效果评估为例，内容至少应该包括 4 个关键项目：经济效果、社会效果、环境效果和文化效果。当然，由于每个活动的主题、规模等不同，除了这 4 个方面之外，还有其他效果。

3. 制定评估标准

针对每一项评估内容，活动评估人员都应该设计相应的标准 / 指标。活动评估的标准包括硬标准和软标准两大类，其中，硬标准更注重结果（output），因而往往是看得见的、定量的；定性标准更关注过程（process），所以往往是无形的、定性的。Beloviene 等学者（2008）提出了活动评估的若干常用标准，参照他们的观点可以构建社区活动评估的常用标准，如表 11-2 所示：

表 11-2　社区活动评估的常用标准

标准类型	常用标准
定量标准（Hard Criteria）	绩效衡量标准（performance specifications） 观众人数（attendance） 观众特征（participants' profiles） 媒体报道数量（media reports number） 成本要求（cost requirements） 财务报告及账目（financial reports and accounts） 其他具体质量标准（specific quality standards）
定性标准（Soft Criteria）	积极的社区形象（positive community image） 总体质量（total quality） 工作人员承诺（staff commitment） 居民感知（residents' perceptions） 管理记录与说明（management notes and commentary） 合作态度（cooperative attitude） 伦理行为（ethical conduct） 社会效益（social benefits） 退场问卷调查（exit surveys） 工作人员和志愿者反馈意见（staff and volunteer feedback）

资料来源：Beloviene, A., Kinderis, R., Williamson, P., Ivanov, T, & Ortin, C.A. *Event Management Handbook*［EB/OL］. http://eventi.vfu.bg/files/Event_management_handbook.pdf, 2008.

4. 选择评估方法

常用的活动评估方法有 3 种，即定性评估、定量评估和历史比较法，评估人员应根据评估的目的、对象和内容来选择合适的方法。例如，对于连续多年举办的社区活动，可以采用历史比较法。为了准确有效地评估活动的效果，有时也可以多种方法并用。

具体而言，在社区活动评估中经常会用到以下一些工具：

- 观察法（observation）
- 录音、录像（audio and video recording）
- 访谈（interviews）
- 媒体评价，如剪报等（media monitoring – newspaper clippings etc）
- 焦点讨论（focus groups）
- 意见箱（suggestion box）
- 摄影（photography）
- 专家暗访（mystery guest）
- 问卷调查（questionnaires）
- 个人记录（personal log）
- 工作人员会议（staff meeting）

5. 拟定评估实施方案

一次卓有成效的活动评估，需要制订一份详细周密的评估实施方案。在制订活动评估方案中，需要明确这样几个问题：为什么要进行评估？谁将要接受评估？评估什么内容？如何进行评估？另外，还需要考虑需要利用哪些资源才能使活动评估流程更加程序化、规范化、科学化。

6. 对比活动效果

所谓对比活动效果，是指将活动最终实现的效果与举办之前预期的效果进行比较，找出已经实现的和未实现的预期目标，分析有些预期效果未能达到的主要原因，从而为下一次活动的举办提供借鉴。

7. 撰写评估报告

在评估结束后，要将有关评估过程、收集的信息、分析结果等内容进行整合，形成一份综合性的活动评估报告。评估报告应至少包含如下几个方面的内容：（1）活动概述；（2）评估目的；（3）评估内容与标准；（4）活动评估的方法和策略；（5）评估结论与建议。评估报告应简明扼要，活动主办机构也可以对书面报告制定一个标准，便于规范活动评估报告的格式。

8. 建立评估档案

建立活动评估档案的主要目的是存档备查，以便为下次活动的举办提供必要的参考资料，同时也标志着一次活动的真正结束。其基本要求是归档清晰、便于查询。

——《 **典型实例 11-3** 》————————————————————————————————

英国科学节的评估内容

英国科学节（British Science Festival）是英国科促会主办的大型科普活动，是英国甚至欧洲最大的科学节。科学节每年 9 月在一所大学举办，活动形式丰富多彩，包括报告会、辩论会、青少年动手展示活动、科学实验、科学成果展览、科技电影播放等。

英国科促会十分重视对科学节效果的评估。自 2005 年以来，每年都会委托专业评估公司对科学节进行评估，并出具规范完整的评估报告。评估报告包括一份主报告、一个分报告和一个单独的媒体评价报告。具体内容如下：

1. 对科学节的参加者进行评估。这里的"参加者"范围很广，包括英国科促会管理人员、工作人员、各科委员会成员、享受奖学金资助的学生、新闻界和协办方的人员、活动组织者、不同活动项目的观众等。

2. 对参观者结构进行评估。主要分析以下人口统计学特征：年龄范围、性别、民族、受教育水平、职业与科学相关情况，之前是否参加过科学节、来参加科学节的原因、如何知道科学节的以及居住地离科学节举办地的距离等，这些资料在预售票时进行收集。

3. 对科学节活动的报告者（presenter）进行评估。主要从 3 个方面进行分析：分析报告者的人口统计学特征；调查报告者参加科学节的理由；调查报告者对科学节活动的意见和建议。

4. 对科学节的活动内容进行评估。一是让英国科促会的工作人员、官员和学生助理等观察者（observer）对科学节活动进行评估，观察内容主要包括每

项活动的参观者人数、活动在主题性等方面的表现以及报告者在科学节的传播效果；二是让观众对活动的主题性、兴趣度、信息量、清晰度、互动性、娱乐性和整体组织等进行评估。

5.对主办方工作人员、组织者和观众的反馈以及上一届反馈意见的落实情况进行评估。

6.对媒体报道情况进行评估。每次科学节的评估都包含一个独立的媒体报道评估分析报告，包括：评估不同类型的报道（新闻特写、社论评论、活动预告或总结回顾等）在不同级别和类型媒体上的报道次数、栏目长度等；对历年各类媒体报道次数进行对比分析；对英国各大媒体机构对科学节的报道进行统计分析，并进行年度比较分析；评选点击率最高的 20 个和科学节相关的故事；等等。

7.对分会场活动进行评估。

资料来源：刘彦君，等．英国科学节效果评估模式分析及思考［J］．科普研究，2010（2）：60-65.

下篇 活动与社区建设典型案例

第 12 章

活动与社区治理
案例

　　作为一种社会激励因素，社区活动在社会发展中具有重要地位，并被认为是一种通过文化叙事来团结居民的工具。具体来说，就是在管理和支持社区活动的广泛利益相关者之间创造社会资本（social capital），并推动参与。因此，创造社会资本是社区活动的中心议题，在社区活动管理中，构建网络的需要将推动组织内部形成联系，从而产生成员的归属感（Darcy et al., 2014）。

案例 1　新西兰达尼丁：社区能源活动
有助于促进节能文化建设

新西兰达尼丁是新西兰最寒冷的地方之一，该地区的老房子大多建于1980 年以前，空间比较高，且绝缘性较差。这使得住宅的保温效果大打折扣，而且增加了供暖成本，影响了社区居民的健康和幸福感。提高家庭能源使用效率，有助于解决这些问题，但一般居民需要获得一定支持才能做出适合家庭和个人情况的改变。为此，新西兰达尼丁奥塔戈大学可持续发展中心在达尼丁郊区的三个社区开展了实验研究项目，希望通过比较两种不同的能源干预措施，包括家庭能源审计和社区活动，研究和寻找能够帮助社区居民获得更温暖、更节能的保暖措施的方法。

在实验中，布卢斯金（Blueskin）和东北谷（North East Valley）两个社区主要接受家庭能源审计，审计人员对每户住宅进行调查，并提供有效使用能源供热的个性化建议；第三个社区布罗克维尔（Brockville）的住户则参加社区组织的各种能源活动，包括建议征询和研讨会等。研究发现，总的来说，两种类型的干预在不同方面都是有效的。其中，家庭能源审计成功地鼓励了社区居民在行为和实践上的变化，社区能源活动则促进了社区居民的节能意识与行为。如果两种干预措施相结合，即通过先开展社区活动后采取家庭能源审计的办法，能更有效地促进家庭节能变化，因为这将使人们能够在社交网络的支持下分享他们对节能的想法和担忧，并在这一过程中产生信任，进而有助于审计人员进行个性化的审计。

下文将从社区活动与治理的角度，讲述 Brockville 社区能源活动的组织过程、存在的问题以及它对居民形成能源节能意识的影响，并对国内社区管理者提出相应启示。

一、新西兰 Brockville 社区能源活动组织过程

Brockville 位于达尼丁郊区的山坡上，在冬季比城市其他大部分地区都要

冷。这里的住房形式主要是国家在 20 世纪 50 年代至 80 年代建造的独立式社会住房，其中许多住宅被作为私人住宅出售，但仍有大约三分之一是出租房。Brockville 拥有完善的社区网络，其中教会在社区活动中发挥着重要作用。在本次实验项目中，研究者主要在 Brockville 开展了三次社区能源活动（见表 1），这些活动的目的在于提高社区居民的基础能源知识，并让广泛的社会网络参与到让居民的家更温暖、更舒适的想法中。

表 1　实验中的 Brockville 社区能源活动

活动次数	活动形式	参加人员	活动过程
第一次	讲座 & 小组研讨会	31 名成人 24 名儿童 4 名研究员 2 名能源顾问	本次活动与社区聚餐同时举行，在社区聚餐结束后，由能源顾问（负责家庭能源审计的同一个人）做分享，并带领焦点小组讨论各个家庭的能源问题。
第二次	实践研讨会	22 名成人 11 名儿童 3 名研究员 2 名能源顾问	作为对第一次活动的反馈，本次活动的主要内容是社区居民、研究人员和能源顾问之间的讨论。包括如何在窗户上、底板和天花板下安装塑料玻璃以及包裹热水瓶方面的实用讲习班。
第三次	与社区春季清洁展览会同期举行	37 名成年人 10 名儿童 5 名研究团队成员 2 名能源顾问	本次活动由社区成员和其他人分享他们如何改变家庭能源使用的故事以及与可再生能源有关的理想故事；同时，活动设有展位，与会者可以自由参观各展台。这些展台包括绝缘和塑料玻璃工作站、展示不同灯泡的效率、展示由洗衣机改装而成的家用风力涡轮机和为电视供电的自行车等。

资料来源：Scott M G，Mccarthy A，Ford R，et al. Evaluating the impact of energy interventions：home audits vs. community events. Energy Efficiency，2016，9（6）：1221-1240.

二、社区能源活动对 Brockville 社区节能文化的影响

根据 Scott 等学者（2016）的研究，在 Brockville 社区的 7 名受访者中，有 5 名表示因社区活动而在家中做出了改变，要么是小幅度的物质变化，譬如用节能灯泡替换旧灯泡，有一位屋主甚至在天花板上增加了隔热层；要么是行为变化，例如，不让电器一直待命、晚上关上窗帘。尽管没有大规模的变革，但大多数受访者证明了在社区活动期间学习了大量节能实践，并且这种干预是提高社区对节能认知的宝贵工具。

除此之外，参与者还提到他们会与社区朋友讨论活动的情况，这说明社区活动是社区参与和持续激励的有效工具。正如一位受访者所解释的："我们和朋友们进行了很多讨论，我认识的一位女士就在我们小组里，我向她解释了什么对我们有效。社区活动对我们是有所帮助的。"

概括而言，社区节能文化建设主要体现在物质文化、能源实践和能源规范三个方面。在能源实践上，访谈者较少讨论这方面的变化，主要原因在于社区中仍存在住房条件、资金和时间等问题，那么，社区活动是否会促使社区居民采取真正的物质变化呢？

在该项目中，研究者发现，大多数物质变化主要来自家庭审计干预措施，但 Brockville 社区活动的形式也对受访者的改变产生了影响，不过会受到业主/承租人关系和成本的限制。例如，一位参加了社区能源活动的受访者说道："你可以在这些百叶窗上看到，我在底部安装了磁网，使它们靠近窗户。那些磁条一点也不贵，但它们能把它固定住。"在这里，人们会更加考虑能否采取更加便宜和节能的保暖方式。

社区节能文化的重要组成部分之一是能源规范，即人们期望的生活方式。在本次项目中，社区活动在影响社区居民对所期待的生活方式的讨论方面有明显作用。现在，Brockville 社区的居民除了自身做出改变外，还会一起讨论他们对家庭未来的想法或计划。例如，一位受访者说道："我现在很关注电器的节能星级……我已经买了一台新电视，它的节能级别有七星。"

总的来说，社区能源活动在改变居民的能源规范方面最为有用，即人们会发展变革的愿望。同时，它有助于帮助建立社区居民与管理者之间的信任关系，是社区宣传某一主题知识的有效工具。

三、Brockville 社区能源活动组织过程存在的问题

因为组织本次社区能源活动的主要目的之一是服务于相关学术研究，这也带来了语言沟通的问题，小部分参与者认为，活动过程所使用的语言过于正式。例如，一位受访者提道，"你应该教人们如何参与到社区互动中，而不是让他们感觉自己在被研究？为了确保能够以文化安全的方式获得所需的信息，让人们感觉到他们可以参与并做出贡献，这很重要。我认为，在举办第三次活

动时，人们开始更加主动地提出问题和担忧，这很好。你需要营造这种氛围"。

可见，社区在组织相关活动时，还需要注意与社区居民的沟通方式。要尽可能采取非正式的沟通方式，营造良好的互动氛围。

四、对国内社区活动管理的启示

根据 Scott 等学者（2016）的研究，社区活动是建立社区居民与社区管理者之间信任的有效工具，这种信任又能进一步推广和社区居民健康和幸福感有关的主题知识。定期开展相关社区活动，还有助于激发居民对社区和家庭未来计划的讨论和期望。

国内社区管理者可以从 Brockville 社区能源活动的组织中吸取相关经验和教训，主要包括：（1）在开展相关主题社区活动时，可先组织一般性的专题普及讲座及研讨会，但要注意将接下来的执行人员纳入活动的参与者或演讲者之中，以此建立社区居民对执行人员的信任。（2）在组织社区活动时，要注重社区活动的可持续性。采取"知识普及—经验分享—激发讨论"的目的线，有助于由浅及深地探讨问题，进而最大程度地发挥社区活动解决治理问题的功能。（3）在以解决社区治理问题为导向的活动中，可结合社区其他基础活动，这样更有利于促使主题活动在初期得以顺利开展。（4）注意识别社区中具有影响力的团队和成员，并让社区居民感受到自身的贡献，这将有助于在组织社区活动过程中营造轻松愉悦的交流氛围，进而消除社区居民的忧虑，而敢于发表有关治理问题的意见和分享自身的故事。

资料来源：

Scott M G，Mccarthy A，Ford R，et al. Evaluating the impact of energy interventions：home audits vs. community events［J］. Energy Efficiency，2016，9（6）：1221-1240.

案例 2 布里斯班中国节：打造展示中华文化、促进社区融合的专属活动

有华人的地方，就有春节。春节是被世界人民所熟知的属于中华民族的传统节日，春节作为中国人的集体记忆，散发着强大的民族认同、身份认同和文化认同的魅力，是海外华侨华人抒发思乡情怀的重要寄托。作为被誉为"最会过春节的西方国家"，澳大利亚每年举办的中国新年庆祝活动已成为全世界除中国外规模最大的新年庆典，其中昆士兰州作为澳大利亚的华人主要聚集地之一，所举办的布里斯班中国节（Brisbane Chinese Festival，BCF）是最受当地居民欢迎的社区活动之一（见图 1）。

图 1 布里斯班中国节官网宣传图

BCF 是由布里斯班中国节组委会、昆士兰州华人联合理事会（QCUC）和昆士兰华人艺术联合会等机构共同主办的昆士兰州规模最大的华人年度盛会。自 2012 年起，每年在中国农历新年期间举办（受新冠感染疫情影响，2020、2021 两年停办），为期两天。每年的节日内容精彩纷呈，不仅当地华人积极参加，游客和本地居民也被博大、多彩的中华文化深深吸引。欢庆大游行（The Grand Parade）、新春游园会（The Felebratory Fete）、皇后街现场表演（Queen

Street Performance）、四海同春文艺晚会（The Great New Year Gala）等充满民族特色的活动以及让人眼花缭乱的地方美食为当地华人表达对家乡的思念提供了美好的载体，也展现了布里斯班地区愿为华人提供适宜社区的一片诚意（见图 2）。

图 2　2019 年第八届布里斯班中国节海报

这一节日的连续成功举办让当地华人对所生活的社区赞赏有加，也成为布里斯班的一张亮丽名片。接下来，我们从社区治理的角度，讲述为什么要组织举办布里斯班中国节、活动反响如何，以及对国内社区管理者而言有哪些值得思考和借鉴的。

一、为什么要举办布里斯班中国节？

澳大利亚一直是全球备受欢迎的移民国家之一，中国侨民是澳大利亚的第二大移民群体。面对居民种族的多样化和华裔数量的趋增，帮助移民在本地展示其来源国的优秀传统文化，并与本土居民建立和谐相处的关系，需要澳大利亚有能力接纳多元性和激发居民的社区认同感与凝聚力。社区节日是能够吸引社会成员积极参与并帮助移民之间以及移民与本土居民之间快速有效建立新的互动关系的重要手段，这种节日大多是由当地的非营利性组织发起，旨在通过开展特色文化活动，促进社区居民持续互动，从而产生共同的地方认同感。

春节作为中华传统文化的重要组成部分，对世界各地的中国侨民都具有特殊的意义。为促进社区内外部发展，位于澳大利亚昆士兰州的布里斯班华人社群打造了布里斯班中国节。从社区内部发展角度，保护和传承中国文化遗产是节日组织者举办中国农历春节的重要原因，当地华人认为"展示、分享、保护和传承中国文化，让中国文化在世界范围内延续是侨居海外的每个中国人应该承担的责任"，并且"对于新出生在澳大利亚的中国侨民来说，有机会了解和接触自己的根源之地、唤醒对民族身份的热爱，能促使华人社区更加团结"。从社区外部发展的角度，华人社群举办该节日不仅向其他族群展示了自身丰富多彩的文化，并为丰富社区的文化多元性、促进与其他群体之间的互动提供了平台，同时也有助于展示友好形象和消除一些偏见或歧视。也因为这个原因，组委会把主会场从 Sunnybank（一个深受华人喜爱的郊区）移到了布里斯班的 CBD 中心——国王乔治广场。

昆士兰华人联合理事会（QCUC）是致力于团结昆士兰华人，帮助华人社群与政府、行业和其他多元文化社群沟通，为华人社群提供服务并建设和谐繁荣社区的非营利组织。作为布里斯班中国节的主办方，QCUC 与当地政府、中国驻布里斯班总领事馆、社区商业等组织机构沟通和商议活动具体内容，为华人打造一场惊艳的新春盛会，让华人社区在活动中健康成长。

二、布里斯班中国节的活动内容

自 2012 年首次举办以来，在中国国务院侨办、中国驻布里斯班总领事馆、澳大利亚昆士兰州政府等政府机构和当地商界的大力支持下，布里斯班中国节的规模不断扩大，活动内容日趋丰富。以 2019 年第八届布里斯班中国节为例，主题活动在布里斯班市政广场举行，参与大游行的人数增至 3000 余人，50 多个社团和同乡会盛装出场。除华人社团外，组委会还特邀印尼、韩国等国家的社团参与巡游，共同宣传澳大利亚的多元文化。

总的来说，布里斯班中国节主要包含 3 项内容：欢庆大游行、新春游园会和文艺晚会。其中，欢庆大游行是参与人数和观众人数最多的活动，一般持续近 3 小时，包含舞狮表演、献哈达、地方特色民族服饰展示、少儿武术等，彰显了中国人的文化自信以及友好包容、团结向上的形象，让现场的每位华人华侨都感到无比自豪，也令其他民族惊叹于中华文化的深厚底蕴。

新春游园会是汇集美食、娱乐设施、特技表演等于一体的重点项目，在节日期间持续进行，来自世界各地的观众在游园会上可以沉浸式地体验中华文化，或品尝四川凉面、武汉热干面、东北饺子、陕西肉夹馍、天津煎饼果子等地方特色美食，或体验画脸谱、猜灯谜、写春联、剪窗花、吹糖人、穿古装等特色项目。文艺晚会则如同中国春节联欢晚会一般，是不可或缺的存在，晚会有来自中国和当地的优秀艺术团体参与，乐团合唱、国粹京剧、神秘魔术、劲爆街舞、惊险杂技……精心的布景设计搭配美轮美奂的舞台演出，为一年一度的布里斯班中国节画上圆满的句号。

"令人惊讶的人潮现场，非常快乐的一天"，澳大利亚财政部长 Jim Chalmers 曾经在社交媒体上表达对中国节的赞美。布里斯班中国节已然成为最受华人社群喜爱的活动之一，虽然受新冠感染疫情影响，第九届中国节推迟至 2022 年举办，但居民参与热情依旧高涨，积极报名担任志愿者，帮助迟到的节日顺利举办。社区节日凝聚了海外华人的爱国情怀，并在一定程度上消除了来自不同地区居民间的隔阂，创造了更多美好的社区记忆（见图 3）。

图 3　2019 年第八届布里斯班中国节活动现场

三、对社区活动管理的启示

作为澳大利亚华人华侨的主要活跃地点之一，布里斯班具有居民背景复杂多元的特点。布里斯班中国节较好地兼顾了移民、本地居民和游客以及政府部

门的诉求，并整合多方资源，为我国社区管理者提供了有益的借鉴：

（1）活动是社区治理与服务的有效手段，将地方文化与传统或现代节庆相结合，组织开展特色活动，有助于打造创新社区，提升居民对社区的认同感和满意度。（2）面对居民背景的多元化，社区管理者可以通过查阅资料、与居民沟通等途径，了解主要社群的文化特色与诉求，策划主题鲜明但包容性强的社区节日，让某个社群内外的人都能参与进来，共同感受本社区的多元文化。（3）举办社区节日，要充分利用社区内外部资源，联合政府部门、商业企业、非营利性组织等各方利益相关者，同时吸引居民成为活动的志愿者甚至组织者，在活动策划和组织过程中建言献策、奉献力量。

资料来源：

Nicole Y N，Mair J，Lee A，Ong F. Exploring community festivals in the context of the Chinese diaspora［J］. Event Management，2022，26（4）：931-947.

昆士兰华人联合会. 布里斯班中国节［EB/OL］.https://www.qcuc.com.au/zh/bcf，2022-08-05.

2022亿力基金第九届布里斯班中国文化节［EB/OL］.https://www.meipian8.cn/48zpo4p2，2022-08-05.

案例 3　Hackney Wick 好奇商店：将地方活动作为社区参与的工具

关于 2012 年伦敦奥运会已经有很多文献，但本案例将关注奥运会遗产地伊丽莎白女王奥林匹克公园（The Queen Elizabeth Olympic Park）附近的一个社区——Hackney Wick。尽管奥运会对伦敦和英国具有战略意义，并加速了伦敦东部长期以来所期待的复兴，但当地居民的生活仍遭受了诸如噪声和污染、住房损失、道路封闭和停车限制等负面影响。在 2012 年伦敦奥运会规划过程中，因为快速决策的需要，缩短了讨论和民主的过程，这意味着当地人几乎没有机会改变对他们生活有直接和永久影响的提案。在这种背景下，社区活动成为人们聚会分享故事和经验的一种方式，并试图发展他们的社区意识和表达他们对地区重建和改变的愿望。

一、关于 Hackney Wick 社区和好奇商店

Hackney Wick 社区位于东伦敦（East London），地处伊丽莎白女王奥林匹克公园外围。该社区开发了一项倡议——利用社区活动吸引人们参与到有关活动和讨论中，并创建当地社区的网络。"当地社区"（local community）一词指居住在该地区的人（不同程度的生活 / 工作），但一些受访者虽然居住在邻近行政区的 Fish Island，但也认为自己属于 Hackney Wick 社区。

这个社区的居民由来自不同社会、经济和种族背景的人组成，大致可分为三个主要群体：（1）old Wick，由以白人为主的长者构成，他们已经在该地区居住多年。（2）new Wick，一个拥有更多种族的群体，他们最近才搬来，占据了一些较新的社会性住房（social housing）。（3）arty Wick，主要是艺术家和从事创意产业的人，他们中许多人是最近才搬来，占据了该地区的私人出租空间（private rented spaces）。前两个群体主要居住在社会性住房区，由于缺乏社会资源，如信心、社交网络、教育和经验，许多人对合作的任何好处都不抱太大期望。创意社群的成员更年轻，受过大学教育，有技能、社交网络和共同

兴趣，这使得他们更容易一起交流和参加活动。上述不同的群体经常碰面，但往往过着平行的生活，除了邮编地址外，几乎没有其他联系。

2008 年，在奥林匹克公园建设和该地区大规模城市更新的动荡背景下，好奇商店（Curiosity Shop）出现了。它的第一次迭代是一个社区参与项目，即利用一系列小规模的社区活动将人们聚集在一起，收集当地的记忆和历史，并让居民们参与到一个新的社区节日中来。参与这个节日的一些人，来自当地学校、教堂、社区中心、艺术组织和医生手术室等各类机构，他们都认为这是一种改善社区内部关系和鼓励人们参与讨论这个地区的未来的方式。人们在学校门口、咖啡馆、汉堡售卖车、药店、医院或类似的地方交流，并被邀请在一系列活动和研讨会中分享他们的经验和故事。该项目还利用艺术家来激起人们对社区事务的兴趣，并鼓励诸如讲故事、制作酸辣酱、唱老歌、烹饪食物、制作奶油茶之类的活动。这些活动旨在产生一种社区意识，并鼓励人们讨论社区的变化。到了 2009 年，该项目没有了资助，但其大部分内容被开发成了数字档案，并在随后的节日中再次展出。

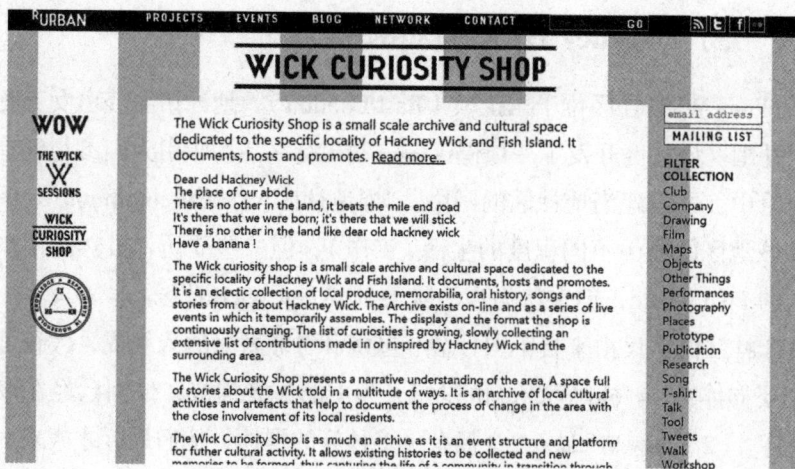

图 1　Wick 好奇商店的官方网站首页

好奇商店的第二次迭代始于 2011 年，当时它已经成为一个临时游客信息中心，在一个名为 Folly for the Flyover 的临时节日和表演场地展示当地的景点。从那时起，好奇商店的想法被循环利用，并与其他社区发展计划交织在一起，被当作一个"传播社区想法的档案馆和场所"，而且在当地的活动和节日中展示。引用伊丽莎白女王奥林匹克公园（2015）的描述，它曾是一家汇集了 Hackney Wick 一系列研究、历史和文化成果的书店，是一家展示有关物品回收利用的想法的商店，是一个展览空间，也是一家共享商店。

总之，这个好奇商店是由社区主导的，展示了社区的历史和本地居民的想法，但它是由创意社群内一小部分人制作的，并且由于它"完全没有针对性，只是让当地居民参与进来"，因此也受到了一些批评。

二、好奇商店的积极效应

好奇商店的活动让那些被边缘化的人们得以参与到关于快速变化的社区未来发展的辩论中，甚至为居住在社会住宅区中实力较弱的群体提供了表达想法和意见的机会。这些活动带来了一种力量感，让人们有一种参与社区更新辩论的感觉。

一是提供了一个过程来表达社区居民的愿望。作为一种方法，聚会、创造和游戏的结合具有相当大的潜力，可以吸引社区中各种各样的人，并阐明对当地人来说什么是有价值的，当然，也使人们能够对本地主要的负面或部分形象进行反面叙述，进而支持发展一个更加"有话语权的公共领域，人们可以在其中讨论他们的城市或社区是什么，应该是什么"（Healey，2002）。各种活动有助于提供充足的空间、充足的机会和充足的时间来把事情说开，从而化解矛盾并解决一些问题。

二是使社区能够发展关系网络，并与其他项目相关联。好奇商店项目使当地人能够提出想法并改善该地区，做一些基于当地的事情……给他们更多的自主权和权力来影响社区的性质和特点。它利用赢得的 Wick Award 彩票资金[①]，支持和资助各种当地居民设想的项目、具有包容性的青年及社区项目以及当地住宅区内的各种社区活动。正如 Stevenson（2020）在访谈中所发现的：

最初公众参与节日前的一系列活动……但当人们参与到好奇商店中来时，也就默认为参加了社区节日。这是一个有趣的工具，可以实现一个目标，但同

---

① 注：了解更多 Wick Award 的信息，可以参考 http://www.wickaward.co.uk.

时也发展了很多其他的联系（Project instigator［Space］，2009）。

三是与社区活动相关的实践具有巨大潜力，并可以作为一种机制，让社区内不同的人群参与关于社区发展和变革的讨论。总体而言，社区活动的策划和组织是欢快和可接近的，并且涉及人们的参与、创造和共同行动，因为人们通过集体行动联系起来，并一起设想、计划和学习。例如，有些活动鼓励老年群体分享对社区过去的回忆，并让社区新成员参与到讲故事、唱歌和猜谜中。这些包括音乐、美食、活动和游戏的社交活动的欢快气氛容易吸引人们聚集在一起，并鼓励大家轻松地参与到关于社区发展所面临的机遇和挑战的辩论中。

三、好奇商店的局限性

在市场主导的大型活动更新背景下，与好奇商店相关的当地活动的局限性是显而易见的。一方面，好奇商店组织的活动对社区居民来说是有意义的，因为这些活动解决了一些地方层面的需求，为社区居民提供了共同参与的可能性，并促进了社区基础设施的完善。但另一方面，几乎没有证据表明这些活动影响了该地区更广泛的变革进程，或改善了社区内少数创业者个人的社会环境，并在更广泛的社区更新过程中创造了再分配或社会公正的结果。

好奇商店的活动在推动变革方面的局限性，主要归因于缺乏强有力的政策来保证社会公正的结果以及将社区想法转化为实践的政治意愿。换句话说，尽管"在 Hackney Wick 社区，人们很愿意聚集在一起，发表自己的看法，表明他们希望如何塑造自己的社区，但是却缺少使他们能够这样做的监督机制"。因为这些社区活动规模普遍较小，而且是由地方一级组织的，能支配的资金少甚至没有资金，因此，它们往往无法解决决策者和投资者之间的不平等问题。

此外，还存在一些与社区内的权力不平等或不对称相关的局限性。例如，在许多活动中，创意群体是最有发言权和最活跃的，他们善于表达，有许多共同的愿望和网络，因而在关于重建和当地人对未来期望的讨论中更占优势。相反，地产群体处于该地区的主流群体之外，且社会特征、社交关系和需求复杂多样，所以参与度较低。这样就很难确定一套社区居民普遍接受的愿望，并将其传达给政策制定者。通过 Wick Award 资助的项目和活动，一直在努力应对这个问题，以确保项目和活动反映出庄园社区内广泛的需求。从好奇商店和社区节日中学到的知识和网络一直存在，活动继续在社区参与中发挥作用。

四、对社区活动管理的启示

好奇商店的案例说明了两个基本事实：一是社区活动在发展社区意识和促进建立当地资源、社交网络和社区决策结构方面具有特殊的功能，以活动为基础的倡议可以成功地吸引当地居民广泛地参与到关于社区发展和变革的讨论中。这些活动具有持续性影响，它们将人们聚集在一起，促进互动，并在社区不同群体内部和之间以及社区与决策者之间建立联系，为人们提供了讨论、探索和参与变革或重建的机会。

二是社区活动创造了共同的经验和对话，并支持社区关系网络的发展，使人们能够产生对表达和变化的渴望，同时促使决策者在重建地区时寻求更多的社会公正和可持续成果，但它们不能解决不平等的广泛、根本原因。

因此，若将社区活动作为一种治理工具，需要根据活动规模和层次的不同，在组织机构、参与范围、宣传途径等方面进行精心设计，同时要注意和其他项目的衔接。此外，为提高活动的效果，社区活动要保证较高的居民参与度。一个节庆活动组织者这样表述道，"如果你真的想让社区参与，你必须用不同的方式来表达。只有活动与居民相关，他们才会参与"。

资料来源：

Stevenson，N.Having a say? The potential of local events as a tool for community engagement ［J］. Event Management，2020（24）：435–445.

案例 4 志愿 V 积分：激发社区治理 "大能量"

相关调查研究显示，社区普遍存在居民公共精神薄弱、多元主体缺乏参与平台、持续性参与的激励机制不健全等问题，从而致使社区治理工作难以有效开展。如果能够有效调动和整合广泛的社区资源，激发社区多元主体参与到社区治理和服务中的积极性，将对社区发展起到巨大的促进作用。怎样做才能达到这种效果呢？

在社区治理过程中，很多地方都采用特色活动来激励居民参与社区建设，其中广东省佛山市禅城区石湾镇街道打造了一个 "志愿 V 积分" 项目，受到了广泛好评。该项目针对所在社区邻里关系淡薄但居民文化水平高、社区资源丰富等特点，建立了爱心流通枢纽平台——志愿 V 积分，以有效调动社区资源，推动多元主体参与社区活动和相关治理工作，同时也增强了社区居民的归属感和责任感。

一、关于 "志愿 V 积分" 项目

2017 年，佛山市世纪阳光社会工作服务中心承接了广东省佛山市禅城区石湾镇街道湖景家庭综合服务中心（以下简称湖景家综）项目，搭建了 "志愿 V 积分" 爱心流通枢纽平台，旨在整合各方资源，促进社区居民及其他主体参与社区治理，从而促使原本的 "陌生社区" 逐渐向 "熟人社区" 转化。

概括而言，"志愿 V 积分" 项目具有 3 个特点：

（1）积分机制。该项目以 "志愿 V 积分" 为纽带，将社区和社区多元主体连接起来，并坚持 "互益" 原则。这里的 "V 积分" 是志愿者通过参加社区服务活动、捐赠物品等方式获得的一种虚拟积分，其中获得积分的多少根据其参加社区服务活动的时数、捐赠物品的价值等来决定。例如，3 个志愿服务时数 =1V 积分，捐赠价值 50 元物品 / 人民币 =1V 积分。这样，服务时数越长、捐赠品价值越高，V 币积累就越多。

志愿者可以根据自己的需要，将 V 积分兑换成物品、服务、场地租用等。

例如，社区居民志愿者可凭 V 积分在湖景家综志愿 V 站兑换实体商品，在特定时期内租用场地或优先享受服务，等等；爱心商家可凭借 V 积分兑换场地租用或获得在公众号平台宣传的机会。正如湖景家综志愿 V 站总负责人罗炜安所说，湖景家综硬件设施条件优异，更加激发了人们参与社区服务的动力。

"我们这里的活动场地有一千多平方米，可以同时开展十场活动，居民和志愿者随时可以租借到场地，因此他们参加活动的热情非常高。"

该项目联动"社工—居民—合作伙伴"三方主体，发挥 V 积分的激励作用，以服务换积分、积分兑实物、积分兑服务的方式，实现了奉献、积分、回报的志愿服务良性循环，有效提升了广大群众参与社区治理的积极性和主动性，进而促进了社区参与。整体框架如图 1 所示：

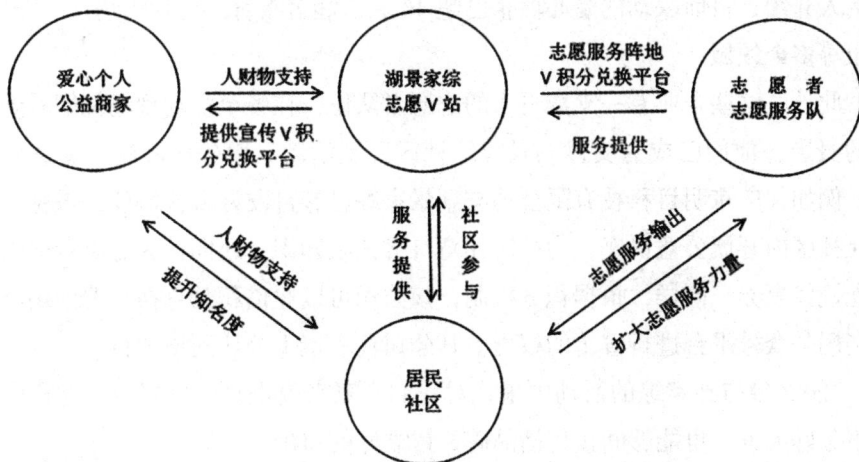

图 1 "志愿 V 积分"爱心流通枢纽平台工作示意

（2）各方共建。"志愿 V 积分"项目注重联动多方主体，共同打造爱心流通枢纽平台。在志愿 V 积分的激励作用下，项目吸引了大量社区居民、志愿者和爱心企业参与到社区共建、共治工作中。

面向社区居民，在 V 积分的激励作用下，居民加入志愿者队伍的积极性得到了提升，志愿者队伍不断壮大。为了有效发挥社区志愿者的作用和自身优势，项目搭建了"供—需"双向服务平台，组建各类型志愿服务分队，如"党员志愿者队""社区环境卫生安全先锋队""美食志愿者队"等，这样，志愿者能够根据自己的兴趣和优势来选择参与不同形式、内容的志愿服务。在此过程中，志愿者不仅能够充分发挥自身优势，实现自身价值，还增强了社区归属感和责任感，呈现出"我的社区我做主"的主人翁氛围。例如，在抗疫期间，党员志愿者队跟着村（居）工作人员一起"同值班""同上门"，冲在抗疫第一线，为居民尤其是居家隔离人群发放物资，提供线上情绪支援服务等，充分激发了志愿者的奉献精神。

面向爱心企业，为了充分利用其资源助力社区建设，项目围绕社区发展和社区居民的需要，以"志愿 V 积分"为抓手，与辖区爱心商企签订《友好合作协议》和《阳光微社区微信平台服务协议》，以期建立社区资源"V 商圈"。项目鼓励企业为湖景家综提供优质资源和专业服务，或捐赠钱物等。据相关负责人介绍，目前联动的爱心商企已超 40 家，涵盖教育、医疗、培训、养生、健康等多个领域。

此外，这些企业有一支数百人的志愿者队伍，在各个活动现场都能看到他们的身影，他们已成为支撑湖景家综社区开展活动、服务居民的一支重要力量。例如，广东明目科技有限公司与湖景家综已签订友好合作协议，该企业不仅在社区内开展公益讲座，为社区儿童科普护眼知识，还向社区志愿者捐赠验光配镜优惠券。同样，根据积分机制，该公司可以凭借积分兑换免费使用场地和利用公众号平台进行宣传的权力。其公司代表也十分认同该项目：

"能够参与到家综的活动中来，对我们商家来说也是一件好事，这样既能够服务好大家，也能够间接传播品牌，树立好的口碑。"

（3）多元共治。通过联动社区居民、爱心商企和志愿者等多元主体，志愿 V 积分体系有效增强了各方主体的社区参与能力，同时提高了社区治理效率。例如，"集爱送暖"和美行动在每年冬至进行，旨在为社区内的独居长者、环卫工人送温暖，至今已经举办四年。在 2021 年的活动中，组织者发动了社区多元主体的力量：爱心商企捐赠了围巾、艾贴、护手霜以及茶叶等物资；"义卖手工队"成员制作了香包和零钱包；"美食特工队"成员烹饪了可口咸汤圆；社区志愿者协助社工将"集暖包"和汤圆送到了独居老人、环卫工人手上，对他们进行探访慰问。

由于积分机制的激励作用，"志愿 V 积分"爱心流通枢纽平台项目实现了居民参与的持续化，项目影响范围不断扩大。据相关数据显示，截至目前，注册志愿者人数已达 500 人，累计服务时间超过 8000 小时，V 积分达到 2300 多分，服务辖区群众超过 4.8 万人次，共培养了 7 个志愿服务分队，如"党员志愿者队"，以太极、合唱、舞蹈等兴趣培养为主的志愿者队，"社区环境卫生安全先锋队""义卖志愿服务队"等，开展各类活动 800 多场次。

二、"志愿 V 积分"活动的效果

"志愿 V 积分"活动充分利用了社区居民、商企、志愿者等多方力量，并利用积分机制来激发各方力量参与社区治理，使得各方充分参与到社区治理和服务工作中，实现了多方互益、社区进步的目的。

一是深化了志愿管理体系，充分激励居民参与社区服务。湖景家综旨在利用"志愿 V 积分"平台，打造一个"四化"志愿服务管理系统，即宣传招募常态化、能力培育精细化、管理手段创新化、社区服务项目化。其中利用"志愿 V 积分"这样的创新管理形式，充分发挥了积分机制的激励作用。同时，将 V 积分作为居民志愿者年终考核评优的一个重要指标，根据年度 V 积分的多少和其他考核标准对不同类型的志愿者和志愿分队进行评级，对表现优异者进行表扬和奖励，进而提高了居民志愿者和志愿分队持续参与志愿服务的积极性，提升了社区参与的水平和能力。

二是通过组建志愿服务分队，营造浓厚的社区互助氛围。"志愿 V 积分"项目以"互益"为核心，首先是鼓励社区居民注册成为志愿者，加入自己感兴趣的志愿服务分队，并利用自己的特长帮助有需要的人。其次，关注到了社区内商企的力量，爱心商企为社区提供优质的资源和服务，社区回馈给爱心商企租用社区场地或宣传推广的权力等。该机制不仅增强了社区居民的社区归属感，彰显了社区商家的公益力量，还提高了商家在社区的知名度，营造了浓厚的社区互助氛围。

三是联动社区多元主体，夯实多元参与的基础。"志愿 V 积分"体系发挥着团结社区多方力量、整合社区资源的重要功能。该项目以 V 积分的激励机制为核心，不仅注重社区组织、志愿者队伍的培育，还组建了多支居民充分参与的志愿服务分队，同时注重盘活和整合社区商企资源，强化了社区居民、志

愿者、爱心商企、社会组织等多元主体的互动。在这个过程中，带动了更多的社区居民关注和参与社区事务，真正做到"共建、共治、共享"。与此同时，社区内的不同主体通过志愿者活动增进了彼此间的了解，进而增强了社区凝聚力。

三、对社区活动管理的启示

从"志愿V积分"项目中，社区管理者可以获得3点核心启示。一是社区活动为社区各方主体提供了参与社区治理工作的机会，但是要注意发挥活动的激励作用。这就要求充分考虑社区居民、社区企业和组织等不同主体的需求，以双方互益为核心思想，促进其积极主动地参与到社区活动中。

二是通过整合社区多元主体力量，能够提升社区治理效率。社区是由不同类型的成员构成的，都发挥着不同作用，采用社区活动的形式能够将多元主体联结在一起，使其共同致力于社区治理工作，同时能够提升社区居民的归属感、责任感和荣誉感。

三是通过打造能够满足社区多方主体需求的社区活动，有利于培养和打造社区关系网络。好的社区活动能促使社区内的多元主体相互了解、交流和互助，从而加深社区内的联系程度，增强社区凝聚力。

资料来源：

关宝燕，蔡丽安.志愿服务"小积分"激发社区治理"大能量"[J].中国社会工作，2022（13）：41-42.

第 13 章

活动与社区发展案例

　　社区活动特别是各类文化活动是社区吸引游客和获取收入的重要手段，同时也能给社区成员提供休闲、娱乐机会。这些活动不仅给主办社区带来社会经济效益，还向游客、社区和世界传达相关信息，从而激发外界对社区的积极态度。此外，社区和文化活动能共同创造或改变居民的生活方式，因为人们利用空闲时间在公共活动中进行社交，而幸福感可能正好来自这种互动（Valek et al., 2019）。

案例 5　Art Normal 公共艺术活动：让艺术、文化和创意活动成为社区发展的驱动力

艺术能让社区成员更深入地了解自己的文化价值和社区身份以及与自身文化观念不同的人，这将有助于人们更具批判性地思考所遇到的社会文化问题。在泰国，对于普通民众来说，参观美术馆或博物馆并不是一件习以为常的事，因为视觉艺术通常被认为是一种高雅的文化。大多数泰国人仍然认为艺术是一种抽象的、陌生的、复杂的东西，也难以理解艺术品的价值，特别是对于叻丕（Ratchaburi）这样的小地方，大多数当地人在生活中从未参观过画廊。由于缺乏对艺术价值的理解，使得社区成员没有准备好在现代世界中发展他们的创造力、艺术想象力、审美鉴赏以及认知和解决问题的技能。另外，公共艺术在传统的艺术空间外迅速成长，并成为社区发展不可或缺的一部分。

在此背景下，学者 Sompong Amnuay-ngerntra（2016）以泰国一座曾经被游客忽视的城市——叻丕为例，研究了公共艺术作为一种构建社区身份和推动社区发展的驱动力的作用。

一、公共艺术在社区发展中的角色

艺术本身的定义很宽泛，它能丰富人们的文化认同，并帮助人们质疑、解释和理解所生活的社会的重要性。然而，美术馆可能并不总是能对观众形成足够吸引力，这时，公共空间成为众多艺术家展示其艺术作品的另一种方式。顾名思义，公共艺术就是指这种在公共空间中的艺术创作及相应的环境设计，比如，特定地点的装置、平面设计、电影、数字媒体和视频、工艺品、陶器、雕塑、绘画、涂鸦、大地艺术、表演艺术等，而且这些空间是对普通公众开放的。

公共艺术活动可以通过互动、对话、分享故事和质疑周围所有的社会文化问题来强化社区关系（community relationships）。此外，公共艺术项目能为当地居民提供从专业艺术家那里学习新的创作技能和技巧的机会，尤其是摄影、

合唱、书法和绘画等。换句话说，通过传授新的创作技能和技巧，公共艺术能提高社区成员的创作潜力和自尊感受。

此外，从目的地的角度看，公共艺术项目可以促进城市基础设施建设，并使城市景观对居民和游客更具吸引力。同时，有助于社区创造积极的形象。以艺术为基础的社区项目，在吸引更多艺术家、旅游者和外部投资者方面也具有重要作用。

二、公共艺术与叻丕

叻丕是泰国叻丕府的首府，位于泰国中部地区，坐落在湄公河畔，距离曼谷 80 千米左右。叻丕拥有丰富的文化遗产、历史遗迹和多样化的景观，也是一个多民族地区，主要有孟族、拉瓦族、老挝族、克伦族、高棉族以及华人。叻丕在艺术和手工艺品方面久负盛名，这里是龙纹水缸的主要生产地，也是泰国陶瓷生产工艺水平的代表。如今，叻丕的几家陶瓷厂生产传统和现代陶瓷，主要用于家居和花园装饰。尽管叻丕曾经有过辉煌的文明，但它却经常被当地居民、年轻人和旅游者忽略和遗忘。

虽然叻丕的城市规模很小，但各种志愿者组织和部门在公共艺术活动中非常活跃。过去 20 多年，叻丕的许多当代艺术活动都是在自愿的基础上举办的。其中，Wasinburee Supanichvoraparch 是以艺术为基础的社区项目的关键人物之一，他是当地陶瓷制造领导者品牌陶洪泰的第三代继承人。他与当地各种团体合作，希望利用艺术活动来推动地方发展，提高当地居民生活质量。他甚至还与当代艺术和文化办公室合作，试图把叻丕变成一个当代艺术的目的地。他希望艺术在叻丕无处不在——在市民的家里，在面馆或在公共汽车上，以及所有当地人熟悉的地方。

为了打破传统画廊的界限，并通过在每个区域展示各种艺术作品，使艺术更容易为当地人所接受，甚至作为他们日常生活的一部分，一个名为"艺术常态化"（Art Normal）的展览艺术项目于 2011 年 12 月在全市范围内被推出。

这个为期两个月的活动旨在让当地居民在日常生活和公共空间中接触艺术。经过设计，75 个地点被改造成艺术画廊，其理念是"每座房子都是画廊，每一个地方都是艺术博物馆"。展览场地包括咖啡店、餐厅、小吃摊、美容院、杂货店、肉铺和叻丕的第一家酒店等。共有 124 位艺术家参与了这次公共艺术活动,包括专业和业余的雕塑、绘画、摄影、诗歌和公共涂鸦设计师等。当地居民还接受一些专业艺术家的绘画、摄影和短片培训,并在自己居住的地方展示了艺术品。

除了在城市周围展示全国认可的艺术品外,此次展览还设立了自行车道,以推广与旅游活动相关的文化和艺术景点。这也是这次公共艺术活动的创新之处,它以"慢旅行、探索艺术和文化"为理念,创造了新的旅游路线。在新设计的艺术地图上增加了"骑行路线",游客可以骑着自行车,用他们的艺术地图来定位不同地点的艺术活动。这种方式通过互动和分享人们对艺术和文化的兴趣来增进主客关系提供了一个机会。

三、Art Normal 公共艺术项目的效应

概括而言,Art Normal 项目在社区成员发展、社会发展、物质环境和经济发展 4 个方面带来了显著效应。例如,在社区成员发展方面,通过接受专业艺术家的培训,许多居民提高了自身技能,这也增加了他们的自我认同和强烈的社区自豪感。在社会发展维度,这次公共艺术活动通过让当地人、专业艺术家、业余爱好者、艺术组织和当地政府机构参与其中,促进了居民和旅游者之间、居民与居民之间等各类关系和社会资本的发展,增强了社区的集体认同感。

当然,这次公共艺术活动也遇到了许多挑战。首先是如何使公共艺术对当地社区的发展更具有可持续性。例如,如何可持续地建立和增加社会资本?"将每栋房子都改造成画廊、把每一处地方都变成艺术博物馆"的初衷如何得以实现?其次,如何获得更多的政府支持和资金?从目前的情况来看,尽管 Art Normal 活动和叻丕省其他艺术类俱乐部所开展的公共艺术项目均取得了初步成功,但政府机构对公共艺术发展只有少量的支持,一些艺术家和艺术类俱乐部正在为各自的社区吃力地争取更多的公共艺术活动。

四、对社区活动管理的启示

首先,各类公共艺术活动,包括艺术展览、讲习班、研讨会、艺术地图的

创作和城市艺术骑行道路等，为本地居民和游客之间、居民和居民之间、居民和非营利性组织之间等提供了互动、社交和发展关系的机会。当前，在国内社区建设中，对公共艺术活动的使用相对较少。

其次，Art Normal 项目的成功在很大程度上依赖于活动组织者对公共空间的独特设计，以及当地居民在公共区域和现有基础设施的日常表现。所以，要保证公共艺术活动的效果，当地居民的参与和支持至关重要。一方面，居民通过学习和参与会更有获得感；另一方面，对旅游者来说，当地居民的参与为公共艺术活动提供了富有烟火气和生命力的内容。

此外，该案例告诉我们，在过去，叻丕市的政策制定者、行业主管部门和相关行业协会未能认识到艺术和其他创意产业的价值，以及它们如何与旅游业进行有机结合。正因为如此，Amnuay-ngerntra 建议地方政府提供政策杠杆和制度支持，以将艺术、文化和创意活动作为一种创新政策，促进社区的可持续发展和旅游目的地竞争力提升。

资料来源：

Amnuay-ngerntra, S. Community Development through Public Art Event in Ratchaburi, Thailand ［EB/OL］.Jepson, et al. (eds.), Managing and Developing Communities, Festivals and Events, 2016, DOI: 10.1057/9781137508553_7.

案例6　引导居民走上街头和迈向未来：
卡特里娜飓风后新奥尔良的社区活动

新奥尔良（New Orleans）是美国路易斯安那州南部的一座海港城市，同时也是该州最大的城市。1718 年，在让－巴蒂斯特·比安维尔（Jean-Baptiste Bienville）带领下，法国人在靠近密西西比河口的新月形高地上安了家，形成了最早的新奥尔良老城。很快，新奥尔良成为欧洲、北美、美洲原住民和非洲文化的大熔炉。19 世纪中叶，新奥尔良优良的海港与运输条件使其成为美国南方最具吸引力的大城市。20 世纪初，随着大量外国移民涌入，新奥尔良成为名副其实的文化熔炉。从 1997 年到 21 世纪的 2004 年，新奥尔良的市区人口超过 79 万人。

2005 年 8 月，卡特里娜飓风袭击了这座城市。这次飓风被许多新奥尔良人和学者认为是一场由自然灾害演变成人祸的灾难，给当地人们带来了普遍的不安全感和巨大的生活压力。在面对所有的不安全感时，社区活动可以被视为控制和表达这些不安全感以及抗争的一种策略。本案例主要探讨在卡特里娜飓风后社区活动对当地人们生活的意义。

一、几个传统社区活动

1. 新奥尔良爵士葬礼

新奥尔良爵士葬礼（New Orleans Jazz funerals）是著名的庆祝仪式，其典型的模式如下：在仪式第一部分，参与者会公开哀悼死者的逝去，而在第二部分，葬礼会变成一场欢乐的庆典。这种仪式在新奥尔良的历史中根深蒂固，其重要性和意义十分复杂。几乎从城市发展之初，游行就已经成为新奥尔良社会生活的一部分，而爵士乐葬礼则是从由奴隶们的非洲宗教和欧洲的基督教同步形成的奴隶文化中发展起来的。旧时的传统是奴隶们会缓慢地列队走向墓地，葬礼结束后，他们会排成第二线（second line），伴着欢快的曲调又唱又跳。

在比较爵士葬礼和传统演奏中，我们可以看到非洲和海地侨民的痕迹以及对死者的价值观和信仰。这种爵士葬礼展示了新奥尔良人如何将他们的悲伤带到街头，并在整个葬礼仪式的关键阶段转化为集体的喜悦。

2. 第二线游行

新奥尔良的许多社会援助和娱乐俱乐部（The Social Aid and Pleasure Clubs）由 19 世纪的慈善协会发展而来，这些组织开展慈善工作，举办社会活动，并在经济困难时帮助成员支付医疗费用和葬礼费用。当一个成员去世时，慈善协会通常会举办爵士葬礼。铜管乐队在前往墓地的路上演奏忧郁的行进音乐，但在返回的路上演奏欢快的音乐，此时，关于逝者的泪水变成了感激，大家回忆着逝者的生活，同时庆祝自己还活着。

随着时间推移，俱乐部的传统也在发展，比如，会安排除爵士葬礼之外的其他庆祝活动。时至今天，这些俱乐部最重要的传统就是被称为"移动的街区聚会"的第二线游行（second line parade）。俱乐部支付铜管乐队的费用、许可证和必要的警察护送费用，并提供精心制作的服装。这样，乐队和俱乐部组成游行的"第一线"，预先计划或即兴跟随在一个铜管乐队后面的参与者组成"第二线"。有时游行队伍停下来只是为了跳舞，或者让参与者观看站在前面的俱乐部成员跳舞。

3. 新奥尔良狂欢节

新奥尔良狂欢节全称"马尔迪·格拉音乐狂欢节"（Mardi Gras），是当地的主要传统节日，每年吸引数百万人蜂拥而至。"Mardi Gras"是一个法语词汇，可译为"油腻的星期二"。根据天主教的传统，从星期三圣庆日到复活节前的 40 多天是纪念耶稣受难的斋戒期，在这期间不能吃肉、饮酒和进行娱乐活动。新奥尔良人自然要在斋戒前的星期二大吃一顿，大玩一番。但一天的庆祝活动显然满足不了新奥尔良人对狂欢的要求，所以，广义的狂欢节从圣诞节后"第十二夜"开始，一直到"油腻的星期二"，长达近一个月。

今天的 Mardi Gras 已经成为一个融狂欢与浪漫、美食与音乐、游行与舞会、街头喜剧服装和宏大假面舞会于一体的季节。Mardi Gras 有一个与众不同的习俗是抛物——游行路线两旁的人们高声呐喊"先生，扔点东西给我吧"，游行者从彩车中抛出小物件，这个项目让新奥尔良狂欢节变成了一场无与伦比的、参与度高的活动。Mardi Gras 的组织者是名为克鲁（Krewe）的非营利性俱乐部，其中许多以神话人物命名，如阿佛洛狄特（Aphrodite，希腊神话中代表爱情、美丽与性欲的女神）、厄洛斯（Eros，希腊神话中的爱与情欲之神）、赫尔墨斯（Hermes，希腊神话中的商业、旅者、小偷和畜牧之神）等。每个克鲁都是完全自主的，且狂欢活动没有总协调人。

二、卡特里娜飓风后社区活动的意义

1. 仪式视角下的社区活动

无论是在整体发展还是个人生活方面，卡特里娜飓风对新奥尔良的影响都是巨大的。风暴之后，许多人流离失所，很多街区都流窜着吸毒和犯罪人员。出于某种目的，由政府主导的重建工作试图清除一些非裔美洲社区，这不仅给当地居民带来了巨大影响，也对本地传统和文化传承造成了一定程度的破坏。生活在这里的人们具有很大的不安全感，同时也面临着巨大的生活危机和心理压力。因此，恢复那些被认为对不同社区具有重要意义的建筑特别是游行、节日和特殊的饮食场所至关重要。所幸，它们在志愿者和居民的努力下一步步地得以重建完成，而之后社区活动举办的场地往往出现于此。

范·热内普（Van Gennep）将仪式划分为三个阶段，即"分离""过渡""聚合"。其中在过渡阶段，人们离开现在所处的阶段，但没有直接进入下一个阶段，正处于一个空白期。根据特纳的观点，其中的过渡阶段是参与者的一个阈值时期，在这个阶段，人们处于日常生活和参与社区活动的中间。在新奥尔良的社区活动中，仪式的阈值阶段让参与者在经历"生活危机"之后，体验到一种感觉，并象征性地描绘了"一个更理想的社区"。为此，大家需要聚集在一起，共同创造"更好、更安全"的社区。

卡特里娜飓风过后，新奥尔良人处于一种"介于两者之间"的状态，这是一个充满不确定性和恐慌的阶段。在这段时期，人们脱离了日常生活的领域，而参与二线游行、爵士葬礼为人们提供了一个情绪表达的出口和空间，在这里有着集体的欢乐和团聚，这也是社区情绪的一部分，可以同化痛苦、悲伤、创伤和其他与不安全感有关的情绪。例如，一些参与者在参与到二线游行中时，忘了自己所处何地，忘了平时生活的烦恼，只管跟随队伍跳舞，抒发情绪。在这种情况下，居民们经历了一种共睦态，这源于他们在失去家园后感受到的悲伤和痛苦。

2. 社区活动与文化传承

卡特里娜飓风过去了多年，尽管新奥尔良人口显著下降，但像"第二线游行"（second-line parade）和在 Mardi Gras 狂欢节中身着盛装、头戴面具这样的传统几乎和风暴前一样受欢迎。在年青一代中，许多人已经认识到传统和文化传承的重要性，人们普遍认为，卡特里娜飓风不只是一个悲剧，更是新奥尔良的"重生"。

以狂欢节印第安人团体（The Mardi Gras Indians，类似社会援助和娱乐俱乐部，参加者大多来自新奥尔良内城的非裔美国人社区）为例，这些组织以土著印第安人的名字命名，以表达对印第安人帮助他们摆脱奴隶制暴政的敬意。但印第安人一直与当地警察有摩擦，直到今天他们也不愿意像其他游行团体或俱乐部那样支付游行许可证的费用，而且，不同部落之间的暴力冲突也由来已久。在卡特里娜飓风过后，许多年轻人乐于参与到狂欢节中并变得更加活跃，参加狂欢节的印第安人团体的会员人数大幅增加。"因为他们现在知道可能会失去什么，所以更加理解保住这些东西是多么重要"。虽然很难深入接触这些组织，但人们仍然可以在新奥尔良的任何地方观察到他们。

有时他们会在自己的活动上戴面具，更常见的是出现在其他雇佣他们表演的社区活动上。如果有节日或游行，现场很可能至少有一个戴面具的印第安人，他们在狂欢节的高潮——"油腻的星期二"和几周后的圣约瑟夫节炫耀自己的新衣服。今天，当狂欢节上两个印第安部落彼此经过时，观众会看到一个充满艺术和文化的生动剧场。每个部落的风格和服饰都以友好而竞争的方式展示出来。

3. 社区活动与中产阶级化

2005 年，卡特里娜飓风席卷城市，5~7 英尺深的洪水渗入 Bauche 街的建筑，大部分街道被毁坏。重建工作需要大量工作和资源，在卡特里娜飓风过后的最初几年，这条街的犯罪率很高，街上和周边社区都有大量与毒品有关的活动。

对于新奥尔良，中产阶级化不能被简化为只是财产价值和经济统计数据，它可能还涉及美化街区以及在灾后重建和创造更安全的社区，并在不同社区的

成员之间建立更强的联系。Bauche 街区的居民相信，随着本地区中产阶级的兴起，社区的犯罪率将下降，这不仅会带来更安全、美化的街道，还会带来经济增长的可能性。

为此，社区活动的组织者和参与者正试图改变经常与贫困联系在一起的暴力文化，例如，不是通过排除犯罪分子，而是寻找解决这些问题的替代方法，比如通过对罪犯和药物滥用者进行治疗，帮助他们康复，并试图让他们重新融入社区。Bauche 街社区中心提供了不同的课程和治疗讲习班，一方面减少犯罪，另一方面也以更高的频率和经常出现在街道上的警察合作。自从社区居民团结在一起努力创建一个更安全的社区以来，这条街道一直在稳步变化。他们通过在社区内建立更强大的社会关系以及改善与警方的合作方式，推动了经济增长。

三、对社区活动管理的启示

特纳提出，对于个人和群体而言，社会生活是一种辩证的过程，在这一过程中，对立物是彼此不可缺少的，它通过仪式过程中不平等的暂时消除，来重新构造和强化社会地位的差异结构（黄剑波、郑絮文，2020）。为一项事业而走上街头的行为，变成了将问题诉诸街头的象征，它成为活动参与者希望他们的日常生活成为什么样子的象征。

新奥尔良的社区活动显著促进了集体悲伤、个人和集体的不安全感和困苦等消极情绪向集体欢乐的时刻和集体的同理心的转化。不同形式的社区活动，如第二线游行和狂欢节等，加强了人们对文化传统的记忆，并彰显了传统活动在人们生活中的重要性。各类节日和音乐传统似乎是社区提升居民自豪感和凝聚力的关键，它们帮助新奥尔良人在卡特里娜飓风后重新站起来。那些正在经历和积极参与社区活动的新奥尔良人正在改变地位，他们是创造更美好、更安全生活理念的积极行动者。

新奥尔良的案例带给社区管理者诸多有益的启示：（1）社区活动的策划和组织，应依托和发扬地区传统文化，并形成具有自身特色的议程和内容，甚至可以使之成为社区活动的最大 IP 价值。（2）可以利用活动将社区居民团结在一起，特别是增进不同社群之间的对话、理解与合作，努力创建更安全、美好的社区。（3）当社区遇到重大创伤时，可以运用适当的活动策略来帮助居民重新振作起来，并借此机会增强居民的自豪感和凝聚力。

资料来源：

Korsbrekke M H.Taking It to The Streets"–Community Events in Post-Katrina New Orleans［D］.University of Bergen，2013.

［法］阿诺尔德·范热内普.过渡礼仪［M］.张举文译.北京：商务印书馆，2010.

［英］维克多·特纳.仪式过程：结构与反结构［M］.黄剑波，柳博赟，译.北京：中国人民大学出版社，2006.

冯一鸣，张立波，周玲强.人类学仪式理论视角下文化产业"神圣游程"体验模式［J］.北方民族大学学报，2021（1）：60–68.

黄剑波，郑絮文.仪式过程、社会戏剧与维克多·特纳的学术人生［J］.徐州工程学院学报（社会科学版），2020，35（3）：11–19.

赵红梅.也谈"communitas"人类学视野下的一种旅游体验［J］.思想战线，2008（4）：44–48.

案例 7 马来西亚季风杯帆船赛（The Monsoon Cup in Malaysia）：追求经济利益和社区发展平衡

2009 年，国际"季风杯"帆船赛（Monsoon Cup）创办人之一、马来西亚商界巨头林树杰先生与其商业伙伴通过旗下的鸿信有限公司，成功收购了 ProMatch Tour 有限公司。后者拥有世界帆船对抗巡回赛（World Match Racing Tour，WMRT）的专营权，该赛事被誉为帆船界的一级方程式赛事。通过每年 12 月举行的季风杯帆船赛，林树杰成功将 WMRT 带到了马来西亚，成为该项赛事的第九站。季风杯帆船赛被认为是 WMRT 巡回赛中最困难的赛段，世界冠军也将在那里产生。

图 1 世界帆船对抗巡回赛季风杯赛场

季风杯帆船赛（Monsoon Cup）的成功举办有力推动了亚洲地区对于这一赛事的热情，并带动了中国青岛、新加坡分别成为奥帆赛和沃尔沃环球帆船赛的比赛城市。与此同时，季风杯成为马来西亚丁加奴州发展的催化剂，并在与该赛事相关的服务业和制造业领域创造经济机会，使得酒店、餐馆、船主、食品供应商以及其他与旅游相关的行业从中受益。不仅如此，季风杯还帮助杜永岛实现了现代化。杜永岛作为活动举办地，从一个沉睡的渔村和造船村变成了一个现代化的国际级度假胜地和码头，并配有船舶维修设施。

下面，将从社区活动组织与管理的角度，讲述当地居民对季风杯帆船赛的态度与参与情况以及其中存在的问题，并简要分析国内社区管理者可以从中获得怎样的启示。

一、季风杯帆船赛的组织

季风杯帆船赛最早是由马来西亚前总理拿督斯里－阿卜杜拉－艾哈迈德－巴达维在丁加奴州的一次钓鱼旅行中发起的。前总理认为，季风季节应该被作为该州的优势，而不是被看作是一个障碍。在他的推动下，季风杯帆船赛应运而生，并在 2005 年成功举办。由于季风杯帆船赛在创办初期奖金较少、宣传不足，以至于很少有人知道。到了 2006 年，理查德米勒（Richard Mille）开始对其进行赞助，并推出限量版 RM005 作为获奖选手的奖品，这使得"季风杯"的知名度越来越高，参加的选手也越来越多。

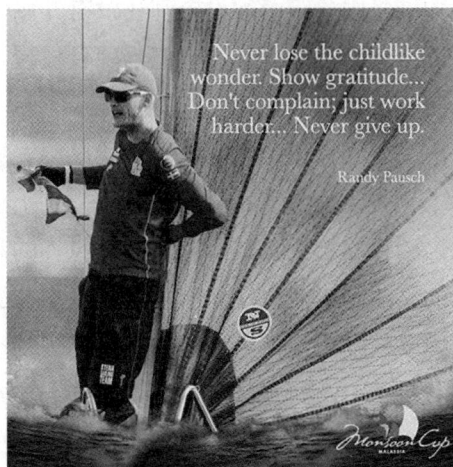

图 2　2016 年季风杯帆船赛海报

2008 年 10 月，卸任公司主席及行政总裁职务的林树杰转而积极投身于自己非常热衷的帆船运动，先是获得了 WMRT 的专营权，然后委任季风杯帆船赛前冠军兼顾问彼得·吉尔摩（Peter Gilmour）为 ProMatch Tour 有限公司的代理总裁。吉尔摩曾经 4 次夺冠，拥有丰富的帆船对抗赛参赛和组织经验。接

下来，主办方负责设计并提供所有的比赛用船，以符合环境友好型赛事的要求。在帆船爱好者与专业赛手的大力推动下，季风杯帆船赛不仅参赛费用更加合理，还成为许多选手成功进阶美洲杯和沃尔沃海洋帆船赛的基石。

二、当地居民对季风杯帆船赛的态度和参与

根据 Abdullah 等学者（2016）的研究，作为受访者的当地居民认为季风杯帆船赛给马来西亚带来的效益超过了成本。正如一位受访者所解释的那样，"尽管活动的好处不多，但积极影响还是多于消极影响"。举办地社区成员能够清楚地指出该赛事给当地社区带来的一系列好处，一些人还认为，这个活动在开始时的确给他们带来了兴奋、快乐和享受的感觉。

然而，这些好处是否真的流向了当地社区？有受访者提出：在最初的承诺方面，社区的许多需求并没有得到满足。该受访者提到的第一个承诺是在杜勇岛建立一所帆船学校，但政府改变了主意，将其安置在另一个州。其次，加油站、杂货店以及码头的维修服务等亟须设施都还没有开始建设。不仅如此，有码头建造工程原本保证会交给当地承包商，但当项目被授予一个非丁加奴州的外国承包商时，他感到很沮丧和失望。

有几位受访者先前也得到保证：政府将培训居民并安置他们在五星级度假村和码头工作，然而，一位受访者表示他很失望，"因为他们从未兑现承诺"。其他几位受访者表示，到目前为止，政府和参与季风杯的利益相关者团体没有更多地考虑当地社区的利益，以获得任何形式的社区支持。

早些年，活动组织者鼓励当地社区成员在靠近码头的一些摊位上销售本地产品，如传统食品和工艺品。然而，近年来，社区对这项活动的参与越来越少。一些居民评论说：我们无法再推广本地产品，因为码头的展览空间租金从4000马币（930美元）涨到5000马币（1165美元），社区负担不起。而且，当地居民提出的不满也没有在与活动相关的主要论坛上进行探讨以寻找解决办法。这导致当地居民在有意义地参与合作方面充满挫败感和无力感。

还有一些受访者表示，他们只是从当地媒体获得了关于季风杯帆船赛的信息，没有社区代表应邀参加国家层面的任何会议。另外，与季风杯帆船赛同期举行的其他附带活动如季风嘉年华等的参与程度也在明显下降，这些活动对当

地居民不再有吸引力。

三、季风杯帆船赛遇到的问题

许多大型活动都会努力追求经济利益和社区发展的平衡，但显而易见季风杯帆船赛遇到了一些问题。

首先，当地居民对于季风杯帆船赛提出的不满并没有被活动组织者重视并寻求有效解决办法，这使得当地居民感到受挫和无力甚至不被尊重，认为他们的参与是没有意义的。

其次，在国家青年和体育部从国家旅游局手中接过组织和举办该项赛事的责任后，居民的参与度也明显下降了。在探究背后的原因时，研究者发现，当地居民没有被告知他们可以参与的机会。这主要是因为时间短、期限紧，活动组织者往往选择更加快速的解决方案，而不是花费更多的时间与精力去正确识别和处理问题，以创造一个活动组织者与当地社区的合作空间。正是由于活动组织者的这种做法，使当地社区居民认为，"现在，我们感到被遗弃和忽视了"。

最后，丁加奴州和杜永岛（Pulau Duyong）对该活动的宣传推广不够，组织者没有分发任何传单、小册子或通讯，以向居民充分提供关于季风杯帆船赛的信息，这使得很少有当地居民选择参与既定的活动，许多人现在都在远处观望。

四、对社区活动管理的启示

季风杯帆船赛是一项国际游艇赛，每年在马来西亚丁加奴举行，马来西亚联邦政府大力支持该赛事，以提升该国作为一个受欢迎的体育旅游目的地的国际形象。社区反馈意见表明，参与季风杯举办的主要利益相关方应更有目的地让杜永岛居民参与并发挥关键作用。赛事组织者必须作出更大努力，积极招募当地居民协助赛事的策划、推广和举办。此外，可以定期分发小册子，介绍与赛事有关的活动和社区参与的机会。

国内社区管理者可以从季风杯帆船赛的举办过程中吸取经验和教训，主要启示包括：（1）在规划任何大型活动时，从一开始就需要详细了解社区的需求

和居民的关切，确保活动带来的好处能切实流向社区，如新建或翻修社区内现有的基础设施等。（2）在活动规划和筹备过程中，定期与当地社区居民协商，激励更多居民参与，以使当地居民对活动有更大的自主权，进而更好地实现活动目标与当地需求的整合，并促进群体间的团结、社会凝聚力提升以及社区赋权。（3）充分的计划和安排至关重要，否则很容易给社区居民和更大的地区带来生活质量降低等负面影响。（4）在活动过程中要重视其他附带活动，这是形成"魅力攻势"的一个重要方面，以确保居民对主要活动本身的兴奋程度和支持热情，同时也能为当地社区带来更多收益。

资料来源：

Abdullah, N.H., Patterson, I., & Pegg, S. Community engagement in an international sailing event: the Monsoon Cup in Malaysia［J］. International Journal of Culture Tourism and Hospitality Research, 2016, 10（2）: 161-172.

张硕. 马来西亚商界巨头夺世界级帆船赛事专营权［EB/OL］. 中国经营网, http://www.cb.com.cn/index/show/kx/cv/cv13492521362, 2009-10-14.

案例 8　纽约赫斯特街头集市：丰富居民生活，增强社区活力

　　2020 年，受新冠感染疫情影响，国内"地摊经济"突然火了起来，在不少城市的一些繁华街道上，摆地摊的小贩明显增多，卖各种商品的摊位都有。同年 6 月 1 日，时任国务院总理李克强在山东烟台考察时提出，地摊经济、小店经济是就业岗位的重要来源，是人间的烟火，和"高大上"一样，是中国的生机。然而，两年过去，各媒体争相报道的"地摊经济"似乎没有了消息。的确，地摊经济能在一定程度上体现一座城市或一个社区的烟火气，但打造地摊经济品牌，需要精心运营和规范管理。

一、街头集市

　　在《牛津阅读树》第一阶段有一册书的标题是"The Street Fair"，直译过来就是"街头集市"。封面内容是 Biff、Chip 和爸爸在伦敦的一条大街上，他们正在逛达格南集市（Dagenham Street Fair）。在第一幅图中，我们可以看到街上热闹非凡，有卖气球的小贩，有吹小号、摇手铃、吹口琴的表演者，还有一个穿着黑色西服、戴着黑帽子的男子，他是卖糖豆的。在正前方有一个摊位的楣板上写着"家庭制作的蛋糕和饼干"（Homemade Cakes and Biscuits），不远处还有一个开心角（The Fun Corner）。下一幅图是一个画脸妆的摊位——布伦达画脸店（Brenda's Face Painting），有一个女孩已经画好了脸妆正在照镜子，女画师正在给一个男孩画脸妆……

　　以上是国外街头集市的典型场景。在美国，街头集市在各地司空见惯，一般来说，每个城镇每年都会举办多次街头集市，大多数是在夏天或秋天的某个固定时间段。例如，在西雅图有一年一度的街头集市——U District Street Fair，一般要走整整两小时才能全部逛完。在集市上有奶茶、果汁、烧烤、汉堡、热狗、炒饭、冰激凌等各种美食，有琳琅满目的首饰、衣服、帽子及手工艺品，还有肚皮舞、乐队演唱等表演。最重要的活动是游行，游行往往由高中乐队指

挥，他们演奏行进音乐，穿过街道（见图1）。

图1 某街头集市一角

资料来源：Hunt, R. & Brychta, A. Oxford Reading Tree：The Street Fair［M］. Oxford University Press，2011.

二、纽约赫斯特街头集市（Hester Street Fair）的意义

对纽约人而言，夏天最惬意的事情之一莫过于逛逛城里五花八门的街头集市，其中最负盛名的是赫斯特街头集市（在纽约的华人习惯将其翻译成"喜士达街坊节"）。该街头集市由三个纽约当地人于2010年创办，它超越了传统的美食广场或跳蚤市场，极大地丰富了邻里间甚至纽约市的多样性。即使过去这么多年，赫斯特街头集市仍然是一个以社区为导向的活动，并总是给那些小众但令人愉快的DIY达人留有足够的空间（见图2）。

时至今日，赫斯特街头集市已作为一个文化和社区聚会以及许多小微企业的起点，成为纽约下东区的年度重要活动。在这里不只有美食、表演和娱乐项目，更是一个汇集了各种时尚小物的市场，二手古

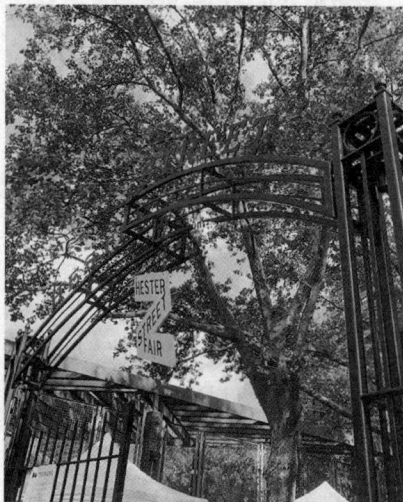

图2 赫斯特街头集市上悬挂的标牌

董衣物、皮草、首饰、手袋、街头艺术家的工艺品、潮流家居用品等都可能在这里淘到。

某年的纽约赫斯特街头集市还举办了第一届冰咖啡比赛，共有 30 多家咖啡店参加，其中一些据称是纽约最好的咖啡店，他们给观众带来了店里最好的冰咖啡。每位观众都可以参与投票，只要购买一张 10 美元的投票券，就可以在每家店品尝 2 盎司的样品和咖啡。活动当天下午 5 点，主办方将统计投票结果公布并宣布获胜者。有时，还会举办受人欢迎的龙虾与啤酒节。

无论是对于当地居民还是游客，纽约的街头集市简直就是民间的狂欢节。在这里，人们除了可以品尝美食和购物淘宝，还可能欣赏到来自世界各地的民俗表演，从专业到街头的艺术家都在这儿练摊。毋庸置疑，街头集市增强了社区的活力，也为民众提供了一个周末休闲的好去处。正如集市的一位负责人所言，"我们的集市既要有美味的食物，触动游客味蕾，又要有创意商品。这给社区的小商业提供了一个向社区民众推荐自己的好机会，同时，我们也希望民众可以因为集市而更加了解曼哈顿下东区（Lower East Side）"。

图 3 2019 年苏域柏公园（Seward Park）的赫斯特街头集市现场

一位逛完集市的居民则做出下面的评价，"（赫斯特街头集市）这样百花齐放，倒是乐坏了街区的居民们，他们不花一分钱，却看尽了世俗风流。这些曼哈顿的住户特别是那些单身白领有这样一个有路市的周末，足以宣泄过去几个星期的劳累。路市，让无家的人有了家常的饮馔，让远离故国的人找到了家乡味"（见图3）。

三、对社区组织街头集市的启示

纽约赫斯特街头集市为国内社区组织集市活动提供了有益的借鉴，主要体现在以下几个方面：

一是努力打造社区文化品牌。赫斯特街头集市的口号是"打造纽约最好的街头集市"（见图4）。不管是时髦但多样化的艺术家，还是唐人街当地人，居民去那里很多时候只是为了感受自己是社区的一部分。

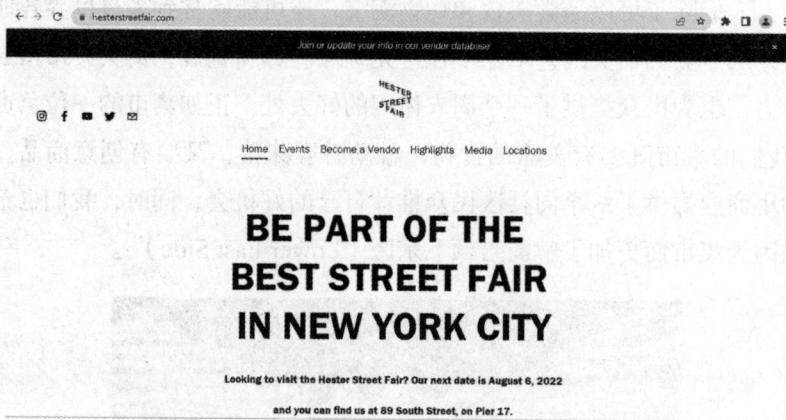

图4　赫斯特街头集市官网首页

受新冠感染疫情影响，赫斯特街头集市也中断过一段时间，但即使在这期间，每周六居民和游客都可以通过官网或在集市的 Instagram 页面上"购物"。除了购物之外，集市每周还会在 IG 平台上直播，而且有嘉宾主持和 DJ。虽然疫情迫使线下活动取消，但社区找到了继续聚集的方式。通过线上方式，社区居民仍然可以漫步在各种创意中，包括参加研讨会和培训课程等。

此外，赫斯特街头集市的举办地点除了赫斯特街和埃塞克斯街的拐角处（Corner of Hester and Essex Streets），还包括海港（The Seaport），福赛斯广场（Forsyth Plaza）和布莱恩特公园（Bryant Park），但都用 Hester Street Fair 的品牌。

二是有相对固定的时间。赫斯特街头集市的举办时间基本定在夏季和秋季的周六。例如，2017 年赫斯特街头集市的举办时间是从 7 月 1 日到 10 月 28 日的每周六上午 10 点到下午 6 点。另外，一般在第一季度，就可以在官网上查询在不同地点举办的赫斯特街头集市的排期计划（见图 5）。

日期 *

☐ 4 月 23 日，周六开放周末（+30%）　　☐ 8 月 20 日，经典周六市场

☐ 4 月 24 日，周日开放周末（+30%）　　☐ 9 月 3 日，LDW 星期六

☐ 5 月 14 日，周六经典市场　　　　　　☐ 9 月 4 日，LDW 星期日

☐ 5 月 28 日，星期六阵亡将士纪念周末　☐ 9 月 24 日，经典星期六

☐ 5 月 29 日，星期日纪念周末　　　　　☐ 10 月 9 日，星期日 VINTAGE DAY

☐ 7 月 9 日，经典周六市场　　　　　　　☐ 10 月 30 日，周日万圣节

☐ 7 月 30 日，经典周六市场　　　　　　☐ 11 月 5 日，周六周末收盘（+30%）

☐ 8 月 6 日，经典周六市场　　　　　　　☐ 11 月 6 日，周日收盘周末（+30%）

7 月 30 日和 8 月 6 日已售罄 - 7/26 之后提交的申请将被列入该日期的候补名单

"LDW" = 劳动节周末，没有主题

图 5　2022 年在海港举办的赫斯特街头集市的排期

注：1. 因为是系统对官网的自动翻译，个别地方不准确，例如，"经典"译作"传统""开放"译作"开幕""收盘"译作"闭幕"更合适。2. 括号中的"+30%"是指摊位费的涨幅。

此外，每一期集市都有不同的主题。在赫斯特街集市官网上有一句话——"它也因其主题周末而闻名，从复古日（Vintage Day）到中央商务区集市（CBD Fair），再到龙虾和啤酒节（Lobster and Beer Fest）。"正如曾经参加了复古日集市的居民在博客上所写的，"赫斯特街头集市总体上比其他市场更年轻、更有活力。上个月，我在一个主打复古风的周末去了那里，在入口处测了体温后，我用 20 美元买了一件绿色涂鸦艺术 T 恤。"

资料来源：

Lynch，S. Hester Street Fair Springs Into Its 10th Season With CBD，Banh Mi，and More［N］. Bedford + Bowery，April 15，2019.

E Chávez Molina. Conceptual contributions on social practices in the street fair：The subject of social confidence［J］. Polis，2009，8（24）：293–309.

第 14 章

活动与社区服务案例

　　对聚会的期待、现场乐趣和记忆创造了一种欢乐经历和记忆的集体资源，从而有助于形成共同的地方意识。街头派对（street party）有效地结合了欢乐、嬉戏、友好和愉悦，让人们参与到严肃的场所营造中来。它使人们能够表达和执行重要的价值观，发展共享的经验，创造共同的故事，并通过照片分享和社交媒体在对话中复述。这种与聚会相关的欢乐打破了世俗的社会关系，并有可能成为一种工具，让不同的社区参与到场所建设中来（Stevenson, 2019）。

案例9 一种"装置式"的移动阅读活动
——StoryWalk®

"欢迎来到 StoryWalk®，从这里开启你的探险之旅！沿着小路上标记了数字的张贴画，阅读我们为您准备的精彩故事（见图1）。""花点时间，与家人一起，在户外发现精彩故事。跟随图画书，一页一页地，沿着一条小路，在享受大自然美景的同时，阅读一本好书。"这些都是典型的 StoryWalk®（中文可翻译为"故事行"）的广告语。

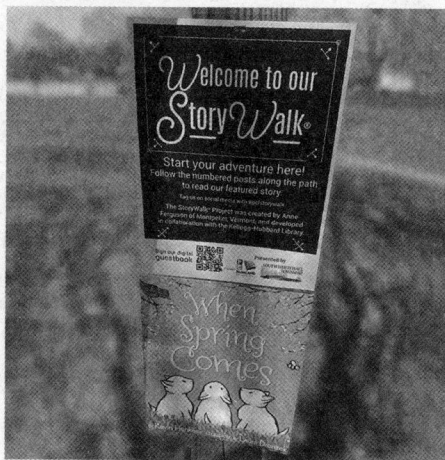

图1 某图书馆推出的 StoryWalk® 活动指示牌（导语）

StoryWalk® 由 Anne Ferguson（安妮·弗格森）于 2007 年创办，是一种"装置式"的移动阅读活动，融阅读、户外运动和互动交流等于一体，在美国图书馆界有很高知名度，也深受一些社区欢迎。弗格森创办该活动品牌的初衷是作为一名慢性病预防专家，她希望创造某种不同的、有趣的体育活动，让父母和孩子们一样保持积极参与的状态。从一开始，弗格森就将社区中可能对该项目感兴趣的合作伙伴确定为州和当地的公园、学校、自然中心（nature centers）、儿童保育中心（child care centers）、农贸市场、步道推广机构（walking path promoters）及特别活动推广机构等，但最重要的还是图书馆。

下面，将从社区管理与服务的角度，讲述如何组织和参与 StoryWalk®，并简要分析国内社区管理者可以从中获得怎样的启示。

一、谁在组织 StoryWalk®？

StoryWalk® 项目充分发挥了图书馆作为社区中心的作用，鼓励社会力量的参与，同时又取景于社区，将阅读、场景和运动相结合，大大激发了社区居民的阅读兴趣，从而提高了活动参与度。2007 年，弗格森在所居住的城市——佛蒙特州（Vermont）首府蒙彼利埃市（Montpelier）凯洛格·哈伯德图书馆（Kellogg Hubbard Library）协助下，策划和实施了首次 StoryWalk®。在图书馆与弗格森住所之间的步行路线上，每隔一段距离安装了活动所需的小木桩装置，图书馆提供了需要展示的书籍，并在官网上设置了宣传 StoryWalk® 的链接，合作伙伴可以在这里了解更多如何将该项目引入社区的信息，社区居民可以了解将展示哪些书、怎样参加活动以及如何借阅书籍等。

图 2　哈伯德图书馆官方网站的 StoryWalk® 页面（部分）

StoryWalk® 的举办地通常选址在公园或街区广场。例如，据美国波士顿市政府网站记录，在 2021 年 4 月 20 日至 5 月 10 日期间，波士顿公共图书馆（Boston Public Library）在 7 个公园和广场举办了 StoryWalk® 活动，所展示的书籍以探索自然景象、自然生物和社区环境的内容为主。2021 年 6 月至 8 月，哈伯德图书馆在米德尔塞克斯（Middlesex）的米德营地（Camp Meade）社区中心、蒙彼利埃的哈伯德公园和老乡村（Old Country）俱乐部，举办了4场不同主题的故事行活动（向子怡、金武刚，2022）。

由此可见，组织 StoryWalk® 活动的机构主要是图书馆，但面向的对象和所选的主题十分灵活。当然，社区也可以主动出击，与图书馆联合策划受众明确、主题鲜明的 StoryWalk® 活动。公园、社区中心、街区广场和图书馆等，则经常被作为活动举办地。

二、StoryWalk® 的组织

StoryWalk® 是弗格森拥有的注册服务商标，并且仅限于与 StoryWalk® 活动目标相一致的教育、非商业性项目，所有 StoryWalk® 品牌的使用必须遵守这一指导方针。正如 2017 年弗格森在一份声明中所说，"StoryWalk® 从未被设计成一个赚钱的项目。事实上，它现在完全由公众捐款支持。该项目一直都致力于促进儿童的早期读写能力、体育活动以及在大自然中与家人团聚，其成功归功于各类合作伙伴，他们从很早就明白，这个创想可以被用于为社区打造一个有趣和有教育意义的家庭活动。"

除了商标使用规范，在内容安排上 StoryWalk® 也有相应的规定。例如，一般情况下，关于 StoryWalk® 创建和发展历史的介绍以及赞助声明会被放置在展示的起始页和结束页，用于展示的书籍不能扫描或复制，而只能将原版书籍拆分成单页安装于装置上。每个桩之间的间隔以 40 步左右为佳，总长度 800 米左右的 StoryWalk® 路线会达到更好的阅读效果，具体可根据实际路线和书籍页数进行调整。

StoryWalk® 的故事内容主要来源于三个方面：一是职业作家的原创内容，二是组织机构的原创内容，三是社区居民的原创内容。其中，社区居民的原创内容是指当地社区居民围绕个人或社区进行故事创作，并应用于活动，这样能极大地鼓舞社区居民主动关心社区变化、挖掘社区故事，进而促进社区认同。

在具体操作时，作为社区合作伙伴和故事资源提供者，图书馆可以和不同社会力量合作，设计不同主题的线路，以图书馆、小区、公园、学校、广场等作为活动举办地，其共同目标在于鼓励社区家庭参与亲子阅读，以边走边讨论故事的形式，培养儿童阅读兴趣，促进家庭健康运动发展。例如，由哈伯德图书馆赞助的某次 StoryWalk® 活动以"诗歌城市"为主题，先与诗歌艺术家合作，获取展示其作品的权限，然后邀请当地书法家和摄影师共同完成每个作品的展示样式，最后在社区中展示出来。

有时候，一些 StoryWalk® 还会有线上环节。主办方将设计好的官方路线及提示内容同步到在线地图，观众跟随线上提示进行步行体验。在美国，大部分 StoryWalk® 的线上展示会使用谷歌地图。

三、居民怎样参与 StoryWalk®？

作为 StoryWalk® 项目的最大受益者，社区居民能够在由图书馆和各类社会团体提供的各种 StoryWalk® 活动中了解社区、扩大阅读，增进与社区其他居民之间或家庭成员之间的交流，从而增加对社区的认同感和归属感。

下面是一位华人博主对自己携带小孩参加旧金山一个 StoryWalk® 的经历的描述，在字里行间，我们可以看出 StoryWalk® 这样的户外活动对儿童教育的重要性：

上周末，小书虫一家到旧金山西边的 Coastal Trail（译：海滨步道）去溜娃。此地位于旧金山最西边，西临太平洋，海边风大浪急、礁石嶙峋、古树参天，地如其名——天涯海角。带娃 Hiking（译：徒步旅行），最怕他觉得无聊，不肯走路，但这条 Coastal Trail 很好地解决了这个问题。小径两旁立起了一些支架，上面架着木板，印有儿童绘本故事——The Fox Wish（译：《狐狸的愿望》）。一块木板相当于一页绘本，整条 Trail 成了一条 Storywalk®。我们走走停停，边走边读，小书虫也兴致颇高，走完这条长约 1.7 miles 的小径，这本绘本故事也读完了。

……

让孩子从小与大自然亲密接触，从大自然的一花一草中去学习、思考、感悟，是西方教育的核心理念之一。都说孩子的童年应该有一段田野的经历，春天地里玩泥巴，夏天河里游泳捉鱼，秋天爬树摘果子，冬天堆雪打雪仗。

……

比如，这条 Coastal Trail 路边的标牌上写有一些给小朋友的问题：

"Have you ever felt connected to nature?（你有没有过自己与自然相联系的

感觉？）"

当我问小书虫这个问题，他略加思索了一下说："有啊，但是我不告诉你。"

好吧，我不得不承认这确实是一个很隐私的问题。虽然他没有告诉我，但那一下思索就已经够了。

类似的问题还有"Do you spot any red flowers on the trail?（有没有在路边看到一些红花？）""Turn to the city to look east, and face the ocean to look west, can you smell the ocean air?（东向城市西望大海，有没有闻到海风的味 道？）""How can we be polite to nature?We respect the homes of plants and animals that live here.（我们怎样敬畏大自然？我们尊重生活在此地的动物和植物们的家园。）"通过这些问题的引导，让小朋友们能够更好地认识自然，感悟人与自然的关系。

资料来源：三石不惑.户外遛娃全攻略（一）——故事小径（StoryWalk）里的故事［EB/OL］.https://www.jianshu.com/p/2d7c5d774f14，2017-08-17.

四、对社区活动管理的启示

作为公共图书馆融入社区、服务居民的重要途径，StoryWalks® 活动的兴起与发展，与近些年来美国公共图书馆积极关注并提供健康信息与组织户外活动的趋势密不可分。

对于国内社区管理者，能从 StoryWalks® 项目中获得诸多有益启示：（1）社区管理者可针对社区发展中的不同问题，如垃圾分类倡议、居民不文明行为管理等，选择不同的主题来策划 StoryWalks®，寓教于乐、文体结合；（2）就像 StoryWalks® 一样融故事阅读、户外运动和亲子交流等于一体，社区活动的功能要尽可能复合，并让家庭成为社区自治的重要单位；（3）有机整合社区内外部资源，积极推动社区和图书馆、非营利性组织、志愿者团体等合作伙伴的共建共享，为社区居民提供更优质的公共产品及服务；（4）从地理位置与可服务范围来说，社区图书馆非常适合以图书馆和社区为起点和目的地来创建具有社区文化的 StoryWalk® 路线及活动内容。这对有社区图书馆的小区来说，是一种新的产品思维。

资料来源：

向子怡，金武刚 . StoryWalk®：一种"装置式"图书馆行走阅读活动的组织与管理［J］. 图书馆建设，2022（1）：135–144.

The StoryWalk®.Project Frequently Asked Questions［EB/OL］.［2022–06–28］. https://www.kellogghubbard.org/_files/ugd/0f622b_e1b3745b5e75441fa50ba88 274da79fb.pdf.

凯洛格·哈伯德图书馆（Kellogg Hubbard Library）官方网站：https://www.kellogghubbard.org/storywalk.

案例 10 陆家嘴街道社区党群服务中心：有高度、有深度、有温度

"社区服务"是民政部于 1986 年率先提出的，当时主要局限于基层开展救济、优抚以外的非营利托老、康复等服务。为了实现这些目标，社区服务中心、社区文化活动中心、社区党群服务中心等机构应运而生。经过近 40 年的发展，我国社区服务的内涵和外延都在不断扩展，社区管理者对服务的认识也在不断加深。

为顺应新时代党建引领社会治理总体布局的优化，陆家嘴街道社区党建服务中心更名为陆家嘴街道社区党群服务中心，并以迁址为契机，突出党建引领、强化为民服务、助力基层治理，全力打造"一站式、多功能、高品质"的新形态党群服务综合体。2022 年，该中心紧紧围绕街道中心任务和重点工作，充分发挥基层党组织的战斗堡垒作用和党员的先锋模范作用，在深化"1+3+N"多元主体协同治理模式、高效整合资源并实现项目落地、做实阵地载体等方面下功夫，取得了显著的综合成效。

一、陆家嘴街道社区党群服务中心的空间布局

陆家嘴街道社区党群服务中心位于浦东新区昌邑路 699 号，在设计之初就将目标定为一个开放、融合、共创空间，一切以用户视角去设计。三层高的建筑空间分别对应服务党员群众、服务社区治理、服务创新创造三大主题，18个功能场馆均向大众开放（见图 1），活动可参与、场馆可预约，深耕"空间共享、服务自助"理念，让各类人群愿意进来、留得下来、还想再来。

图 1 陆家嘴街道社区党群服务中心的功能分区

一楼以服务群众为主题：除综合服务、志愿服务、自助服务、代表服务等党群业务区域外，还设立了文化活动、儿童活动、生活服务等开放空间，其中，餐厅还启动了"社区长者膳食改善计划"。

二楼以教育宣传为主题：为突出党建引领作用、促进社区共治格局，该区域划分为 7 个空间，即主题教育馆（社区党校、仪式教育区、组织生活室）、金色纽带共创空间（党建展示区）、汇智厅、聚力厅（会议室）、社区治理实训营（培训室）、阅悦书房和心理咨询室。

三楼以创新创造为主题：围绕聚力聚才聚智、创业创新创造，实现赋能发展、聚力共创，设置了共享办公 WeWork、TED 讲堂、创造营（头脑风暴空间）、科学社（Science Club，作为青少年科普基地，并提供编程等课程）等空间，以激发万众创业、大众创新的活力。

各空间的功能如表 1 所示：

表 1　陆家嘴街道社区党群服务中心各功能空间的定位

楼层	空间	功能
一楼	综合服务岛	现场办理党务、政务、群团等事项，"全岗通"轮值提供"家门口"远程帮办服务。
	志愿服务区	各类志愿者新时代文明实践活动的主阵地，现场进行志愿服务报名、参与、积分、兑换等事项。
	自助服务区	在 24 小时"一网通办"个人和企业事项自助办理区，可自助办理就医记录册申领更换、个人信用报告查询打印、基本养老保险缴费情况查询打印等事项。
	文化服务区	是社区群众文化团队、楼宇白领青年的文化活动开放空间，提供更衣室、全身镜、舞台音响等设施设备。
	代表服务区	是社情民意的直通车，开展"两代表一委员"联系接待社区群众、"新起点"书记工作室带教培养新任书记等工作。
	亲子服务区	儿童服务中心、童梦乐园日常向社区亲子家庭、学校开放，开展儿童阅读、亲子、文娱活动。
	生活服务区	食分关爱餐厅，参与"社区长者膳食改善计划"，其他时间段还可预约开展点心制作烘焙活动。

楼层	空间	功能
二楼	主题教育馆	突出政治引领，实现仪式教育区、社区党校、组织生活室等多功能、复合型场馆。
	金色纽带共创空间	通过"金色纽带"大事记、智慧党建、"陆家嘴公益城"等示范展示内容，吸引更多区域单位共同参与社区共建共治共享。现场可预约开展项目发布、共建签约等活动。
	汇智厅	城市基层各领域党建互通互联、协同协作的议事讨论、分工合作、共商共议区域。
	聚力厅	围绕深化楼宇党建、商圈党建，设置了开放共享的交流天地、环境舒适和配置齐全的移动工位。
	社区治理实训营	"三会"实训室、公共议事厅，定期开展听证会、协调会、评议会的现场模拟培训。
	阅悦书房	学习加油站，有"四史"学习专区、有人文百科阅读空间，向党员和群众提供一个读好书、多读书、爱读书的阅读场所。
	心灵驿站	专业私密的心理咨询室，通过一对一咨询、心理辅导、沙盘等多种形式，深入开展心理咨询服务。
三楼	共享办公 WeWork	为枢纽型社会组织入驻、需求型社会组织孵化、成长型社会组织扶持，提供基础的办公工位。
	TED 讲堂	借鉴 TED 演讲模式，邀请行业精英进行经验分享，焕发万众创业、大众创新的活力。
	创造营	社会组织、工作团队的头脑风暴空间。
	科学社 Science Club	科技感十足的青少年科普基地，同时提供编程、小发明、AI 等课程进行报名参与。

资料来源：新空间、新理念、新服务，陆家嘴街道社区党群服务中心欢迎您［EB/OL］. http://sh.people.com.cn/n2/2021/0204/c134768-34565380.html，2021-02-04.

二、陆家嘴街道社区党群服务中心的日常运营

作为社区党群服务中心的最大受益者，社区居民能够在社区服务中心得到物质上的帮助和精神上的满足，能够增进与社区其他居民之间的交流，从而增加对社区的认同感和归属感。自 2020 年以来，陆家嘴街道办事处以社区党群服务中心平台升级为契机，助力楼宇党群服务站、居民区党群服务站提质增

能，进一步促进了社区自治共治机制的完善。

陆家嘴街道社区党群服务中心紧密围绕社区建设核心目标，以解决问题为导向，以活动为载体，并充分发挥社区居民和社团组织力量，迅速提高了知名度和使用率。下面是中共上海市浦东新区委员会宣传部发布的一篇推文，从这些片段便可发现其独到之处（见图 2）：

"党群服务中心一落成，陆家嘴的高品质服务就受到了不少居民的青睐。67 岁的彭翠红是陆家嘴街道越剧队的一员，经常要为基层送演出，到敬老院为老人唱戏。得知中心有排练场地，她高兴坏了。如今，这里已是陆家嘴街道 30 多个文体团队的排练主场。"

"如果不是物色到了中心里的运动空间，在国际航运大厦上班的白领沈晓娴恐怕很难将瑜伽这一兴趣爱好坚持下去。从去年年底至今，每周二、周四午间一小时，她都会和楼内瑜伽群的群友们结伴打卡。作为瑜伽小组的发起人，起初是她带大家看着视频做瑜伽，后来大家开始轮值当领队。这块宝地，还吸引了服务中心方圆一公里内的 30 多个联合党支部的党员白领前来运动。"

"入驻中心的文体休闲活动也日益丰富。'陆家嘴午间一小时'，为白领提供瑜伽健身、绘画、手工制作等活动，周五晚上的爆笑脱口秀更是大热门。在庆祝建党 100 周年的日子里，中心举办

图 2　陆家嘴街道社区党群服务中心运功空间

了不少形式新颖的微党课：音乐党课、电影党课、情景党课，丰富党员学习的方式。一家'两新'动漫企业还计划和辖区内的一所小学结对，在这里定期开设漫画党课，为小学生'艺述'百年党史。"（见图 3）

图 3　陆家嘴午间一小时

"通过党建引领搭建平台，让区域内丰富优质的资源与社区需求相对接，更好地服务党员群众。'食分关爱'餐厅引进了'长者膳食改善计划'，吸引各类有社会责任感的企业参与到为老助老服务中，市场价 25 元一客的套餐，中心售价为 18 元。爱心企业还特别出资，为失独、独居、残障等 6 类老人再减免 5 元。他们只需用市场价半价的价格，就能吃到丰富健康的美食。"（见图 4）

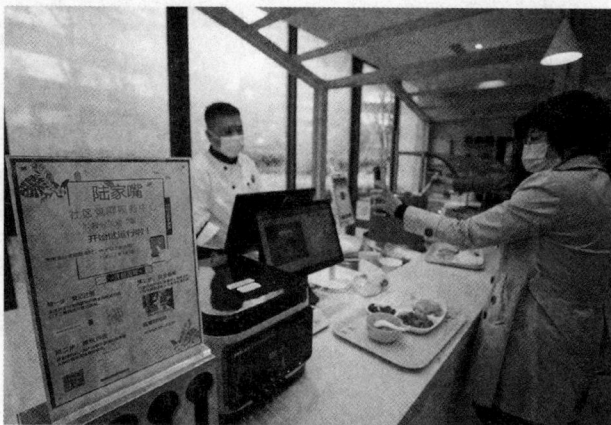

图 4　"食分关爱"餐厅

不仅如此，为响应政府出台的《关于深化推进本市困境儿童保障工作的实施意见》，陆家嘴街道社区党群服务中心还成立了全市首个街镇未成年人保护工作站，并以此为中心协同多方资源，共同打造更适合辖区未成年人生活的场所，同时营造全社会共同关爱未成年人的氛围。未保站定期举办未成年人保护普法课、阅读沙龙、家庭成长派对、亲子观影会等活动，成为未成年人及其家庭的"加油站"（见图 5）。除了未保站外，还有一个以全国农村留守儿童关爱保护和困境儿童保障工作先进个人赵子正命名的未成年人关爱工作室，通过连接更多社会资源，孵化更多未成年人保护、关爱的项目。

图 5　未保站的部分活动一览

此外，还有涵盖猜灯谜、观演艺、做花灯、扮古装、玩皮影、学戏曲等诸多活动的元宵游园会，在表达对传统文化的初心和坚守的同时，也为社区群众呈现了一场国风文化盛宴。

三、对社区文化活动中心运营的启示

陆家嘴街道社区党群服务中心所取得的成效为其他社区文化活动中心的运营带来了诸多有益的启示。

首先，功能齐全，布局合理。自迁址以来，陆家嘴街道社区党群服务中心突出党建引领、强化为民服务、助力基层治理，全力打造"一站式、多功能、高品质"的新形态党群服务综合体。深耕"空间共享、服务自助"理念，让各类人群愿意进来、留得下来、还想再来。此外，服务中心的 3 层分别对应不同

类型的服务，共有 18 个功能场馆，功能齐全，空间布局合理。

其次，可以积极塑造社区品牌，通过讲好社区故事来增强居民凝聚力和提高公众参与度。通过打造包容开放的社区共享空间，让居民"进得来、留得住、还想来"，以提升居民的归属感和参与感。同时，优化政府部门在社区服务中的介入程度和方式，充分发挥非政府组织等社会团体的作用，更加强调居民的"共建共治共享"。

再次，应提高专业化程度，培养高素质、专业化管理人才。作为衡量一个地区社会事业发展整体水平的重要指标之一，社区工作人员的素质将直接关系到社区服务质量的高低。

为此，社区文化活动中心应将文化程度高、协调处理问题能力等综合素质强的人员配备到重要岗位，通过定员、定岗、定职能、建立奖惩考核制，使工作人员既有责任感，又有危机意识，进而调动员工的积极性。与此同时，要通过正规的岗前培训和定期业务知识学习，提高工作人员的服务水平，以解决长期以来存在的社区工作人员普遍缺乏专业知识和技能、缺少专业培训、服务水平不高等问题。

另外，要加强志愿者队伍建设，逐步建立社区志愿者档案，健全社区的青年志愿者服务网络，同时还应加强志愿服务的宣传力度，吸引更多的居民参与志愿者服务。

最后，可以通过资源整合，引进社会组织、企业等市场化力量，增加社区公共服务的供给。在做好合法和规范管理的前提下，激励社会资本参与空间的生产、消费和分配，创造更多、更好的公共产品，服务更多居民。同时，要积极鼓励社区居民利用自身技能或经验为社区提供服务，为邻里提供免费或低价的服务，打造社交协作共享的"社区小经济"，构建新型的社区产消文化场景，比如前文提及的"食分关爱"餐厅。

资料来源：

人民网．"党群服务中心"的定位与作用［EB/OL］. 2020–07–14. https://baijiahao.baidu.com/s?id=1672181810992001390&wfr=spider&for=pc.

人民网．新空间、新理念、新服务，陆家嘴街道社区党群服务中心欢迎您

［EB/OL］.2021-02-04. http://sh.people.com.cn/n2/2021/0204/c134768-34565380.html.

浦东发布.自动"圈粉",陆家嘴 CBD 的这个"中心",真香！.［EB/OL］.2021-07-11.https://baijiahao.baidu.com/s?id=1704964894780416204&wfr=spider&for=pc.

潇湘晨报.为未成年人的成长保驾护航！这里成为社区困境儿童的"避风港"［EB/OL］.2022-06-08. https://baijiahao.baidu.com/s?id=173506351640110881 4&wfr=spider&for=pc.

案例 11　斯瓦尔自治市议会：与社区网络成员协作共创

斯瓦尔（Swale）是英国肯特郡（Kent County）下辖的一个自治市。斯瓦尔自治市议会（Swale Borough Council）的首要任务是改进志愿和社区部门（voluntary and community sector，VCS）、各镇和教区议会（Town and Parish Councils）以及当地企业参与或被授权的方式，并努力秉承开放原则，打造善于倾听的组织。该议会遵照以下服务理念：

- 听取服务对象的意见；
- 表现得专业、礼貌、乐于助人；
- 对服务对象的询问负责，并尽快处理；
- 公平对待每个人；
- 确保工作人员都接受过培训，能够高效地完成工作；
- 与当地人合作，提供优质服务。

在环保领域，斯瓦尔自治市议会希望接触到那些没有参与环境工作的居民，由气候联盟（The Climate Coalition）提供的部分资金则可以支持举办相关活动，并在社区中建立有意义的联系。

一、面临的问题

在环保项目中，公共部门面临的最大挑战之一是如何吸引那些不愿参与的人。像大多数组织一样，斯瓦尔自治市议会的大部分公众参与工作都是与现有的以环境为重点的社区团体合作进行的。这些团体的工作不容小觑，但他们在社区中已经非常积极主动。为了取得真正的进展，议会需要让那些不完全理解气候问题的紧迫性的人参与进来，并让新的声音加入对话中。

二、措施与效果

近年来，斯瓦尔自治市议会帮助当地团体、学校、慈善机构、艺术团体和其他当地组织在市域范围内组织了 30 个有针对性的小型活动。这些活动针对特定的人群，有不同的主题，并打着"斯瓦尔绿色周"（Swale's Great Big Green Week）的旗号。所有活动组织者都接受了议会安排的培训，以帮助促进对话。由于从气候联盟成功获得了 6500 英镑资金，斯瓦尔市议会也得以在当地推广这些活动。

在社区举办的活动主要包括：

■ 捡拾垃圾；

■ 环境主题的艺术和工艺品；

■ 集体植树活动；

■ 授粉器赠品（pollinator giveaways）；

■ 节水工作坊；

■ 专家演讲（得到伊丽莎白女王文法学校学生的支持）。

上述丰富多彩的活动共有 1200 多位居民参加，并受到了活动组织者、参与者和志愿者的一致好评。正如"大海滩清洁行动"（The Big Local Beach Clean）的组织者所说，"这是积极有趣的一天。所有的志愿者都玩得很开心，更让人感到高兴的是，遇到一些想要参加的当地居民"。"边走边聊边画"活动（Walk，Talk，Draw）的一位参与者则表示，"这是一次很好的学习和分享经历，同时也是一次很棒的户外运动"。

对于斯瓦尔市而言，这些活动带来的最大收获是在活动策划和执行过程中建立起来的社区网络（community network）。组织活动的各类团体定期会面，分享想法，互相了解，在项目上合作，并让其他当地团体参与进来。这样，议会就可以通过资金、指导等途径来支持他们。

据悉，议会和社区网络之间的关系一直是健康和协作的。他们现在正在扩大网络的范围，体育俱乐部、中学和以前不关注环境问题的慈善机构等都参与了进来。

三、对利用活动促进社区服务的启示

对于社区管理，环保是一个比较难开展工作的领域，但斯瓦尔自治市议会取得了不俗的成绩。一方面，这与英国肯特郡（Kent county）的整体治理水平有关，但更重要的是，斯瓦尔市议会一直秉持开放、协同的工作理念，充分发挥了社区网络成员的能动性，并吸引了居民的积极参与。他们的成功经验值得国内政府管理部门和社区管理者学习借鉴：

1. 秉持开放、合作的态度

为了确保能履行承诺，改善倾听和参与的方式，斯瓦尔自治市议会制定了OPEN FIRST 的总体原则，以期实现有效的沟通、参与和授权，建立积极协作的关系，并及时、恰当地向居民和合作伙伴作出回应。其中，FIRST 的含义如下：

- 公平（Fairness）——客观地平衡社会上所有人的需要；
- 诚信（Integrity）——开放、诚实、负责；
- 尊重（Respect）——包容和重视他人的多样性；
- 服务（Service）——提供优质且具有成本效益的公共服务；
- 信任（Trust）——履行我们对居民、客户和合作伙伴的承诺。

2. 广泛征询公众的意见和建议

2012 年 7 月 4 日，《肯特合作伙伴契约》（Kent Partners Compact）得以通过。根据契约规定，议会不仅要面向志愿者和社区（VCS），而且要向所有部门、企业和客户兑现相应承诺。

为此，斯瓦尔自治市议会专门出台了《咨询政策声明》（The Consultation Policy Statement），并做出如下承诺：就政策、策略或服务提供方面的任何重大变动，征询时间最好为 12 周左右，但至少预留 8 周时间；当有任何政策、策略或服务提供因咨询而改变时，能显示咨询结果已被考虑在内；使用"你们说我们做"（You said we did）的方法，确保将任何咨询结果反馈给公众，并发送到常用的沟通渠道，如网站和 Inside Swale 等居民杂志。

在策划和组织社区活动时，社区管理者也应该积极征询居民、合作伙伴的意见和建议，并切实吸收改进，以更好地整合资源、促进参与。

3. 充分发挥活动在社区服务中的作用

在策划和组织社区环保活动时，斯瓦尔自治市议会有几点做法特别值得社区管理者学习。一是品牌意识和化整为零相结合，既有"斯瓦尔绿色周"的统一品牌，又有 30 个主题鲜明的小型活动，这样便于生活在不同区域或有不同兴趣的居民参与；二是调动当地社团、学校、慈善组织、艺术机构的力量，在全市范围内发起活动；三是积极寻求赞助，以便开展宣传推广工作，并为当地组织活动提供相应支持。

资料来源：

Kent County Council. Case study：Community event in Swale ［EB/OL］. https://www.kent.gov.uk/environment-waste-and-planning/green-business/case-study-community-event-in-swale.

案例 12   社区志愿者服务活动：
让常态化和主题性交相辉映

志愿者服务是最常见的社区活动形式，但其中蕴藏着许多奥秘，处理不好很容易流于形式，或者花费了大量精力但达不到理想效果。从社区活动管理的角度来讲，关键是要做好针对性、主题性、参与性和常态化。作为"活动与社区服务"板块的最后一个案例，本案例将围绕社区志愿者服务活动这一主题，按活动管理的流程来组织相关材料。

一、切实了解居民的急难愁盼问题

在社区志愿者服务活动中，"针对性"是容易被忽视的问题。其本质是通过走访、调查和分析，切实了解居民的急难愁盼问题，这样才能想群众之所想、急群众之所急，活动才能真正有效。

近年来，兰州市沙井驿街道景宜家园社区充分发挥小区党员、志愿者等多方力量，切实了解困难群众的"微心愿"和居民关注的热点难点问题，如"小区环境优化""文娱活动场地建设"等；搭建"景宜之星"与"星议会"两个载体，链接"文化建设、平安和谐、儿童关怀、扶困助弱、绿色家园"五类资源，打通小区党员阵地服务群众的"最后 100 米"。在刚刚过去的 2023 年春节期间，社区认真排摸、更新重点人群的台账，掌握特需人群的健康情况，累计为 65 岁以上、患有基础疾病的老人发放"爱心医药包"450 余份。社区志愿者还以传统新年的由来和文化习俗为切入点，策划和组织了"巧手迎新春、欢乐过兔年"亲子手工活动。

二、明确志愿者服务活动的主题

作为社区活动的一种类型，志愿者服务活动同样需要具有明确的主题。没有主题的活动是没有灵魂的。

2018 年，山东省青岛市市南区立足于提升社区文化服务，积极开展五大主题活动进社区，取得了较好成效，受到社区居民的普遍好评。这五大主题是公益展览进社区、专场演出进社区、公益培训进社区、艺术辅导进社区和文化讲堂进社区。以专场演出进社区为例，该区整合政府部门、公益组织和志愿者力量，打造了岛城首个社区音乐厅和社区剧场，并在每月末的星期六举办专场演出，每月推出"丝竹琴瑟""艺术之路""戏曲杂谈"等主题音乐鉴赏和儿童剧品剧活动，累计开展民乐、京剧、曲艺等专场演出34场，观众达3000余人。

为深入推进"我为群众办实事"，助力创建全国文明城区，2021年10月23日下午，天津团市委、天津市青年志愿者协会、天津市青少年事务社工管理服务中心在津南区景新花园社区开展"志愿服务，助力创文——社区青春行动主题实践活动"。整个活动共分为关爱老人义诊服务、家长亲职教育活动、青少年低碳环保3个主题。其中，青少年低碳环保活动由天津市青少年事务社工管理服务中心和天津拾起卖科技有限公司联合开展，旨在通过小组活动形式，让青少年了解垃圾分类方法，普及低碳环保常识，增强青少年的环保意识。有家长表示："这样的活动不仅丰富了孩子的业余文化生活，也使孩子能积极参与到实践垃圾分类的行动中来，很有意义。"（见图1）

图1　青少年低碳环保活动现场

三、提供居民参与社区志愿者服务的途径

优秀的志愿者服务活动，既可以为需要帮助的居民送去温暖，也可以为

社区居民参与志愿者服务提供多样化的途径。一些街道推出的"志愿V积分""公益银行积分制""爱心银行积分兑换"等创新项目都值得借鉴。

2022年11月19日,成都市桂溪街道永安社区开展了"文明新风·环境小卫士"社区志愿服务活动。活动总体安排为:小队员们先了解环境保护和垃圾分类方面的知识,理解人与自然的关系以及爱护环境的重要意义;然后分组开展劳动实践,小队员们化身为环境小卫士,走进社区和公园清理垃圾。小队员们在沿途受到了爷爷奶奶叔叔阿姨们的高度赞扬,有队员代表表示,"没想到捡垃圾也会这么快乐,参加今天的活动太有成就感了"。通过这次活动,让小队员们在实践中增强爱护环境的意识,并从身边的小事做起,落实环保理念。

为回馈志愿者对社区各项志愿活动的支持,进一步激发党员群众的志愿服务热情,湖北省汉川市仙女山街道仙人位社区制定了志愿服务积分标准及奖励制度,探索推行"党群志愿服务积分兑换"系统化管理新模式。居民每参加一次志愿活动,社区会根据活动进行服务积分累计,1积分就可以兑换2元钱,志愿者通过爱心积分可在社区"爱心超市"兑换相应价值的生活日用品,有效促进了居民主动参与社区服务的行为。

四、用主题活动实现志愿者服务的常态化

社区志愿者服务是一项长期工作,但容易呈现散、小等特点,从而影响其综合效应。常态化是一种有效的举措,这需要社区管理者具有IP意识,定期举办主题活动。

以苏州工业园区娄葑街道苏安南社区为例,为了更好地开展社区服务工作,推进"我为群众办实事"实践活动,2022年1月13日,该社区组织"红色管家"志愿者,免费为居民提供理发、血糖测量、口腔检查、按摩等便民服务,让居民感受到了社区大家庭的温暖,同时也加强了社区与居民之间的联系。6月10日,社区组织"红色管家"志愿者开展便民服务日活动,为辖区内居民免费提供理发、磨刀、按摩、血糖血压测量、口腔检查等多种便民服务,让社区居民感受到来自社区的关怀。活动现场气氛活跃,居民们络绎不绝。11月14日,苏安南社区"红色管家"志愿者携手三人行社工服务社,开

展了"心相伴"便民公益活动，主要服务项目包含按摩、艾灸、理发、磨刀、血糖血压测量等。该社区负责人表示，实现便民服务的常态化和多样化，是打造"15 分钟党群服务圈"的开始，今后将继续常态化推进此类便民服务活动，不断增强社区居民的获得感与幸福感。

概括而言，社区志愿者服务活动要将常态化和主题性的志愿者服务相结合，并整合多方资源，进行整体规划。例如，有社区通过开展"六服务"和主题日活动，不断完善社区服务功能，实现社区服务的全覆盖。其中，"六服务"包括便民利民、文化教育、扶弱济困、治安维稳、环境整治和日间照料服务，主题日活动则主要与节假日、纪念日等特殊日子结合。

资料来源：

桂溪街道．桂溪街道永安社区开展"文明新风·环境小卫士"社区志愿服务活动［EB/OL］．http://gk.chengdu.gov.cn/govInfo/detail.action?id=3477200&tn=2，2022–11–23.

李庆禹．青岛市市南区五大主题活动提升社区文化服务功能［EB/OL］．https://www.mct.gov.cn/whzx/qgwhxxlb/sd/201808/t20180802_834099.htm，2018–08–02.

颜娜．景宜家园社区：服务暖民心，欢乐过大年［N］．兰州日报，2023–02–01.

佚名．"积分兑换"让志愿服务更有温度［EB/OL］．https://www.sohu.com/a/448988467_120055307，2021–02–05.

"志愿服务，助力创文"——社区青春行动主题实践活动举办［EB/OL］．http://www.tianjindangjian.gov.cn/tqkb/2021/1101/ff8080817a3d250c017cda8571932df6.html，2021–11–01.

参考文献

Algesheimer R, Dholakia U M, Herrmann A. The Social Influence of Brand Community: Evidence from European Car Clubs [J] . *Journal of Marketing*, 2005, 69: 19-34.

Amnuay-ngerntra S. Community Development through Public Art Event in Ratchaburi, Thailand [EB/OL] .Jepson, et al. (eds.), *Managing and Developing Communities, Festivals and Events*, 2016, DOI: 10.1057/9781137508553_7.

Arcodia C, Whitford M. Festival attendance and the development of social capital [J] . *Journal of Convention & Event Tourism*, 2006, 8 (2): 1-18.

Baum F E, Bush R A, Modra C C, et al. The epidemiology of participation: an Australian community study [J] .*Journal of Epidemiology & Community Health*, 2000, 54 (6): 414-423.

Behrer M, Larsson Å, Sandgren J O.*Event Marketing: att använda evenemang som strategisk resurs i marknadsföringen* [M] . IHM (Institutet för högre marknadsföringsutbildning, 1998.

Bowdin G A, Allen J, O' Toole W, et al.*Events Management (2nd ed.)* [M] . Oxford : Butterworth-Heinemann, 2006.

Bowdin G A, McPherson G, Flinn J. Identifying and analysing existing research undertaken in the events industry: A literature review for People 1st [J] . *London: People 1st*, 2006.

Brent J. *Searching For Community* [M] . Bristol, UK: The Policy Press, 2009.

Crichton J.*Family Reunion* [M] . New York: Workman Publishing Company, 1998.

Delapa J A. Job descriptions that work [J] .*Personnel Journal*, 1989 (6): 156-160.

Derrett R. Making sense of how festivals demonstrate a community' s sense of place [J] .*Event Management*, 2003, 6 (8): 49-58.

Derrett R. *Festivals, Events and the Destination* [M] .London: Butterworth Architecture, 2004.

Dugas K J, Schweitzer J H. Sense of community and the development of block culture [EB/OL] . Michigan State University, http://www.msu.edu/socomm/ paper1997.htm (accessed July 28, 2022) .

Dunstan G. *Becoming coastwise, the path of festivals and cultural tourism. Landscape and Lifestyle Choices for the Northern Rivers of NSW* [M] . Lismore: Southern Cross University, 1994.

Durkheim E. On the Normality of Crime [A] .In: Parsons T., et.al. (ed.) *Theories of Society* [C] . New York: The Free Press of Glencoe, 1861.872-875.

Endless Entertainment.*Event Planning Checklist* [EB/OL] . https://www. endlessbcn.com, 2014.

EventScotland. *Events Management: a practical guide* [EB/OL] . http:// www.eventscotland.org, 2006.

Fall C.*Family Reunion Planning Kit for Dummies* [M] . New York: Hungry Minds, 2003.

Fortes M. Ritual festivals and social cohesion in the hinterland of the Gold Coast [J] . *American Anthropologist*, 1936, 38 (4): 590-604.

Getz D.*Event Management & Event Tourism* [M] . New York: Cognizant Communication Corporation, 1997.

Goldblatt J J. *Special Events: Twenty-first Century Global Event Management* (6th edition) [M] . John Wiley & Sons, Inc., 2010.

Hall C M. *Hallmark Tourist Events: Impacts,Management and Planning* [M].

London: Belhaven Press, 1992.

Hasenfeld, Y. The Community Center as a Human Service Organization [J]. *Nonprofit and Voluntary Sector Quarterly*, 1989, 18 (1): 47-61.

Jarman D. Festival community networks and transformative place-making [J]. *Journal of Place Management and Development*, 2018, 11 (3): 335-349.

Korsbrekke M H. *Taking It to The Streets: Community Events in Post-Katrina New Orleans* [D]. University of Bergen, 2013, 95-96.

Masciangelio W R, Ninkovich T. *Military Reunion Handbook: A Guide for Reunion Planners* [M]. San Francisco, CA: Reunion Research, 1991.

Metters R, Pullman M, Metters K. 服务运营管理. 金马, 译, [M]. 北京: 清华大学出版社, 2004.

Misener L. Leveraging parasport events for community participation: development of a theoretical framework [J]. *European Sport Management Quarterly*, 2015, 15 (1): 132-153.

Morgan G. *Your Family Reunion: How to Plan It, Organize It, and Enjoy It* [M]. Utah: Ancestry Publishing, 2001.

Naji A A, Almaimani A, Rahaman KR. Analysis of the current development of community centers in Jeddah city [J]. *Open House International*, 2020, 45 (3): 249-268.

Nicole Y N, Mair J, Lee A, et al. Exploring community festivals in the context of the Chinese diaspora [J]. *Event Management*, 2022, 26 (4): 931-947.

Pinker S. *The Village Effect: How Face-To-Face Contact Can Make Us Healthier, Happier and Smarter* [M]. New York: Speigel & Grau, 2014.

Putnam R D. *Bowling Alone: The Collapse and Revival of American Community* [M]. New York: Simon and Schuster, 2000.

Quinn B. Arts festivals and the city [J]. *Urban Studies*, 2005, 42 (5/6): 927-943.

Rahmatullah R, Yassin S M, Omar J. Local community involvement in

Malaysian early childhood care and education centers ［J］. *International Journal of Educational Management*, 2020, 35（1）: 143-157.

Rothman J. *"Three Models of Community Practice, "from the proceedings of National Conference on Social Welfare, Social Work Practice* ［M］. New York: Columbia University Press, 1968.

Scott M G, Mccarthy A, Ford R, et al. Evaluating the impact of energy interventions: home audits vs. community events ［J］. *Energy Efficiency*, 2016, 9（6）: 1221-1240.

Singleton Council. *Event Management Best Practice Manual* ［R］. 2009.

Stevenson N. Local festivals, social capital and sustainable destination development: Experiences in East London ［J］. *Journal of Sustainable Tourism*, 2016, 24（7）: 990-1006.

Taks G, Misener C.Evaluating sport development outcomes: the case of a medium-sized international sport event ［J］.*European Sport Management Quarterly*, 2014, 14（3）: 213-237.

Theodori G L, Luloff A E, Willits F K. The Association of Outdoor Recreation and Environmental Concern: Reexamining the Dunlap-Heffernan Thesis ［J］. *Rural Sociology*, 1998, 63: 94-108.

Townsend J G.Are non-governmental organizations working in development a transnational community? ［J］.*Journal of International Development*, 1999, 11（4）: 613-623.

Turner V.*The Ritual Process: Structure and Anti-Structure* ［M］.New York: Aldine De Gruyter, 1969.

Waldinger R. What makes a good life? *Lessons from the longest study on happiness* ［EB/OL］.https://www.ted.com/talks/robert_waldinger_what_makes_a_good_life_lessons_from_the_longest_study_on_happiness, Oct 2, 2022.

Waitt G. Urban festivals: Geographies of hype, helplessness and hope ［J］. *Geography Compass*, 2008, 2（2）: 513-537.

Wates N. *The Community Planning Event Manual* ［M］. London: Earthscan,

2008.

Wickham T D，Kerstetter D L.The relationship between place attachment and crowding in an event setting［J］.*Event Management*，2000，6（3）：167-174.

Wills J. *Just，vibrant and sustainable communities，a framework for progressing and measuring community wellbeing*［R］. Local Government Community Services of Australia，2001.

Wiseman J，Brasher K. Community wellbeing in an unwell world：Trends，challenges，and possibilities［J］. *Journal of Public Health Policy*，2008，29：353-366.

Ziakas V，Boukas N. Contextualizing phenomenology in event management research：Deciphering the meaning of event experiences［J］. *International Journal of Event & Festival Management*，2014，5（1）：56-73.

［美］戴维·迈尔斯.社会心理学（第11版）.侯玉波，等，译.［M］.北京：人民邮电出版社，2020.

［美］约翰·克莱顿·托马斯.公共决策中的公民参与.孙柏瑛，等，译.［M］.北京：中国人民大学出版社，2010.

蔡杨.日本社区参与式治理的经验及启示——基于诹访市"社区营造"活动的考察［J］.中共杭州市委党校学报，2018（6）：41-45.

陈佳丽，赵秀敏，石坚韧.基于健康需求的社区消极空间改造策略——以上海市枫泾镇社区文化活动中心改造为例［J］.住宅科技，2022，42（9）：15-19，24.

陈军，李泽斌，杨荣华，贺军辉.走进社区：营销推广新天地［J］.中国商贸，2004：8-14.

陈世香，王余生.基层治理现代化：社区公共文化服务的社会化研究——基于三个社区文化活动中心的比较分析［J］.辽宁大学学报（哲学社会科学版），2017，45（4）：11-17.

邓金霞.政府购买公共服务的"委托管理"模式——基于上海两个典范社区文化活动中心的经验［J］.中国政府采购，2015（9）：44-46.

董莲婷.社区营造与居民参与：上海浦东新区东明路街道的社区花园营建

［J］. 公共艺术，2021（3）：82-91.

杜玉梅. 城市节庆品牌与社区文化建设双向良性互动模式探究——以济南市国际合唱节为例［J］. 东岳论丛，2021，42（9）：111-116.

丰华琴. 社会底层的福音——英国街坊文教馆的兴起与功能探析［J］. 学海，2010（3）：126-132.

丰华琴. 英国街坊文教馆的今昔［J］. 社会工作下半月（理论），2008（5）：4-8.

关宝燕，蔡丽安. 志愿服务"小积分"激发社区治理"大能量"［J］. 中国社会工作，2022（13）：41-42.

郭晓艳. 为社工支招：如何促进居民参与社区活动［EB/OL］. https://www.sohu.com/a/362316027_99908708，2019-12-23.

韩叙. 做好社区的核心：建立归属感［EB/OL］. https://www.woshipm.com/operate/2449663.html，2019-06-12.

韩央迪. 英美社区服务的发展模式及对我国的启示［J］. 理论与改革，2010（3）：24-29.

活动保. 活动无忧 - 基础版［EB/OL］.https://166bao.cn/index.php?s=/index/category/index/category_id/57/gc_id/13.html，2022-12-24.

李国庆. 社区类型与邻里关系特质——以北京为例［J］. 江苏行政学院学报，2007（2）：59-65.

李桃. 一师阿拉尔市胡杨社区：从"无名"到被国家"点名"的华丽蜕变［EB/OL］. 胡杨网，http://www.huyangnet.cn/content/2021-08/09/content_884557.html，2021-08-09.

李婷. 云课堂、云展演、"疫"线守沪，上海公共文化服务持续"在线"［N］. 文汇报，2022-06-08.

李卫飞，刘玲，邵颖慧，陈旸. 社区意识研究：基本前提、主要内容与未来方向［J］. 安徽行政学院学报，2018，9（6）：75-80.

李伟梁. 论非营利组织在居民参与社区公益活动中的地位和作用［J］. 理论与改革，2003（3）：45-46.

林燕玲. 社区教育活动育人功能的思考［J］. 科技资讯，2019，17（10）：

202-205.

刘丹.我国社区文化中心的管理模式比较及发展趋势探析 [J].湖北经济学院学报（人文社会科学版），2013，10（4）：14-16.

刘淑红.跨学科视野下的社区传播研究——评《社区传播论：新媒体赋权下的居民社区沟通机制》[J].传媒，2017（15）：102-103.

刘彦君，等.英国科学节效果评估模式分析及思考 [J].科普研究，2010（2）：60-65.

罗恩立.社区公共文化服务机构的社会联结功能构建研究——以加拿大温哥华市社区中心为例 [J].华东理工大学学报（社会科学版），2017，32（3）：80-89.

马明娥."关系式"动员：CZ市F社区暑期社区活动的动员机制研究 [D].华中师范大学，2021.

毛迪.社区自组织发展动力研究——基于C市三个社区自组织的分析 [D].四川省社会科学院，2019.

时湘滢.城市社区文化活动中心的管理模式研究 [D].复旦大学，2014.

宋宝婵.社区体育服务对居民体育活动的影响与发展研究 [J].当代教育实践与教学研究，2016：244.

谭洛明，庄丽华.社区活动策划 [M].南京：南京大学出版社，2013.

唐庆鹏，钱再见.公共危机治理中的政策工具：型构、选择及应用 [J].中国行政管理，2013（5）：108-112.

王成蹊."互联网+"背景下的城市社区治理创新研究 [D].华东政法大学，2016.

王春雷.活动与生活：当我们在谈论活动时我们在谈论什么 [M].北京：中国旅游出版社，2018.

王凯珍.中国城市不同类型社区居民体育活动现状的调查研究 [J].北京体育大学学报，2005（8）：1009-1013.

王雅林.回家的路：重回生活的社会 [M].北京：社会科学文献出版社，2017.

王印红，卢楚楚.小空间大作为：社区公共空间的三重生产机制——以青岛市 J 街道 B 社区居民活动中心为例［J］.党政研究，2022（5）：112-122，128.

魏娜.公民参与下的民主行政［J］.国家行政学院学报，2002（3）：19-22.

吴晓林，李一.全球视野下的社区发展模式比较［J］.行政论坛，2021，28（5）：128-137.

向子怡，金武刚.StoryWalk®：一种"装置式"图书馆行走阅读活动的组织与管理［J］.图书馆建设，2022（1）：135-144.

肖娟.论社区体育活动对构建和谐社会的价值［D］.武汉体育学院，2009.

谢国峰，韩光武.乌鲁木齐市开展社区群众文化活动的实践与思考［J］.中共伊犁州委党校学报，2021（4）：97-99.

谢雅妮.特殊活动在城市社区文化建设中的作用机理与实现路径研究［D］.上海对外经贸大学，2018.

徐舟.首都基层社会治理工作调查分析与对策［J］.前线，2016（5）：52-55.

徐梦露.长宁这个居民区将打造一个多功能的社区活动中心［N］.上观新闻，2021-04-06.

徐嘉晨.面向城市第三年龄人群的社区娱乐服务设计［D］.广东工业大学，2020.

徐志逸，吴中平.走向"积极的日常"——日常生活视角下的上海市社区文化活动中心现状分析［J］.建筑与文化，2022（2）：76-78.

余蓝.正荣社区共治新样本：打造一个有归属感的社区［N］.新民周刊第70版，2021-01-25.

袁文馨."15分钟生活圈"，建新型美好社区［N］.上观新闻，2021-09-18.

翟群.从"艺术进社区"到"艺术社区"［N］.中国文化报，2021-11-14（001）.

张春燕，熊竞，蔡永记.城市社区文化中认同感与归属感的培育策略［J］.

上海城市管理职业技术学院学报，2007（5）：90-93.

张浩岩.O2O 模式下 A 社区的营销策略研究［D］.河北师范大学，2021.

张明霄.社区文化活动中心的建设困境及对策研究［J］.文化学刊，2019（7）：175-176.

赵静.资产为本视角下的社区文化建设——以上海、青岛、济南的社区文化中心为例［J］.山东社会科学，2018（2）：99-104.

赵玉娟."立项式"管理与"活动式"服务——关于河北省城市社区建设的思考［J］.河北经贸大学学报（综合版），2012（3）：63-66.

正荣集团.正荣集团 2018 年度企业社会责任报告［R］.2019.

周超，毛胜根.社会治理工具的分类与型构——基于社会治理靶向和行动逻辑的分析［J］.社会科学，2020（10）：43-52.

1.Brewster W. Community events: committees, challenges, and cooperation [J]. Event Management, 2020, 24, 611-627.

2.Darcy S, Maxwell H, Edwards M, Onyx J, & Sherker S. More than a sport and volunteer organisation: Investigating social capital development in a sporting organisation[J]. Sport Management Review, 2014, 17, 395-406.

3.Stevenson N.The street party: pleasurable community practices and placemaking[J]. International Journal of Event and Festival Management, 2019, 10(3): 304-318.

4.Valek N S , Fotiadis A , Soteriades M. Happiness as a value of event organizers in Abu Dhabi[J]. International Journal of Event and Festival Management, 2019,10(1): 34-47.

后 记

　　我从活动角度来系统思考社区问题的时间不长，充其量来说，只是有些感悟，并开展了一点十分有限的实践。

　　过去几年，我曾经以《特殊活动的社会互动平台功能及其在社区治理中的应用研究》等题目申报过相关课题，也指导几名研究生先后完成了《特殊活动在城市社区文化建设中的作用机理与实现路径研究》《活动的社会互动功能对居民社区感的影响研究：以社会资本为中介变量》等学位论文。在和社区文化活动中心管理人员及社区居民代表的交流中，我们强烈感受到了居民对高质量社区活动的期待，也亲眼见证了丰富多彩的社区活动作为一种社会黏合剂的特殊价值。

　　2021年，由上海市长宁区北新泾街道办事处主办，由我所工作的学院和长宁诺宝文化艺术服务中心联合承办了"北新泾街道社区美好生活创想节"，我带领团队为本次活动提供了全程智力支持。2022年，尽管受疫情影响，我们学院仍和北新泾街道成功组织了"苏河源'金点子'创享大赛"。2023年6月，我们又和北新泾街道合作，成功举办了非遗嘉年华。2022年上半年，在上海疫情最紧要的时刻，和很多同事一样，我也积极响应号召，投入社区防疫工作。在组织党员志愿者先锋队提供志愿服务特别是开展相关活动过程中，我亲身体会到了活动对于凝聚居民和促进社区建设的重要作用。在《活动与生活》中有一句话比较受读者朋友们认可：活动，为个人全面成长赋能。其实，对于社区治理、建设与服务，也如此。

　　在写作该书过程中，不少政府部门和企业界的朋友提供了大力支持，特别是上海市杨浦区殷行街道办事处原主任孙辉、长宁区北新泾街道办事处主任刘丽萍、副主任范层峰、虹口区嘉兴路街道原社区服务办公室主任熊洁、月星集团总裁室秘书长、综合管理中心总经理陈震等朋友为我们团队开展社区调研或实践提供了重要帮助，参与访谈的社区工作人员和热心居民代表们也贡献了很

多有启发的观点，在此一并表示诚挚的谢意。

另外，要衷心感谢几位之前指导的学生和在读的硕士研究生参与撰写部分初稿。具体分工如下：浙江越秀外国语学院酒店管理学院会展经济与管理专业谢雅妮老师撰写第 6 章（社区文化活动中心运营管理）和案例 1 初稿，台州科技职业学院农业与生物工程学院王强老师撰写第 5 章（活动与社区服务）初稿，上海对外经贸大学旅游管理专业 2021 级硕士研究生徐军撰写第 3 章（活动与社区治理）和案例 2 初稿，龚衍恺撰写第 7 章（走进社区活动）初稿，旅游管理专业 2022 级硕士研究生晋冰倩撰写第 8 章（社区活动策划）和案例 4 初稿，王博海撰写第 9 章（社区活动筹备）和案例 6 初稿，王悦撰写案例 7 初稿，戚舒宇和王悦撰写案例 10 初稿。

作为社会管理的微观组织单元，社区体现了"共同体"与"社会"并存的二元性（刘莉，2015）。许多研究表明，社区活动为居民提供了互动交往、需要满足的平台，居民积极参与活动有助于培养社区感、改善健康状况、积累社会资本，进而增强社区韧性。反过来，居民的社区意识越强，就会越发觉得自己对周围环境的影响大（McMillan 和 Chavis，1986），并积极介入社区活动和公共事务中。然而，在城市加速发展、居民社区异质化的背景下，现有社区活动的互动机制是否能真正促进居民产生彼此间的认同，进而构建社会资本？如果有促进，这个过程又是如何发生的？社区活动应该由谁组织？面向不同结构的社区居民，适合采取什么类型和性质的活动？诸如此类问题，还有很多。因此，在这个领域进入深入研究，对于正处在迅速城市化进程中、城市社区正在发生解构与重构的当下中国来说，具有特别的意义。

此外，一直以来我还有个观点：除了重视其经济和商务属性，充分发挥会展业的社会、政治、文化等功能特别是主题丰富、类型多样的活动在个人、家庭、社区发展和美好生活建设中的重要作用，是会展业提高产业地位、会展专业提高公众认知度和许多会展企业寻找新的增长点的重要途径，同时能为会展专业毕业生提供更广阔的发展舞台。这也是我倡导秉承活动思维来建设会展专业的主要原因。

我会将特殊活动与社会发展特别是社区治理作为自己学术生涯的一个重要研究方向。这本书只是一个开始，已经迈出的脚步会永远向前。

项目策划：段向民
责任编辑：方德兵
责任印制：钱　成
封面设计：武爱听

图书在版编目（CIP）数据

活动与社区：将活动作为一种治理工具 / 王春雷著
. -- 北京：中国旅游出版社，2023.11
　　ISBN 978-7-5032-7225-7

　　Ⅰ．①活… Ⅱ．①王… Ⅲ．①社区管理－研究－中国
Ⅳ．①D669.3

中国国家版本馆CIP数据核字（2023）第214695号

书　　名：活动与社区：将活动作为一种治理工具

作　　者：王春雷
出版发行：中国旅游出版社
　　　　　（北京静安东里6号　邮编：100028）
　　　　　http://www.cttp.net.cn　E-mail:cttp@mct.gov.cn
　　　　　营销中心电话：010-57377103，010-57377106
　　　　　读者服务部电话：010-57377107
排　　版：北京旅教文化传播有限公司
经　　销：全国各地新华书店
印　　刷：北京明恒达印务有限公司
版　　次：2023 年 11 月第 1 版　2023 年 11 月第 1 次印刷
开　　本：720 毫米 ×970 毫米　1/16
印　　张：19.5
字　　数：285 千
定　　价：59.80 元
ＩＳＢＮ　　978-7-5032-7225-7